Nicole Vogel

Licht in Marburgs Gassen

Aus dem Leben von Jung-Stilling

francke

Über die Autorin:
Nicole Vogel hat sich einen Namen als Kolumnistin (Brigitte Young Miss usw.) und Jugendbuchautorin gemacht. Die Journalistin, Lektorin & Übersetzerin arbeitet als Redakteurin für die Zeitschrift NEUES LEBEN, lebt an der Nordseeküste und leitet mit ihrem Mann einen Seelsorge- und Beratungsdienst.

Bibliografische Information Der Deutschen Bibliothek
Die Deutsche Bibliothek verzeichnet diese Publikation in der Deutschen Nationalbibliografie; detaillierte bibliografische Daten sind im Internet über http://dnb.ddb.de abrufbar.

ISBN 978-3-86827-024-2

35037 Marburg an der Lahn
Umschlagbild: © Bildarchiv Foto Marburg
Umschlaggestaltung: Verlag der Francke-Buchhandlung GmbH/
Christian Heinritz
Satz: Verlag der Francke-Buchhandlung GmbH
Druck: Koninklijke Wöhrmann, Niederlande

www.francke-buch.de

Prolog

Die Kutsche rollte langsam, von müden Pferden gezogen, auf Marburg zu. In ihr saßen ein Mann mittleren Alters und eine junge Frau. Während der Mann in einen beschriebenen Bogen Papier vertieft war, blickte die Frau nachdenklich aus dem Fenster und sah, wie der Ort zäh näher kam. In der Ferne konnte sie schon das Universitätsgebäude sehen und die Brücke, über die sie bald in ihren letzten Lebensabschnitt gelangen würde. Sie wusste, dies war das letzte Mal, dass sie sich in einer neuen Stadt niederlassen würde. Doch es machte ihr nichts aus. Die Menschen würden sie zwar alle vermissen, aber sie war sich sicher, dass sie in dieser Stadt bis zu ihrem Ende glücklich sein würde.

Die Sonne stand hoch am Himmel und war dennoch kaum dazu in der Lage, die dichten Wolkenmassen zu durchbrechen. Nicht ein Lichtstrahl schaffte es, die dick zugefrorene Lahn zu erhellen. In der Kutsche war es so düster, dass die Frau das Gesicht des Mannes kaum sehen konnte. Während sie an ihre Kinder dachte, wusste sie instinktiv, dass sie nur noch wenige Winter miteinander verbringen würden. Es war mehr als eine Vorahnung. Sie wusste genau: Hier würde der Tod Einzug halten.

1. Teil

1787–1788

„Mit sehenden Augen werdet ihr sehen
und werdet es nicht erkennen."
Matthäus 13,14

1

Sie war zu spät dran. Ausgerechnet heute. Dabei war sie doch sonst immer so pünktlich und vorbildlich. Zumindest versuchte sie es. Wenn ihr so etwas öfters passierte, würde man ihr bald auf die Schliche kommen. Elise schüttelte den Kopf, konnte sich aber ein Schmunzeln nicht verkneifen. *Kaum kommt dieser Mann in die Stadt, wirbelt er alles durcheinander,* dachte sie und raffte den Rocksaum, um schneller über den kleinen Platz laufen zu können.

Auch wenn es ihr Vater nicht gerne sah, so nahm sie doch die Abkürzung durch die Hinterhöfe. Davon abgesehen, dass es hier erbärmlich stank, konnte schnell ein Missgeschick geschehen – warfen doch die Bewohner der eng aneinandergeschmiegten Häuser gerne ihre Abfälle in den schmalen Durchgang, seitdem dies auf den größeren Gassen immer weniger gern gesehen wurde. Zum Glück blieb der Regen, der für Anfang April typisch war, heute aus, sodass das Kopfsteinpflaster trocken war und sie nicht befürchten musste auszurutschen.

Schnell erklomm die junge Frau gleich zwei Stufen auf einmal und lief immer tiefer hinein in den dunklen Weg zwischen den Häusern. Behände wich sie den Kartoffelschalen und anderen Überresten auf dem steilen Pfad aus und hielt sich dicht rechts an der hohen Mauer. Nachdem sie die Biegung genommen hatte, hörte sie von Weitem die Hufe der Pferde – sie musste sich nun zügeln. Kurz vor dem Ende der Speckkuchengasse nahm Elise Haltung an und versuchte, ihre Atmung zu beruhigen. Sie war die steilen Gassen Marburgs zwar von Kindesbeinen an gewohnt, aber es war doch immer wieder ein Kraftakt, den Berg hinaufzurennen. Außerdem war es für eine junge Frau wie sie unschicklich, durch die Straßen zu rennen wie eine Magd auf der Suche nach einem entlaufenen Huhn.

In solchen Momenten erinnerte sich Elise wehmütig an ihre Kindheit. Damals waren die Kinder der Mägde und sie gemeinsam die

Gassen hinauf- und hinuntergetobt. Es schien noch gar nicht so lange her zu sein. Entschlossen fuhr sie sich mit einem Taschentuch über die leicht verschwitzte Stirn und wischte damit nicht nur die Schweißperlen, sondern auch die Gedanken an die Vergangenheit beiseite. *Elise, du bist eine erwachsene Frau, benimm dich auch so*, schalt sie sich wie sooft innerlich und trat möglichst unauffällig auf die Barfüßerstraße, wo ihre Familie die neuen Bewohner der Stadt schon in Empfang nahm.

Links Richtung Barfüßertor stand die Kutsche. Die Pferde schnauften ebenso wie die junge Frau, und ihr Atem dampfte in der späten Abendsonne. Elises Schwestern Amalie und Marie, genannt Malchen und Miegchen, hatten bereits die Tür der Postkutsche geöffnet und nach einem älteren Herrn einer jungen Frau herausgeholfen. Langsam ging Elise auf die Herrschaften zu und atmete tief aus.

Es war seltsam. Elise verspürte sofort den Wunsch, diese fremde Frau näher kennenzulernen. Sie mochte im selben Alter sein wie sie selbst, doch optisch war sie das genaue Gegenteil. Klein und etwas stämmig, aber in ihren Bewegungen leichtfüßig, bewegte sich die junge Frau auf sie zu. Elise hatte das Bedürfnis, ihr Kleid auszuklopfen – die Fremde wirkte im Gegensatz zu ihr erfahren und erwachsen. Doch bevor sie ein Wort mit ihr wechseln konnte, hatten sich auch schon ihre beiden Schwestern der Unbekannten angenommen.

Gespannt schaute Elise weiter auf die Tür des Postwagens, doch niemand stieg aus. Hatte Jung-Stilling seine Anreise etwa doch verschoben? In einem unbeobachteten Moment – die Ankömmlinge wurden jetzt von weiteren Professoren der Universität umringt – sprang Elise beherzt auf das Trittbrett, zog den Vorhang beiseite und blickte in das Innere der Kutsche. Aber alles, was sie sah, war eine Pfeife, die jemand auf dem Sitz vergessen hatte. Enttäuscht drehte sich Elise um und sah von der Kutsche aus über die Köpfe der Anwesenden hinweg. Vielleicht hatte sie ihn ja verpasst. Jung-Stilling war sicherlich schon längst ausgestiegen.

Elise beobachtete ihre Mutter, die gemeinsam mit ihren Schwestern die fremde Frau in ein Gespräch verwickelt hatte. Sie musste unweigerlich grinsen. Miegchen und Malchen glichen ihrer Mutter bis aufs dunkelblonde Haar. Ihre jüngeren Schwestern konnten sich in der Gesellschaft problemlos bewegen, ohne Aufsehen zu erregen. Sicherlich, sie selbst konnte das auch, aber ihr machte es weitaus mehr Mühe. Während ihre Mutter und ihre Schwestern wie selbstverständlich tugendhaft und zurückhaltend waren, glich Elise eher einer Katze. Sie musste sich immer darauf konzentrieren, besonnen auf Samtpfoten durch die Gesellschaft zu schreiten, ohne aus Versehen zu fauchen oder loszuspurten. Eigentlich fühlte sie sich, als wäre sie die jüngste der drei Schwestern, obwohl sie schon das stolze Alter von dreißig Jahren erreicht hatte. Sie konnte es kaum glauben, dass die Zeit so schnell vergangen war. Andere waren in ihrem Alter schon über ein Jahrzehnt verheiratet, hatten ihren eigenen Hausstand und vor allem Kinder.

„Kindisch sind sie, diese Gedanken!", schalt sich Elise leise. Sie wollte eben vom Trittbrett klettern, als der ältere Mann auf sie zu trat und versuchte, sich etwas ungeschickt an ihr vorbei in die Kutsche zu beugen. *Sicherlich gehört die Pfeife ihm*, dachte Elise, nickte ihm höflich zu und hüpfte möglichst elegant zurück auf die Gasse.

Die Herren Professoren hatten sich inzwischen einer nach dem anderen verabschiedet, um den Besuchern nach ihrer langen und sicherlich beschwerlichen Reise Ruhe zu gönnen. Nur ihr Vater, der Theologieprofessor Johann Franz Coing, stand abwartend vor dem „Haus Engel".

Sicherlich war auch er enttäuscht, dass die Familie Jung-Stilling nun doch nicht wie angekündigt angereist war. Ihr Vater stand mit Jung-Stilling, dem Schriftsteller, dem Professor, dem Doktor – ach, er hatte so viele Titel – schon seit Längerem in Briefkontakt und freute sich sehr darauf, ihn als neuen Professor für Kameralwissenschaften an der Philippina, der Marburger Universität, willkommen zu heißen. In ihrer Familie hatten alle Jung-Stillings Buch über seine Kindheit und Jugendzeit gelesen und waren nun überaus gespannt, diesen tiefgläubigen, aber auch mit Witz und Wissen reichlich ausgerüsteten Menschen kennenzulernen. Durch das Buch hatte

Elise das Gefühl, Jung-Stilling schon längst zu kennen. Sie bewunderte ihn sehr und konnte es kaum abwarten, ihm tatsächlich gegenüberzustehen.

Während Elise ihrer Enttäuschung Herr zu werden versuchte, hatte der Mann in der Kutsche längst seine Pfeife in die Tasche seines Fracks gesteckt und wartete nun darauf, den Wagen verlassen zu können. Doch Elise hatte gar nicht bemerkt, dass sie immer noch gedankenverloren vor der Kutschentür stand und ihm den Weg versperrte.

„Elise! Jetzt mach doch dem Herrn Professor Platz!“, rief ihr Vater.

Professor? Welcher Professor?, dachte Elise. Sie wusste zwar, dass der Landgraf in der nächsten Zeit mehrere neue Gelehrte an die Universität schicken wollte, aber dass nahezu zeitgleich mit Jung-Stilling noch ein anderer Kollege ihres Vaters anreisen würde, war ihr neu. Elise schaute also beschämt zu Boden und trat beiseite, um den neuen Gelehrten vorbeizulassen.

„Mein lieber Freund“, sprach Elises Vater den Herrn an, „darf ich Ihnen meine Tochter vorstellen? Das ist Elise, unsere Älteste. Unsere zwei anderen Töchter haben Sie ja schon kennengelernt. Unser Sohn Justus ist leider nicht zugegen. Er studiert außerhalb Marburgs Theologie.“

Elise wusste, was jetzt kam – die stolze Lobrede ihres Vaters auf seinen Sohn, der in seine Fußstapfen trat und sich wie er mit Theologie und Philosophie beschäftigte. Wenn ihr Vater nur wüsste, dass auch sie …

„Elise – träumst du schon wieder?“ Ruckartig wurde sie durch diesen Satz, den sie des Öfteren von ihren Eltern zu hören bekam, aus ihren Gedanken gerissen. Eigentlich waren sie sehr freundliche und höfliche Personen, doch sie behandelten ihre älteste Tochter oft noch wie ein Kind. Vielleicht fiel es ihr deshalb trotz ihrer dreißig Jahre immer noch schwer, sich angemessen zu verhalten. Aber irgendwann musste sie sich einmal gegen ihre Eltern zur Wehr setzen. Am besten jetzt gleich.

Elise streckte den Rücken durch und sah dem Fremden direkt in die Augen, während sie an ihren Vater gewandt sagte: „Sicher, Vater. Ihr wisst doch, dass Träume die Realität durchaus bereichern können, wenn diese zu langweilig erscheint."

In der Tat hatte das Ankommen der Kutsche sie heute enttäuscht. Sie hatte Jung-Stilling, einen Herrn von Welt erwartet – stattdessen war dieser Mann mittleren Alters ausgestiegen, grau gekleidet, graues Haar, hohe Stirn – die Langeweile in Person. Einzig die Augen waren bemerkenswert offen und nachdenklich, fast verletzlich. Zwei Falten zwischen den Augenbrauen machten den Eindruck eines müden und traurigen Mannes perfekt.

Jetzt tat Elise ihre Bemerkung fast schon wieder leid. Was konnte denn dieser Herr dafür, dass er an Jung-Stillings Stelle aus der Kutsche gestiegen war. Ihr Temperament war wieder einmal mit ihr durchgegangen.

„Entschuldigen Sie mich", murmelte Elise und ging raschen Schrittes auf ihre Schwestern zu, die gemeinsam mit der jungen Frau, die vorhin sofort ihre Aufmerksamkeit auf sich gezogen hatte, auf sie warteten.

„Verzeihen Sie das ungestüme Verhalten meiner Tochter, Professor Jung-Stilling. Sie hatte sich von allen Mitgliedern unserer Familie eigentlich am meisten gefreut, Sie zu treffen. Doch Sie wissen ja, wie die Frauenzimmer sind", hörte sie ihren Vater noch ungeschickt sagen, während sie den zwei Männern den Rücken zuwandte.

Professor Jung-Stilling? Oh nein!, dachte Elise verzweifelt. „Oh Gott, was habe ich getan?", flüsterte sie leise.

Doch bevor Elise überlegen konnte, ob sie sich nun umdrehen und für ihr Verhalten entschuldigen oder doch besser wegrennen sollte, zogen ihre Schwestern sie in ihren Kreis und plapperten munter drauflos, ohne Elises erschrockenen Blick zu bemerken. „Lieschen! Das ist unsere neue Freundin Salome, Professor Jung-Stillings Frau – Frau Professor Jung-Stilling, das ist unsere Schwester Elise. Sie dürften im selben Alter sein und sich sicher prächtig verstehen", stellte Miegchen sie einander in ihrem lockeren Plauderton vor.

Und bevor Elise wusste, wie ihr geschah, hatte sich die Frau des Professors schon bei ihr untergehakt und sich mit ihr raschen Schrittes von den anderen entfernt. Ob sie vielleicht ihren Fauxpas bemerkt hatte und sie nun retten wollte? Warum hatte ihr aber auch niemand die Familie richtig vorgestellt? Ja, sie war zu spät gekommen, aber warum hatte Jung-Stilling sie nicht angesprochen, als er die Kutsche betreten hatte? Elise hatte einen redegewandten Charmeur erwartet – in Wirklichkeit brachte er kaum einen Ton heraus. Und dann dieses bekümmerte Gesicht, diese fast gebeugte Gestalt, der schüttere Haaransatz. Elise war verwirrt, hatte aber kaum Zeit, ihre Gedanken zu sortieren.

Salome begann zu reden, und scheinbar konnte sie das gut. Sie hatte eine weiche, unaufdringliche Stimme, fast flüsterte sie: „Elise, ich habe mich sehr auf Sie gefreut. Ihr Vater hat meinem Mann bereits in seinen Briefen von Ihnen berichtet. Ich wäre froh, Sie hier in dieser mir noch fremden Stadt als meine Freundin gewinnen zu können. Lassen Sie uns einen Spaziergang machen. Nach der langen Reise tun mir alle Knochen weh, und ich bin dankbar für ein wenig Bewegung. Außerdem können Sie mir gleich die nähere Umgebung zeigen."

Und so kam es, dass Elise zum ersten Mal in ihrem Leben eine richtige Freundin bekam. Eine Freundin, die leidenschaftlich gerne über ihren Mann plauderte.

„Stellen Sie sich einmal vor, meine liebe Elise, Sie wären ein kleines Kind, das niemanden zum Spielen hat, außer den Wind. So ungefähr muss es meinem Henri ergangen sein, damals, als er noch ein kleiner Junge war. Stellen Sie sich vor, es ist April, so wie jetzt, und Sie leben in einer hügeligen Gegend, ähnlich wie dieser hier. Um Sie herum sind Felder, die frisch ergrünen, satt und saftig. Wenn der Wind in das junge Gras fährt, beginnt es zu rascheln und zu flüstern. Und inmitten dieser Felder sitzt ein kleiner Junge, der es nicht gewohnt ist, viel zu reden.

Seine Eltern und Großeltern sind einfache Leute, die den ganzen Tag hart arbeiten und am Abend zu müde sind zum Reden. Einzig der Großvater hat ab und an Zeit für das Kind und erzählt ihm Geschichten, aber davon berichte ich ein anderes Mal mehr.

Jedenfalls sitzt der kleine Junge, der es gewohnt ist zu schweigen, im Frühling im hohen Gras und schließt die Augen, um die Stimme des Windes zu hören. Er schult damit schon früh seine Sinne – anstatt viele Worte zu machen, lauscht er seiner Umgebung und malt die Worte nur in seinem Inneren. Die Natur um den kleinen Jungen herum spricht sein Herz an und berührt seine Seele so sehr, dass er, je mehr er dem Wind lauscht, Gottes Wesen um ihn herum erkennt.

Ihm wird schon früh klar: So etwas Wundervolles wie eine Raupe, die isst und isst und isst und sich dennoch flink bewegen kann, bevor sie irgendwann ein farbenfroher Schmetterling wird – so etwas muss sich jemand ausgedacht haben. Jemand mit Liebe zum Detail. Er lernt schnell, diese Details zu sehen. Er sieht Dinge, an denen andere Menschen blind vorbeischauen.

Der kleine Junge geht zum Beispiel in den Wald und setzt sich auf den noch feuchten Moosboden. Obwohl die Sonne noch nicht warm genug ist, um das Bett des Waldes zu einem gemütlichen Plätzchen zu machen, streichelt der kleine Junge das grüne, samtige Polster, schließt die Augen und horcht.

Der Wind durchstreicht sanft die jungen Blätter in den Baumkronen und erzeugt ein sachtes Rauschen. Der kleine Junge hat noch nie das Meer gesehen, aber so wie das Geräusch des durch die Bäume streichenden Windes, stellt er sich das Zischen des Meeres vor.

Dann ist der Wind plötzlich weg und der Junge erlebt, wie sich das Moos unter seiner Hand anfühlt. Es ist mehr als ein Ruhelager, es besteht aus vielen kleinen Fasern – wer kommt bloß auf solche Ideen? Es muss jemand sein, der viel weiß und viel Zeit hat und viel Liebe – denn was der kleine Junge sieht, ist so schön, so unsagbar schön, dass er dafür keine Worte findet.

Die Gänseblümchen auf der Lichtung, so filigran, in der Gruppe so mächtig, so schön. Die Kohlmeise, so flink, mit blauem Hütchen, so schön. In der Nacht der Gesang der Nachtigall, die Sterne, der Mond, so schön, so schön.

Und so kommt es, dass der kleine Junge schon früh seinen besten und auch seinen einzigen Freund findet: den Schöpfer all der Dinge, die um ihn herum sind. Er lernt Gott ganz ursprünglich, ganz sinnlich kennen, und das prägt ihn bis heute.

Stellen Sie sich vor, dieser kleine Junge wird erwachsen und muss diese abgeschottete Welt irgendwann verlassen, um unter Seinesgleichen zu leben – er wird sich immer fremd unter ihnen fühlen, selbst nachdem er ihre Sprache gelernt, ihr Verhalten angenommen und ihre Bräuche verstanden hat.

Er ist verletzlich geworden. Er wird immer ein offenes Herz haben für Dinge, die außer ihm kaum jemand sieht. Und das sind nicht immer schöne Dinge. Er leidet unter dem, was Seinesgleichen mit der Welt tun, die so liebevoll gemacht wurde. Er leidet darunter, wie Seinesgleichen miteinander umgehen, obwohl sie ebenfalls liebevoll gemacht wurden. Seine Stärke, diese Dinge wahrzunehmen, ist zugleich seine größte Schwäche, weil sie ihn einsam macht.

Und dieser einsame Mensch, das ist mein Mann Henri. Stellen Sie sich das einmal vor."

Es war die einzige Eigenart von Salome, die ihn störte. Heinrich mochte es so gar nicht, wenn seine Frau ihn Henri nannte. Dieses ganze französische Getue, diese aufgeblasene, überfrachtete Mode, nein, das war nicht seine Welt. Gott sei es gedankt war er aber jetzt in einer einfachen Gegend gelandet. Marburg schien wirklich ein Platz zu sein, an dem man neu anfangen konnte. Wieder einmal.

Soeben hatte er einen Stiefelwichser verabschiedet, der ihm seine Dienste angeboten hatte. In einer langen Rede hatte der gute Mann zu erzählen gewusst, welchen Herrschaften Marburgs er bereits die Schuhe geputzt und ausgebessert hatte – zu gerne hätte er auch die Ehre gehabt, das Schuhwerk des Herrn Professor Jung-Stilling zu säubern. In seiner freundlichen Art hatte Jung-Stilling den Mann zu Ende reden lassen, bevor er ihm mitteilte, dass sein Hausstand samt Bediensteten in der nächsten Zeit anreisen würde und er fürs Erste keine Hilfe benötigte.

„Sollten meine Schuhe aber Ihre Verrichtungen benötigen, werde ich mich sicher an Sie erinnern", versicherte er dem Stiefelputzer, dessen Antlitz wahrlich unverkennbar war – eine große Warze zierte sein Gesicht direkt neben der Nase.

Jung-Stilling seufzte, als er sich auf das Sofa im Salon fallen ließ. Es war eine beschwerliche Reise gewesen. Von jeher mochte er Kutschfahrten nicht. Er saß lieber selbst im Sattel, als sich durchschaukeln zu lassen. In seinem empfindlichen Magen spürte er jeden Stein unter den Wagenrädern. In seinem Ohr hörte er jedes leise Quietschen der Achsen. Wenn er schon Opfer des Lebens war, so dachte er, dann wenigstens aktiv statt passiv. Auf dem Rücken eines Pferdes war er frei, der Bauch konnte mitsamt seinen Gedanken fliegen, und die Ohren vernahmen nur den vorbeirauschenden Wind und das Getrappel der Pferdehufe.

Doch auch hier, in dieser fast noch bäuerlichen Universitätsstadt, konnte er seinen Sorgen nicht entfliehen. Zu viel war bisher in seinem Leben geschehen. Mit seinen siebenundvierzig Jahren fühlte er sich manchmal wie sein eigener Großvater. Wie sehr er ihn vermisste! Aber er würde ihn sich zum Vorbild nehmen, auf dieselbe unnachahmliche Weise den jungen Menschen die Welt erklären, wie dieser es einst getan hatte. Er war ein Jung, er würde das Erbe weitergeben.

Wieder hörte er ein Geräusch aus dem Flur. Heinrich erhob sich und öffnete die Tür. Verschüchtert stand dort ein blutjunges Wäschermädchen und getraute sich kaum, zu ihm aufzusehen.

Heinrich lächelte sie an.

„Was kann ich für Sie tun?", fragte er.

„Was Sie für mich tun …?", stockte das Mädchen. „Was ich für Sie tun kann, Herr, das sollte meine Frage gewesen sein."

„Ja, was können Sie denn für mich tun, junge Frau?", fragte Heinrich aufmunternd zurück.

Erstaunt sah sie ihn an. „Ja, ich, äh, wollte fragen, äh, frage Sie, ob Sie nicht vielleicht noch eine Wäscherin benötigen."

Auch wenn das Mädchen ihn an seine Tochter Hannchen erinnerte – es tat ihm leid, sein Hausstand war komplett.

Menschen wie sie abzuweisen, war immer wieder ein Problem für Heinrich. Zu gerne würde er sie alle einstellen und bezahlen, sofern sie ehrliche Leute waren und nicht schlecht über ihre Brotgeber redeten, wie er es manches Mal erlebt hatte. Er wusste selbst, wie es war, um Stellung und Nahrung betteln zu müssen. Es erforderte viel Mut, ihn hier aufzusuchen – besonders wenn man so jung war wie dieses Mädchen.

„Aber ich denke, so gepflegt und ehrlich, wie Sie auftreten, werden Sie sicherlich schnell eine Anstellung finden", machte Heinrich der jungen Frau Mut. Schüchtern lächelte sie zurück und verabschiedete sich.

Sie hatte wirklich Ähnlichkeit mit Hannchen gehabt. Dieselbe zurückhaltende Art, dieselbe Statur. Wie freute er sich darauf, wenn seine Kinder endlich ankamen. Es war schön, dass zumindest die kleine Lisette nun nicht allzu weit weg von dem Ort groß werden sollte, wo er aufgewachsen war. Sein Sohn war wegen der turbulenten Jahre zuvor kaum in seiner Nähe gewesen, und Hannchen war nun auch fast erwachsen. Es war ihm wohl viel eher gelungen, sein „Erbe" an die Studenten weiterzugeben als an seine ältesten Kinder. Aber vielleicht gelänge es ihm bei Lisette. Schon morgen würde die Kleine mit ihrer Amme und den Mägden nachkommen.

Heinrich stand auf, verließ den Salon und betrat sein Studierzimmer. Hier würde er also bald die Herren Studierenden unterrichten. Wieder seufzte er. Auch wenn er seine Arbeit liebte, so war er doch froh, noch eine gewisse Zeit der Ruhe zu haben. Er war dankbar, dass Salome spazieren gegangen war, auch wenn er nun die undankbare Aufgabe hatte, alle Bittsteller abzuwimmeln. Zudem erschien ihm die Begleitung seiner Frau nicht unbedingt passend. Aber vielleicht tat er dieser Elise auch Unrecht. Ihren Vater, Professor Coing, schätzte er zumindest sehr. Mit ihm verband ihn eine Freundschaft, die zum einen auf ihren gemeinsamen Interessen gründete, vor allem aber auf ihrem gemeinsamen Glauben an Christus. Zudem hatten sich Verwandte aus beiden Familien miteinander verheiratet. Doch nicht nur Familie Coing war ihm sympathisch, auch insgesamt schienen die Marburger ein achtbares Völkchen zu sein.

Es klopfte an der Tür. Als Heinrich sie öffnete, überkam ihn ein Anflug von Übelkeit. Ein Parfümschwall drängte in das Zimmer und mit ihm ein Mann, dessen Redeschwall ebenso unangenehm war wie sein Gesicht und sein Duft: „Herr Professor Jung-Stilling, darf ich mich vorstellen, ich bin Friseurmeister und stelle mich hiermit in Ihre Dienste, so wie ich es bereits bei den Vorgängern Ihres Studienfaches getan habe, auch wenn der letzte Professor solch einen krausen Lockenkopf hatte, dass seine Haare schwer zu bändigen waren und der Schnitt nie wirklich gerade war, obgleich das bei Ihrer Haarnatur ein Leichtes werden wird, außer Sie möchten Ihr Haupt noch mit einer Perücke schmücken, wie es einige der Herren Professoren der alten Schule noch zu tun pflegen, so kann ich Ihnen gerne ein passendes Modell anfertigen, wenn Sie mich Maß nehmen lassen."

Der Mann machte sich daran, Heinrichs Nacken zu berühren, woraufhin Heinrich sich ihm entwand und ansetzte, ebenso monologhaft zu antworten: „Guter Mann, ich benötige keine Perücke, ich besitze bereits zwei für wichtige Anlässe, trage mein Haar aber, wie Sie sehen, meist sowieso recht kurz, da wenig davon vorhanden ist, und werde mir bei Bedarf selbst einen Friseur suchen, weil ich Sie genauso wenig in meinen Dienst stellen werde wie mein Vorgänger, den es schlichtweg nicht gab, da die Studienrichtung, die ich unterrichte, erst mit mir an diese Alma Mater gezogen ist und ich sie entwickele. Mit einem Wort – nein, Sie dürfen sich nicht vorstellen, gehaben Sie sich wohl."

Während seiner Ausführungen hatte Heinrich den Friseur wieder auf den Flur hinausgeführt und am Ende schlicht die Tür hinter ihm geschlossen. *Nun gut, nicht alle Marburger scheinen redlich zu sein*, dachte Heinrich lächelnd und begann, seine Bücher und Schriften zu sortieren, was ihm aber nicht recht gelang. Immer wieder wurde er von Personen unterbrochen, die ihm ihre Dienste anbieten wollten. Mal war es ein Schneider, dann wieder ein Stiefelputzer, dann ein Knecht. Wo blieb bloß Salome – normalerweise kümmerte sie sich um derartige Angelegenheiten. Verstand sie sich so gut mit der Tochter der Coings?

Heinrich runzelte die Stirn. Diese Elise schien so gar nicht wie Salome zu sein. Hager und fast einen Kopf größer als seine Frau, und in ihren Bewegungen ein wenig fahrig und unbeherrscht. Und dann diese aufmüpfige Bemerkung über die Langeweile gegenüber ihrem Vater. Obwohl sie damit sicherlich Recht hatte. So manche Begegnung mit anderen Menschen hatte ihn ebenfalls dazu verleitet zu träumen. In einigen Gesellschaften wurde nur geplaudert, um den Kiefer zu bewegen, das Gesagte hatte keinen Inhalt, es war überflüssiges Geschwätz und machte die Köpfe hohl und leer. Vielleicht verbarg sich in diesem ungelenken Mädchen ja ein intelligenter Verstand. Das würde erklären, warum Salome so lange mit ihr unterwegs war.

Hoffentlich nennt Salome mich nicht immer Henri, dachte er, setzte sich an sein Schreibpult und vermerkte in seinem Notizbuch, dass er seine Frau unbedingt darauf aufmerksam machen musste, nachdem er den bisherigen Tag schriftlich hatte Revue passieren lassen. Der letzte Satz in seinem Eintrag lautete: „Welche Menschen mich hier in diesem beschaulichen Ort wohl noch erwarten werden? Ich bin gespannt."

2

Es war drückend heiß. Wie so oft im Sommer staute sich die stickige Luft zwischen den Häuserreihen und wich selbst in den Abendstunden kaum der kühlen Nachtluft. Wer es vermochte, hielt sich jetzt im Lahntal oder im Wald auf – Hauptsache im Freien, weit weg von den engen Gassen. Die Exkremente und der Abfall auf den Straßen zogen vermehrt Fliegen und Ratten an. Trotz der Wärme ließ man die Fenster lieber geschlossen, um dem Gestank zumindest im Inneren der Wohnungen zu entkommen – was allerdings kaum gelang.

Elise hätte einen Tag wie diesen am liebsten im Garten verbracht und die Füße in ein Bassin mit kaltem Wasser getaucht oder mit ihren Schwestern den Schatten des Waldes gesucht und sich an einer Quelle Stirn und Handgelenke gekühlt. Stattdessen stand sie eingezwängt zwischen anderen Herrschaften im Auditorium der Universität und litt unter ihrer Robe.

Früher hatte sie den Ereignissen entgegengefiebert, an denen sie ihr prächtiges Kleid tragen durfte. Sie war sich dann vorgekommen wie die nur ein Jahr ältere Marie Antoinette und hatte sich in den französischen Palast geträumt. Mit dem Alter kam aber auch die Ernüchterung. Besonders in den letzten Jahren war ihr die Alltagskleidung lieber geworden, in ihr konnte sie sich freier bewegen – und vor allem unbeobachteter. Heute war dies allerdings nicht möglich.

Bei der kleinsten Regung spürte sie die Streben ihres Korsetts. Die schwere Luft drückte auf ihre Lungen, und die feste Schnürung des Korsetts machte es ihr unmöglich, frei ein- und auszuatmen. Anderen Damen schien es ähnlich zu gehen, ein ständiges Räuspern und Hüsteln erfüllte den Hörsaal. Ausnahmsweise war Elise für den ausladenden Reifrock dankbar. Auch wenn er durch sein Gewicht ihre Bewegungen schwerfällig machte, sorgte er in einer Menschenmenge wie dieser zumindest dafür, dass genügend

Abstand gehalten wurde – jedenfalls dort, wo sich eine Dame befand.

Da nur die Frauen zugegen sein duften, die Angehörige eines Professors waren, standen vielerorts mehr Männer beisammen. Dort konnte man kaum umhin, den Körpergeruch des anderen wahrzunehmen, auch wenn es immer noch Mode war, sich einzuparfümieren. In einer Versammlung wie dieser entstand dadurch ein eigenartiges Geruchspotpourri, das Elise schwindelig werden ließ. Viele der Damen und Herren waren leicht gepudert und bleich geschminkt. Die Wärme hatte das Puder einiger Damen allerdings schon an mehreren Stellen aufgelöst, sodass ihre Gesichter fleckig wirkten. Elise war froh, dass sie und ihre Schwestern darauf verzichtet hatten.

Sie mochte ohnehin lieber den neuen Einfluss der englischen Mode, die viel schlichter und unprätentiöser war als die französische mit ihrem verschwenderischen Einsatz von Stoffen, Farben und Düften. Vereinzelt wurden zwar noch Perücken getragen oder Haare weiß eingepudert, aber besonders die Herren neigten mittlerweile dazu, einen einfarbigen Frack anstelle eines bestickten Rocks zu tragen. Um die Haut vor der Sonne zu schützen, versteckten die Herren ihre Hände unter den Spitzenbeschlägen ihrer Hemden, und die Damen trugen Handschuhe und führten einen Sonnenschirm mit sich. Elise benutze ihren, um sich darauf abzustützen. Die hochgesteckten Haare, das Korsett, die verbrauchte Luft, die Wärme – sie bekam Kopfschmerzen. Hoffentlich würde das Schauspiel bald beginnen.

In der Tat wirkte die Antrittsvorlesung Jung-Stillings wie ein Bühnenstück. Alle bekannten Persönlichkeiten Marburgs waren mit ihren Familien zugegen, um zu hören, wie sich dieser ungewöhnliche Mann vorstellen würde. In den drei Monaten seit ihrer Ankunft hatte sich die Familie Jung-Stilling schnell eingelebt. Der Professor war sowohl bei den Gelehrten als auch beim einfachen Volk beliebt, weil er meistens einfache Worte benutzte und eine Herzlichkeit ausstrahlte, die für einen Angehörigen seines Standes ungewöhnlich war. Zu Marburg schien er aber genau deshalb zu passen. Schließlich war die Stadt der Heiligen Elisabeth kein Universitätsort wie Heidelberg und alle anderen – sie war etwas Besonderes, und das wusste vor allem Elise zu schätzen.

Endlich betrat Jung-Stilling die Bühne. Er trug wie immer einen seiner grauen Fracks über der Weste und den Kniehosen. Zunächst begrüßte er den Landgrafen von Hessen-Kassel, Wilhelm IX, der extra zu Jung-Stillings Antrittsrede angereist war. Vielleicht waren die vielen Leute auch seinetwegen gekommen – er war nicht oft in der kleinen Universitätsstadt, setzte sich aber seit seinem Amtsantritt sehr für sie ein. Die Philippina hatte in den letzten Jahren nur wenige Studenten angezogen; im letzten Jahr waren es gar nur achtzig gewesen. Mit Jung-Stillings Wechsel an die Universität schien die Zahl wieder anzusteigen, zurzeit studierten dreihundert Herren in den verschiedenen Studienzweigen.

„Antrittsvorlesung über den Ursprung, Fortgang und die Lehrmethode der Staatswirtschaft. Meine Herren, bis hierher hat mich nun die hohe Vorsehung durch manchen sauren Tritt – durch viele schwere Kämpfe – und durchwachte Nächte geleitet“, begann Stillung seine Rede an die Marburger. Die Vorsehung Gottes – Elise hatte in den letzten Wochen oft darüber nachgedacht. Salome und sie verbrachten viele Stunden miteinander und sprachen oft darüber, warum das Leben wie verlief und was sich Gott wohl dabei dachte. Salome verstand es als Fügung, dass sie beide sich gefunden hatten, und auch Elise konnte nicht leugnen, dass Salome für sie ein wahres Geschenk war.

„Diese, durch eine glänzende Reihe berühmter und gelehrter Männer, weit und breit bekannte Universität scheint das Ziel zu sein, wozu mich der, der den Vögeln des Himmels Speise und den Lilien des Feldes Schmuck gibt, der der Menschen einzelne Schritte und Tritte lenkt, von der Wiege an vorbereitet und mit väterlicher Hand geführt hat“, fuhr Jung-Stilling auf seine unnachahmliche Art fort. Elise musste unweigerlich lächeln. Jung-Stilling neigte in seiner Vorlesung genauso wie in seinen Büchern ihrer Meinung nach zu Übertreibungen.

Sicherlich war die Universität bekannt, aber weit und breit? Früher hatte sie gewiss eine besondere Stellung genossen. Vor mehr als zweihundert Jahren war die Philippina von dem erst 23 Jahre alten Landgrafen Philipp ohne kaiserliches oder päpstliches Privileg als eine der ersten protestantischen Universitäten der Welt gegründet worden. In den letzten Jahrzehnten schien sie allerdings etwas vernachlässigt worden zu sein. Elise kannte die Universität von Kindheit an eher als beschaulich und familiär denn als elitär und strebsam. Aber Jung-Stilling schien seine Übertreibungen nicht zu bemerken; wahrscheinlich, weil er sie selbst glaubte.

Seine Stimme schwoll an und erfüllte nun den ganzen Saal: „Dank sei dem allgütigen Gott! Dank unserm besten Fürsten – auf dessen Wink hin Sie, Väter und Brüder, mich hierher berufen haben!"

Elise schaute zu Boden, damit niemand sah, dass sie lächelte. Seine Professorenkollegen als Brüder zu bezeichnen, war überaus typisch für Jung-Stilling, wie Elise mittlerweile wusste. Fast immer wenn sie sich mit Salome traf, erzählte diese ihr Geschichten aus dem Leben ihres Mannes. Sie musste ihren Mann sehr lieben, denn sie sprach fast nur von ihm und kaum von sich.

Es war aber auch eigenartig mit Jung-Stilling. Fast jeder mochte ihn, obwohl er sich anders verhielt, als es in der Gesellschaft üblich war. Oft übermannten ihn seine Gefühle, sodass es vorkam, dass er aus einer spontanen Regung heraus Menschen umarmte oder aber auch vor Verzweiflung in Tränen ausbrach. Es war wahrscheinlich gerade diese Echtheit, die die Menschen rührte, egal wie unterschiedlich sie waren. Jung-Stilling zählte etwa neben ihrem Vater auch den Pastor der Universitätskirche, Pfarrer Schlarbaum, zu seinen engsten Freunden, sowie den ungewöhnlichen, aber allseits beliebten Professor Baldinger. Dabei könnten diese beiden Männer gegensätzlicher kaum sein. Schlarbaum war ein sehr gottesfürchtiger Mann mit Prinzipien, und Baldinger liebte den Wein und die Kunst mehr als Konventionen. Dennoch waren beide wie so viele andere tatsächlich in gewisser Weise Jung-Stillings Brüder geworden.

Und er schien diese Stadt auf ebensolche Weise zu lieben. Nachdem er die Aufgabengebiete der Staatswissenschaft, wie er sie sah, dargelegt hatte – Jung-Stilling verstand die Kameralistik nicht nur als Lehre des Staatshaushalts, sondern als praktische Lehre aller Bereiche der öffentlichen Verwaltung, wozu Fabrikwissenschaften wie Farbstoffbehandlung, Bierbrauerei und Druckerei genauso gehörten wie die Land- und Forstwirtschaft – erklärte er zum Abschluss überschwänglich: „Marburg muss für Deutschland das werden, was Athen den Griechen war, und seine Zöglinge müssen Heil und Wahrheit in der Welt verbreiten. Diese Stadt sei gesegnet bis ans Ende der Tage, und jeden, den unsere Mauern umschließen, umsäusele hoher Gottesfriede."

Mit diesen Worten ließ Jung-Stilling seine Hörerschaft zurück und wischte sich unauffällig – aber doch so, dass es jeder sehen konnte – ein paar Tränen der Rührung aus den Augen. Auch wenn Elise seine Schwärmereien oft insgeheim lächerlich fand, war sie doch von seinen Worten bewegt und hoffte, dass Gott diese Stadt am Berg, ihre Bewohner und die nachfolgenden Generationen segnen würde. Denn auch sie liebte diese Stadt sehr. Durch Jung-Stilling würde sich hier einiges ändern. Der Landgraf hatte an der Universität bereits die Bereiche Medizin und Naturwissenschaften aufbauen lassen, nun folgte der wirtschaftswissenschaftliche Zweig. Für die Stadt und die Universität war das eine Bereicherung, aber Elise befürchtete, dass diese Veränderungen auf ihr Leben keine guten Auswirkungen haben könnten.

Taumelnd verließ sie das Auditorium und verlor dabei ihre Familie aus den Augen. Alle strömten ins Freie, viele gingen direkt hinunter zur Weidenhäuser Brücke, um an der Lahn eine halbwegs frische Brise abzubekommen. Der Fluss und die Abfälle im Wasser verströmten nach einer längeren Hitzeperiode wie jetzt Anfang Juli aber einen eigentümlichen Geruch, weshalb Elise lieber auf dem großen Vorplatz stehen blieb und dort nach Luft rang. Auch wenn der kostbare Seidenstoff von außen kühlte, so klebte ihr Unterkleid doch an ihrer Haut. Nur der Reifrock sorgte dafür, dass wenigstens von unten etwas Luft an ihren Körper kam. Elise war übel und schwindelig, sie musste sich dringend setzen, aber wo?

„Elise! Da sind Sie ja. Ich hatte Sie schon gesucht", rief eine Frauenstimme. Elise hob den Blick und sah ihre Freundin Salome gemeinsam mit der Amme, welche ihre kleine Tochter Lisette auf dem Arm hielt, näherkommen.

„Elise, wollen wir nicht auch hinunter an das Lahnufer gehen? Lisette ist eben von zu Hause gekommen, um mich hier abzuholen. Sie sehen ja gar nicht gut aus, sicher brauchen auch Sie ein wenig bessere Luft", schlug Salome vor, und Elise blieb gar nichts anderes übrig, als zu nicken und sich am Arm ihrer Freundin aus der Oberstadt führen zu lassen, während diese wie üblich zu erzählen begann.

„Stellen Sie sich einmal vor, meine liebe Elise, Sie wären sieben Jahre alt und hätten noch nie ein anderes Kind kennengelernt. So ist es Henri ergangen. Stellen Sie sich vor, seine einzigen Freunde neben Gott sind der Wind und der Wald und das Wild, das er aus der Ferne beobachtet. So wie die Kitzlein miteinander herumtollen, so muss es auch den Kindern ergehen, die Geschwister haben, denkt er bei sich und träumt davon, eines dieser kleinen Rehe zu sein.

Manchmal erträumt er sich auch Feen und allerlei Luftgeschöpfe zwischen den Bäumen, die miteinander tanzen oder Ball spielen – oft wirft der Junge dann einen Tannenzapfen umher, weil er hofft, ein anderes Wesen würde ihn auffangen und zurückwerfen. Aber der Zapfen bleibt jedes Mal auf den Wurzeln liegen, sodass der Junge schließlich beginnt, ihn selbst aufzufangen.

Es mag also nicht verwundern, dass dieser kleine Junge von jeher gerührt ist, wenn jemand doch seinen Ball auffängt, wenn er spürt, dass ihn jemand mag. Es kommt in seiner Kindheit kaum vor, dass er jemand Neues kennenlernt. Doch eines Tages bekommt die Katze, die hinter dem Haus lebt, Junge. Irgendwann beginnen die Kätzchen in ihrer tollpatschigen Art, das Vertrauen des Jungen zu gewinnen und umgekehrt. Was meinen Sie, liebe Elise, wie dem kleinen Jungen vor Glück still die Tränen die Wangen herunterrollen, als eine junge Katze ihn besonders lieb hat und ihn auf Schritt und Tritt verfolgt.

Seitdem hat er das Bedürfnis, alles was er schätzt, in den Arm zu nehmen oder zu berühren, weil er selbst so gerührt darüber ist, doch nicht allein in der Welt zu sein. So passiert es ihm heute noch manchmal, dass er vor Freude weinen muss. Schon früh hat er sich darin geübt, zu weinen und Gefühle zu zeigen – es war ja niemand da, der ihn dafür zurechtwies. Er wusste nicht, dass es so etwas wie Peinlichkeiten überhaupt gibt.

Auch wenn der kleine Junge viel mit Gott redet, wenn er in der Natur ist, und sich auch regelmäßig zum Gebet niederlässt – Gott ist schließlich sein bester Freund – kann er den Schöpfer aller Dinge nicht umarmen. Zumindest nicht, wie ein Mensch einen Menschen umarmt. Aber er fühlt, dass die Natur um ihn herum die Umarmung Gottes an ihn ist.

Also füllt er diese Umarmung Gottes mit Berührungen. Schon früh beginnt der kleine Junge zu lesen und entdeckt in den Büchern viele Gestalten und Abenteurer, die in seiner Gedankenwelt auch außerhalb der Bücher Gestalt annehmen. Eine Lichtung denkt er sich als Wüste, einen Strauch als Höhle. An einer Stelle befindet sich der Brunnen der Melusine, an einer anderen die Türkei, in der die schöne Marcebilla mit ihrem Vater, dem Sultan, lebt. Noch heute als Erwachsener sind ihm diese fiktiven Personen bekannt, als hätte es sie wirklich gegeben.

Getrieben von seiner Einbildungskraft beginnt der Junge, sich einige Reime auszudenken und sich selbst Fantastereien zu erzählen. Auch das passiert ihm manchmal heute noch, doch im Gegensatz zu damals schreibt er diese Gedanken nieder und gibt sie in seinen Büchern weiter – auch wenn es sich dabei weniger um Fantastereien handelt, als vielmehr um Wissen.

Er möchte mit seinen Schriften Kontakt herstellen zu den Menschen, sie berühren, wie er einst von den Büchern in seiner Kindheit berührt worden ist. Er möchte Kontakt herstellen und sie umarmen, auch wenn das für manche Menschen seltsam anmutet, weil sie nie gelernt haben, sich wahrlich zu begegnen.

Denn die meisten Menschen wachsen als einer unter vielen auf, werden berührt, obwohl sie es nicht wollen, und haben keine Zeit zu lesen oder zu träumen. Für sie ist es wichtig, Distanz zu halten, sich selbst zu schützen. Und genau das ist Henri fremd. Er fühlt alles, ungefiltert."

„Seid gegrüßt, werter Herr", ertönte es von allen Seiten, als Heinrich vor die Tür des „Haus Engel" trat und durch die Oberstadt ging. Vom ersten Augenblick an, schon als er diesen an den Berg gedrückten Ort von Weitem erblickt hatte, hatte er gewusst, dass er sich hier heimisch fühlen konnte. Und in der Tat: Seit seiner Ankunft im Frühling hatten ihn die Marburger zu einem der ihren gemacht. Der neue Professor war davon immer noch bewegt und drückte stets vielerorts freundschaftlich fremde Hände, wenn er seinen täglichen Spaziergang machte. Mittlerweile hatte er zwei Lieblingswege, die er des Öfteren beschritt.

Heute wollte er von seinem Haus in der Barfüßerstraße 28 aus den oberen Weg nehmen. Doch zunächst machte er noch einen kurzen Abstecher in die nahe gelegene Hofstatt 11, in der sich seine Familie oft aufhielt. Auch heute war Salome dort bei Professor Coings Frau und deren ältester Tochter Elise zum Tee geladen, und Heinrich wollte noch kurz sein Töchterchen Lisette besuchen, das er heute noch gar nicht zu Gesicht bekommen hatte.

Manchmal fragte sich Heinrich, warum er eigentlich einen derart straffen Arbeitstag hatte. Schließlich zwang ihn niemand dazu, außer ihm selbst. Gerade darum war es aber so schwer, dem Druck zu entfliehen, denn dieser Druck spornte ihn an, machte ihn zu einem guten Professor, Arzt und Autor. Auch wenn er seinen eigenen Anspruch oft als Last empfand, war er doch für die Menschen ein Segen, und Gott konnte ihn als sein Werkzeug benutzen.

In diesem Sinne stand Johann Heinrich Jung täglich schon um fünf Uhr, manchmal noch vor der Magd, auf und nutzte die frühe Morgenstunde zur Bibellese und zum Gebet. Nach dem Frühstück begann um sieben Uhr die Studienzeit in seinem Studierzimmer. Da er die jungen Herren nach eigenen Fachbüchern unterrichtete, musste er diese oft erst noch schreiben. Alsdann machte er sich nach dem Mittagessen an seine Korrespondenzen – Heinrich seufzte: Es wurden von Tag zu Tag mehr Briefe – um sich dann wie heute nach einem Spaziergang dem Schreiben zu widmen. Manchmal musste er diese Arbeit aber auch unterbrechen, wenn er zu einer Star-Operation gerufen wurde.

Heute stand jedoch nichts dergleichen an, also stand seinem Verdauungsspaziergang nichts im Wege. Heinrich hatte in den letzten Jahren oft mit seinem Magen zu kämpfen gehabt, und auch heute war der Genuss des Eierkuchens im Nachhinein eher eine Qual für seinen Bauch. Etwas gekrümmt, wie es seine Art war, lief er die Langgasse hinab, um von der Untergasse aus zu erkunden, ob die Familie sich im Garten aufhielt.

Nach den heißen Tagen vor und nach seiner Antrittsrede war es nun ungleich kühler geworden, und man musste sich wohl überlegen, ob man die kleine Lisette dem unberechenbaren Wetter aussetzen wollte. Mal stach die Sonne hinab und reizte Haut und Augen, mal war der Himmel von bedrohlich dicken Wolken verhangen, und ein Gewitter jagte das nächste. Heinrich war oft bang um seine kleine Tochter. Sie war noch keine zwei Jahre alt, und er hatte zu viele Kinder bereits vor diesem Alter verloren.

Schon von Weitem hörte Heinrich ein Kinderjauchzen. Der offene blaue Himmel lud heute trotz der kühlen Temperatur dazu ein, sich draußen aufzuhalten. Heinrich lächelte in sich hinein. Die Töchter der Coings hatten ihre helle Freude an dem Kind und wetteiferten stets darum, wer mit der Kleinen spielen durfte. Am liebsten schien sich Lisette jedoch bei Elise aufzuhalten, die mit ihr allerhand Abenteuer bestritt.

Als Jung-Stilling den höhergelegenen Terrassengarten über den Stallungen erreichte, konnte er auf seinen Spazierstock gestützt unbeobachtet sehen, wie Lisette von Elise in die Luft geworfen und wieder aufgefangen wurde. Gott sei Dank standen sie in der Nähe des Hauses und nicht am Ende des Gartens. Er hätte sonst befürchtet, das Kind könnte über das Geländer, das den Garten zur Untergasse hin abgrenzte, zu ihm hinunterfallen und sich auf den harten Steinen das Genick brechen.

Heinrich schüttelte den Kopf und kniff kurz die Augen zusammen, um das Hirngespinst zu verjagen. Ständig quälten ihn Ängste und Befürchtungen, über seine Familie könnten Unglücksfälle hereinbrechen. Seitdem er mit Salome verheiratet war, hatte er in ihr zwar eine liebevolle Stütze, aber dennoch war sein Leben bisher geprägt gewesen von Geldsorgen, Krankheit, Tod und Anfeindungen. Er konnte sich einfach nicht an diese neue Lebenssituation gewöhnen.

Doch je mehr er befürchtete, etwas Schreckliches würde passieren, umso mehr heilten ihn die Marburger mit ihrer Herzlichkeit und Freundlichkeit. Diese Stadt umsorgte ihn wie ein Vogel seine Küken, behütete ihn im Schatten des Schlosses und erfrischte durch den Fluss am Fuße des Ortes. Es war wahrlich ein Wunder, für das er Gott jeden Tag dankte.

„Welch bekannte Sorgenfalten sehe ich denn dort herumschleichen?“, rief indessen die vom Spiel mit dem Kind überschwängliche Elise. „Ganz richtig, Professor Jung-Stilling, Sie wurden entdeckt!“, rief die junge Frau von oben herab.

„Aber Elise!“, tadelte Frau Professor Coing ihre Tochter. „So spricht man doch nicht mit dem geschätzten Professor.“

Heinrich trat einen Schritt zurück, um sich zu erkennen zu geben, und schwang den Spazierstock in die Höhe. „Meine liebe Frau, Sie haben mich erkannt“, entgegnete er fröhlich.

Mittlerweile verstand er, warum seine Frau so gerne Zeit mit der Coingschen Tochter verbrachte. Elise hatte etwas Ungezähmtes, Ansteckendes in ihrem Wesen, das seiner Salome eher fremd war. Das zeigte sich auch äußerlich. Elise trug heute wie so oft ein einfaches wollenes Kleid, eine bürgerliche Haube bedeckte ihr einfach frisiertes Haar, und ein Tuch umhüllte ihre Schultern. Salome dagegen trug unter ihrem Kleid noch einen Unterrock und ließ sich jeden Morgen die Haare kunstvoll frisieren, damit sie größer wirkte. Nicht dass seine Frau eitel war, ganz im Gegenteil – auch sie schätzte ein schlichtes Auftreten –, aber sie legte Wert auf Konventionen. Eigentlich hatte er es nur ihr zu verdanken, dass er sich in der höheren Gesellschaft zurechtfand.

So saß Salome nun auch, wie es sich gehörte – vor allem für eine Frau, die guter Hoffnung war –, gemeinsam mit Frau Professor Coing an einem kleinen Tisch im Schatten und trank in aller Ruhe Tee, während Elise ungestüm mit Lisette spielte.

„Guten Tag also, die Damen. Ich bin gekommen, um meiner Tochter einen schönen Tag zu wünschen. Wo sind denn die zwei anderen Coing-Schwestern?“, fragte Heinrich.

„Marie und Amalie machen mit unserem Vater eine kurze Landpartie, um Gräser für Tischgestecke zu sammeln. Wir waren zu bequem, um mitzugehen“, scherzte Elise.

Heinrich sah, dass Elises Mutter ihrer Tochter einen missbilligenden Blick zuwarf, den diese aber entweder nicht sah oder gekonnt ignorierte. Salome lächelte indessen. Sie schien das lebendige Naturell ihrer Freundin wahrlich zu genießen.

Bevor die Amme das Kind auf den Arm nehmen konnte, trat Elise mit Lisette schnellen Schrittes an das Geländer heran, um das Kind zu Heinrich hinunterzureichen.

Vor seinen Augen entstand just wieder die bekannte Angstvorstellung, das Kind könnte auf die Straße fallen und sich etwas antun. Wie gelähmt vor Furcht blieb er bewegungslos stehen und starrte die Steine in der Mauer hinter dem Kind an, anstatt es entgegenzunehmen. Während er auf den groben Mörtel starrte, der die unförmigen Steine der Mauer zusammenhielt, sah er in Gedanken das Blut über das Kopfsteinpflaster fließen, langsam sickernd aus einer Wunde am zarten Köpfchen seiner Tochter, die bewegungslos und mit verdrehten Gliedmaßen vor seinen Füßen lag.

„Mein lieber Herr, wenn Sie mir das Lieschen nicht gleich abnehmen, werde ich mir mein ungeschnürtes Rückgrad brechen“, unterbrach Elises loses Mundwerk Heinrichs Starre, sodass dieser schnell nach seinem Kind griff und es in seine Arme nahm.

Lisette lachte ihn aus ihrem pausbäckigen Gesicht an und griff alsdann nach seinem Revers und den Knöpfen an seinem Frack.

Heinrich schloss kurz die Augen, atmete tief ein und sah dann zu Elise hinauf, die mit den Händen auf das Geländer gestützt zu ihm hinunterschaute und ihn fragend ansah. „Herr Professor, nun machen Sie sich doch keine Sorgen. Lieschen ist bei uns gut aufgehoben. Meinen Sie wirklich, ich wäre nicht imstande, sie festzuhalten? Auch wenn ich schmal und zerbrechlich wirke, so habe ich doch Kraft in meinen Armen. Glauben Sie mir, ich liebe Ihr Kind, ich würde ohne Umschweife mich selbst diese Brüstung hinabwerfen, wenn ich sie dadurch retten könnte“, versicherte ihm Elise in ernstem Ton.

„Fürwahr ich hier stehe, Sie würden sich nichts tun, da ich ja hier wäre, um notfalls neben meinem Kind auch Sie aufzufangen“, entgegnete Heinrich zu seinem eigenen Erstaunen keck, kletterte auf einen Vorsprung, reckte sich und drückte freundschaftlich Elises Hand. Innig herzte er sein Kind, bevor er es an Elise zurückreichte. Dann verabschiedete er sich flugs von der Teegesellschaft und ging an den Stallungen vorbei hinauf zum kleinen Innenhof der Hofstatt.

Was hatte er sich bloß dabei gedacht? Seit wann sagte er solche Dinge? Diese Elise hatte eine Fähigkeit, ihn innerlich herauszufordern, die er nicht verstand. Schlagfertigkeit und schneller Witz gehörten normalerweise so gar nicht zu seinen Charaktereigenschaften. Die Coingsche Tochter war ja nett, und die Kinder mochten sie, aber vielleicht sollte er seine Frau doch in Zukunft davon abbringen, allzu viel Zeit mit ihr zu verbringen. Auch wenn die Frauen sich gut verstanden, mussten sie ja nicht jeden Tag beisammen sein.

Statt sich gedanklich mit seinen Lehrbüchern zu beschäftigen, war Heinrich nun wütend und wusste gar nicht genau, warum. Weil diese Frau sein Kind in Gefahr gebracht hatte? Aber sie war doch ernst und gewissenhaft gewesen und hatte ihm versichert, dass sie seine Tochter nie in Gefahr bringen würde. Dennoch war es ihm mit einem Mal nicht mehr recht, dass Salome ausgerechnet diese Tochter der Coings zu ihrer besten Freundin erwählt hatte.

„Herr Professor Jung-Stilling, seien Sie gegrüßt!“, unterbrach ein Bürger seinen innerlichen Kampf, als er gerade den Heumarkt entlanglief. Heinrich nickte zurück und erklomm, den Blick fest auf das Landgrafenschloss gerichtet, entschlossenen Schrittes den Schneidersberg, anstatt zum Marktplatz zu laufen. Dort würde er sicherlich noch mehr Menschen treffen, die ihn in ein Gespräch verwickeln wollten, oder vielleicht sogar seinem Freund Ernst Gottfried Baldinger begegnen, der ihn immer erst wieder gehen ließ, wenn er einen Schluck Wein mit ihm getrunken hatte. Sonst liebte er diese Geselligkeiten, diese Gemeinschaft, aber nun musste er dringend allein sein, er musste sich auf seine Studien konzentrieren.

Heinrich stieg immer weiter den Berg hinauf, und obwohl der Weg immer steiler wurde, wollte er das Tempo nicht drosseln. Auch wenn die Waden schmerzten und die Lunge rasselte – unaufhörlich bat er im Rhythmus seiner Schritte Gott um seine Inspiration, um seine Hilfe, wenn er alsbald wieder zu Hause an seinem Lehrbuch zur Forstwirtschaft arbeiten würde.

Doch schon kurze Zeit später dachte er wieder an seine kecke Erwiderung auf Elises Worte eben. Er wusste nun, warum er wütend war. Er war wütend auf sich selbst. Wütend, weil er sich verhalten hatte wie sein Studienfreund Goethe, dreist anstatt zurückhaltend. Gut, es war nur dieser eine Satz gewesen, aber sollte man sich nicht im Umgang mit Frauen darin üben, höflich zu sein, ganz gleich, wie sich die Frau verhielt?

Mithilfe seines Spazierstocks erklomm er vehement weiter den Berg, um sein Ziel, das Landgrafenschloss, so schnell wie möglich zu erreichen.

Heinrich hielt sich die Seite und versuchte seine Atmung zu beruhigen, während der Schweiß in Strömen über seinen Körper lief. *Ich muss nun mal verstehen, dass ich kein Jüngling mehr bin,* gestand sich der grauhaarige Endvierziger ein und lehnte sich mit der Hüfte gegen die massive, meterdicke Mauer. Von hier oben hatte er einen grandiosen Blick auf das Lahntal und den Ort. Die Häuser duckten sich eng an den Berg wie Kinder an die Beine ihrer Mutter, und die Waldhänge ringsherum schützten die Stadt wie eine Festung. Diese Weite, die unverbrauchte Luft hier oben, das Grün berührten ihn wie in seiner Jugendzeit. Hier konnte er seine Gedanken schweifen lassen und zur Ruhe kommen. Alle Sorge war wie weggeblasen, als der Wind durch die Locken in seinem Nacken strich.

Wahrlich, er konnte die vielen negativen Äußerungen von Durchreisenden und Studenten über Marburg nicht teilen. Viele beschwerten sich über das Alter der Stadt und die schiefen Zimmer; die Häuser seien hässlich und krumm, die Beleuchtung schlecht, die Wege uneben und gefährlich, weil man an kaum einer Stelle gerade gehen könne, immer stehe man entweder bergauf oder bergab und müsse obendrein auch noch aufpassen, nicht in Unrat zu treten.

Gewiss, diese Beschreibungen mochten allesamt stimmen, aber auch wenn die Häuser überwiegend lehmig waren, die Gassen eng und dunkel, der Geruch penetrant und stickig – Heinrich fand die Stadt gerade deswegen liebenswert. Marburg spielte nichts vor, Marburg war echt, Marburg war lebendig, Marburg war unbequem und heimelig zugleich – genauso wie die Menschen, die ihm vielleicht gerade deswegen ähnlicher waren als die Bewohner irgendeines anderen Ortes, an dem er bisher gewesen war.

Heinrich fühlte sich zu Hause, als er über die schiefen Dächer der Fachwerk- und alten Steinhäuser blickte. Schräg am Turm der Lutherischen Pfarrkirche vorbei konnte er gar den Dachfirst der Hofstatt ausmachen, wo seine Familie sich gerade aufhielt. Eines spürte er beim Anblick dieser Stadt genau: Er war angekommen.

3

Der Spätsommer war herrlich. Die Hitze war einer leichten Wärme gewichen und ein andauernder, flüchtiger Wind wehte den Duft der Obstwiesen herbei, sodass es nach reifen Äpfeln und Birnen roch. Elise und Salome verbrachten jetzt viele Stunden gemeinsam im Garten der Coings oder wie heute vor dem „Haus Engel". Salome war zwar ebenso gern in Bewegung wie Elise und liebte es, die Gegend um Marburg zu erkunden, aber weil sie im sechsten Monat schwanger war und in letzter Zeit vermehrt Schwächeanfälle hatte, blieb sie momentan im Ort.

In früheren Zeiten hatten die Menschen in ihrer wenigen freien Zeit immer gesellig vor ihren Häusern gesessen. In den meisten Städten war diese Sitte mittlerweile unüblich geworden; man traf sich nun lieber in Wirts- oder neuerdings in Kaffeehäusern. In Marburg hingegen wurde die alte Tradition noch fortgeführt, und so saßen Salome und Elise entspannt auf einer Bank neben der dicken Eingangstür aus Eichenholz. Lisette hielt drinnen unter der Aufsicht ihrer Amme ein Nickerchen. Salome erzählte ihrer Freundin gerade wieder von einer Begebenheit aus Jung-Stillings Leben, als sich vom Barfüßertor aus ein Einspänner die Straße hinaufbewegte.

Das Pferd hielt genau vor dem Haus, ein Bergmeister stieg hinab und half einem alten Mann vom Karren herunter. Salome erhob sich und fragte, wen die Herrschaften suchten.

Der alte Mann antwortete mit knarrender, aber fester Stimme: „Ich bin gekommen, um meinen Sohn, Johann Heinrich Jung, zu besuchen."

Freudig nahm Salome die Hand des gebeugten Mannes in die ihre und stellte sich und Elise vor. „Welch eine Freude wird das für Ihren Sohn sein, Vater Jung!", rief Salome aufgeregt.

Elise war erstaunt. Zum einen hatte sie die gemütsruhige Salome selten derart bewegt erlebt, zum anderen hatte sie sich Jung-Stillings

Vater ganz anders vorgestellt. Sie wusste zwar, dass der alte Herr aus einer einfachen Bauern- und Köhlerfamilie stammte, aber soweit sie wusste, war Wilhelm Jung selbst Schneider gewesen – warum ähnelte dann seine sonnengebräunte Haut an Gesicht und Händen gegerbtem Leder?

Ein schmaler, weißer Haarkranz zierte seinen fast kahlen Kopf, und aus einem von tiefen Furchen durchzogenen Gesicht blickten unter buschigen Augenbrauen zwei graue, schüchterne Augen zu ihnen auf. Wilhelm Jung war klein und gebeugt. Die Ähnlichkeit war unverkennbar – auch sein Sohn hatte diese Körperhaltung angenommen.

Salome störte ihren Mann sonst ungern bei seiner Arbeit – ausgerechnet heute hatte er zusätzlich zu seiner Studienzeit am Vormittag auch noch am Nachmittag Herren zum Unterricht geladen – aber er würde es ihr sicher verzeihen, dass sie ihn dennoch holen ließ, schließlich hatten sich Vater und Sohn seit Jahren nicht gesehen. Kurzentschlossen schickte sie einen Boten in den kleinen Hörsaal des Hauses, um ihren Mann rufen zu lassen. In diesem Fall war es gut, dass es derzeit so wenig Studenten in Marburg gab, dass Jung-Stilling wie viele seiner Kollegen lieber in seinen Privaträumen unterrichtete als im großen Hörsaal der Universität – auf diese Weise war Jung-Stilling direkt zugegen, um seinen Vater zu begrüßen.

Was war das für ein Wiedersehen! Zunächst blieben die zwei Herren einen Moment lang voreinander stehen, um sich zu mustern, dann fielen sie sich leise schluchzend in die Arme. Elise fühlte sich seltsam fremd, so als würde sie etwas beobachten, das nicht für ihre Augen bestimmt war. Zwar waren die zwei Familien mittlerweile eng miteinander verbunden, aber diese Situation schien ihr doch zu intim zu sein. Sie nahm wahr, dass diese zwei Männer sich lieb hatten, aber dennoch war da eine seltsame Distanzierung, vor allem in Jung-Stillings Verhalten.

Still wollte sie sich eben verabschieden, als der Vater den Sohn plötzlich fragte, wer von den zwei schönen Damen denn nun seine Ehefrau sei. Verwirrt blickte sich Jung-Stilling nach Salome um und bemerkte erst jetzt, dass auch Elise zugegen war. Salome war indessen unbemerkt ins Haus gegangen, um Lisette zu holen, sodass es wirklich so aussah, als ob Elise Jung-Stillings Frau wäre.

Jung-Stilling schien zu verblüfft, um etwas sagen zu können, also übernahm Elise die Initiative.

Sie schüttelte sanft den Kopf und gab Vater Jung die Hand. „Ich fühle mich geehrt, Sie kennenzulernen, lieber Herr. Mein Name ist Elise Coing – ich bin eine Freundin der Familie."

Jung-Stilling nickte und wechselte das Thema: „Vater, Ihr seid in den dreizehn Jahren, in denen wir uns nicht gesehen haben, wahrlich gealtert."

Eine seltsame Bemerkung, fand Elise. Sie hätte wohl nach solch einer langen Zeit ihrem Vater zuerst versichert, dass sie froh war, ihn wohlauf wiederzusehen oder Ähnliches, aber das Alter, das spielte doch nun wirklich keine Rolle. War Jung-Stilling schlicht unsicher, oder spielte er damit auf etwas an?

„Sie sind aber auch sehr gealtert, mein Sohn", entgegnete nun der Alte.

Elise hatte immer mehr das Gefühl, Zeuge einer Begebenheit zu werden, die sie nun wirklich nichts anging. Beleidigten sich hier Vater und Sohn? Und warum siezte der Vater sein Kind?

„Nicht Sie – ehrwürdiger Mann – sondern du!", sagte just auch Jung-Stilling. „Ich bin euer Sohn und stolz darauf, es zu sein. Euer Gebet und eure Erziehung haben mich zu dem Mann gemacht, der ich nun bin. Ohne euch wäre ich nichts!", versicherte er beflissentlich.

Da ist sie wieder, die Übertreibung, dachte Elise. Sicherlich gäbe es Jung-Stilling ohne seinen Vater nicht, aber dass er als ein Kind einfacher Leute studiert hatte und nun sogar Professor war, lag doch bestimmt auch an seinem eigenen Willen. Warum machte sich Jung-Stilling so klein? Neigte er am Ende etwa immer dann zu Übertreibungen, wenn er unsicher war?

„Nun! Nun! Lass das – Gott hat's getan. Er sei dafür gelobt", holte nun auch der Vater seinen Sohn auf den Teppich zurück.

„Unglaublich, wie hart und steif eure Hände sind!", wechselte Jung-Stilling schnell das Thema. Fühlte er sich etwa ertappt? Das

Ganze schien ihm zumindest in irgendeiner Form unangenehm zu sein.

Nun sah Elise den Vater das erste Mal lächeln. „Ich bin ein Schneider und zur Arbeit geboren, das ist mein Beruf, also lass dich das nicht kümmern, mein Sohn."

Es war seltsam. Elise fiel auf, dass sich Vater und Sohn bei dem Gespräch nie direkt ansahen, sondern lieber auf ihre Füße, den Boden oder in den Himmel schauten. Nur ab und an wechselten sie einen kurzen Blick, um dann sofort wieder wegzusehen. Beide Männer schienen im Umgang miteinander unsicher zu sein. Was war zwischen ihnen passiert?

Nun kam Salome mit Lisette an der Hand aus dem Haus und unterbrach das linkische Gerede der zwei Männer, die sich einerseits so ähnlich und dann doch wieder so fremd waren. Vor allem ihre Kleidung verriet den Standesunterschied. Hier traf ein Landarbeiter auf einen Gelehrten. Ansonsten war Jung-Stilling fast einen Kopf größer als sein Vater, hatte aber dieselbe gebeugte Haltung, wenn auch nicht ganz so ausgeprägt, und dieselben sorgenvollen Gesichtszüge, dieselben zwei markanten Falten zwischen den Brauen. Im Gegenzug zu seinem Vater hatte Jung-Stilling aber feine Hände, seine Haut war weich und ohne Falten, die Gesichtsfarbe blass statt gebräunt, die Augen offen anstatt verschlossen.

Denn das hatte Elise schnell in Vater Jungs Augen erkannt: Er versteckte sich hinter den buschigen Brauen, auch wenn er vielleicht ein ebenso empfindsamer Mensch war wie sein Sohn. Vollkommen anders benahm er sich jetzt nämlich gegenüber der kleinen Lisette. Ächzend kniete der Alte neben dem Mädchen nieder und nahm es bei der Hand. Seine Stimme brach fast, als er von Gefühlen überwältigt sagte: „Der Allmächtige segne dich, mein Kind." Auch Salome hockte sich jetzt neben den Alten und das Kind in den Staub der Straße und sah mit Tränen in den Augen von einem zum anderen. Ausgerechnet Salome, die sonst immer so unnahbar und selbstsicher wirkte! Elise verstand nun gar nichts mehr von alldem, was zwischen den Menschen dieser Familie vor sich ging, und wollte sich endlich verabschieden, als Jung-Stilling leise sagte:

„Es ist, als stünde ich vor meinem Großvater. Ihr seid ihm sehr ähnlich geworden, Vater."

Augenblicklich sah der Alte nun doch zu seinem Sohn auf und blickte ihn lange an, bevor er entgegnete: „Ähnlich hinsichtlich Leib und Seele – ich fühle die innere Ruhe, die auch er hatte, und wie er handelte, so versuche auch ich zu handeln."

Jung-Stilling nickte stumm und ging voraus in die Stube.

Elise vermochte den schönen Nachmittag und den süßen Obstgeruch, der in der lauen Luft lag nicht mehr zu genießen. Alles wirkte jetzt auf einmal schal und abgestanden. Jung-Stilling hatte traurig ausgesehen. Aber warum?

„Stellen Sie sich einmal vor, meine liebe Elise, ein Junge wird aus seiner gewohnten Umgebung gerissen und bleibt dennoch allein. So ist es Heinrich Jung gegangen, als er noch nicht Stilling hieß. Wie ich Ihnen bereits berichtet habe, ist Henri einsam aufgewachsen – aber nicht ganz.

Sein ein und alles, seine Heimat sind seine Großeltern, bei denen er nach dem frühen Tod seiner Mutter die erste Zeit seiner Kindheit verbringt. Sein Vater ist derart von der Trauer überwältigt, seine Frau verloren zu haben, dass er nicht imstande ist, sich um seinen Sohn zu kümmern. Er geht vollends im Kummer auf und badet regelrecht darin. Er weiß wohl, dass es den kleinen Henri gibt, und hat ihn auch von Herzen lieb, ist aber nicht in der Lage, ein anderes Gefühl zu empfinden als Leid.

Irgendwann erkennt aber auch der Vater, dass er ein neues Leben beginnen muss, und zieht mit dem Jungen in eine Dachkammer über einer kleinen Werkstatt, in ein Haus im Wald. Weit und breit wohnt niemand außer dem Fuchs, dem Wildschwein und dem Dachs. Hier beginnen die Träumereien des kleinen Henri und seine Sucht nach Büchern.

Der Vater lebt zwar mit dem Jungen auf engem Raum zusammen, sieht ihn aber nicht wirklich, sieht sein zartes, träumerisches

Wesen nicht, das eigentlich mehr dem seiner toten Mutter als dem seines Vaters gleicht. Weil er seine Liebe nicht zeigen kann, zeigt er sein Leid und erzieht den kleinen Jungen mit Disziplin und unnötiger Strenge.

Schon früh wird Henri an einen strikt geregelten Tagesablauf gewöhnt. Zu bestimmten Zeiten finden immer dieselben Handlungen statt. Dies prägt ihn derart, dass er noch heute wie die Uhr am Marktplatz funktioniert und diesem Rhythmus kaum entfliehen kann.

Fester Bestandteil dieses Tagesablaufs ist das Gebet. Direkt nach dem Aufstehen muss Henri sich vor dem Bett auf dem nackten Bretterboden niederknien und dem Herrn danken, dass er die Nacht überstanden hat und wieder aufgewacht ist. Nachdem er sich mit eisigem Wasser gewaschen hat – jeden Morgen beißt die Kälte sich in seine Haut – kommt das nächste Gebet, vor dem Frühstück, und so fort. Der kleine Henri merkt dabei, dass es einen Unterschied gibt, wie er wann mit Gott spricht. Auch in den festen Gebetszeiten trifft er ihn, aber noch näher fühlt er sich dem Schöpfer, wenn er in der Natur einfach aus einem Impuls heraus ein Gespräch mit ihm beginnt.

Sein Vater lehrt ihn, dass er nicht viel vom Leben zu erwarten braucht – wohl, weil auch er nach dem Tod seiner geliebten Frau kaum noch etwas von seinem Leben erwartet. Er arbeitet hart als Schneider und steht dazu schon um vier Uhr in der Frühe auf. Er hat weder Ambitionen für sich noch für seinen Sohn und betrachtet sich und somit auch seinen Sohn als Knecht Gottes, eines Gottes, der sowieso über sie verfügt, wie er will, egal was sie tun.

Als Knecht Gottes soll Henri morgens den Katechismus lernen und in der Bibel lesen. Nachmittags darf er dann spielen, aber er muss immer so nah am Haus bleiben, dass der Vater ihn von seiner Werkbank aus sehen kann. Sobald sich doch einmal ein Kind in ihre Gegend des Waldes verläuft, pfeift er den Jungen zurück und schließt ihn im Haus ein.

Der Junge liebt seinen Vater, schließlich hat er doch nur ihn, aber Gott liebt er noch mehr, und er hat das Gefühl, dass Gott ganz anders ist als sein Vater und auch, als sein Vater sich Gott vorstellt. Anders als sein Vater bestraft ihn Gott nicht bei jeder kleinsten Übertretung der strengen Regeln. Er erlebt Gott als gütig, als einen himmlischen Vater, der ihn trotz seiner Verfehlungen mit den Geschenken der Natur überhäuft.

Denn der Vater stellt viele Regeln auf, die der Junge unmöglich einhalten kann. Immerhin ist er noch ein Kind und kann sich nicht so einschränken und beschneiden, wie sein Vater es tut. Der kleine Henri hat Hunger nach Leben und vermisst die Unabhängigkeit bei seinen Großeltern. Aus Freiheitsdrang übertritt er immer wieder die Grenzen, die sein Vater ihm steckt, obwohl er sich eigentlich aufrichtig bemüht, alles richtig zu machen.

Henri – damals wie heute – hat Angst vor der Ablehnung, vor der Wut des Vaters. Denn die geringste Übertretung der Regeln bedeutet die Rute. Heinrich entwickelt eine solche Angst vor den Schlägen, dass er zu lügen beginnt, wenn er wieder etwas falsch gemacht hat. Es ist ein Dilemma: Er will doch so gerne gehorchen und all das tun, was sein Vater sich von ihm wünscht, aber er ist einfach nicht dazu in der Lage. So sehr er sich auch bemüht – seine Sehnsucht nach Wissen und Erfahrungen ist größer.

Also fängt der kleine Henri an, die Wahrheit zu verbiegen, manchmal auch nur etwas auszuschmücken, um der Rute zu entgehen, auch wenn der Vater die Strafen verdoppelt, sobald eine Lüge auffliegt. Gelingt es dem Jungen, seinen Vater zu täuschen, dankt er Gott dafür, dass er ihn vor den Schlägen seines Vaters bewahrt hat. Auf diese Weise entsteht eine Kluft zwischen dem Jungen und dem Vater, die bis heute Bestand hat.

Wie sehr wünscht sich der kleine Henri, sein Vater wäre eher wie sein Großvater, der immer liebevoll und gütig mit ihm umging.

Doch sein Vater hat nie Zeit, ist immer gehetzt, immer auf der Flucht vor seiner Trauer um seine Frau, immer auf der Flucht vor seinen Gefühlen, sodass für seinen Sohn kaum Gefühle übrig bleiben außer Verachtung, dass dieser nicht den Weg einschlägt, den er für ihn ausgewählt hat. Und diesen anderen Weg, den ist Henri immer weitergegangen. Bis heute."

Elise verharrte hinter einem dichten Nadelgehölz und lauschte der Stimme im Wald. Gemeinsam mit Salome war sie außerhalb der Stadtmauern unterwegs und genoss den Spätsommer. Die Sonne schien durch die Baumkronen und zauberte durch das Blattwerk Lichtpunkte in die staubige Luft. Es hatte lange nicht mehr geregnet, der Waldboden war trocken und hart. Elise beobachtete, wie die Lichtstrahlen die Gesichter der Herren am Ende der Lichtung kitzelten, und duckte sich tiefer ins Gehölz. Hoffentlich sah sie niemand. Sie hatte Salome einige Meter hinter sich gelassen; sie ruhte an einem Rastplatz aus.

In den letzten Tagen hatte sich Salomes Gesundheitszustand deutlich verbessert – seit dem Besuch von Jung-Stillings Vater war eine Veränderung in ihr vorgegangen, die sie irgendwie weicher werden ließ. Fast hatte es den Anschein, dass sie sich nun auf die bevorstehende Geburt freute, auch wenn sie behauptete, ihre erwartungsvolle Haltung gelte einem viel höheren Ziel – was auch immer das war.

Während sie Schutz im Dickicht suchte, musste sich Elise eingestehen: So eng sie sich auch mit Salome verbunden fühlte, war diese doch die meiste Zeit seltsam entrückt, fast geheimnisvoll. Nicht immer verstand sie die Botschaften, die Salome ihr scheinbar durch ihre Geschichten über ihren Mann mitzuteilen versuchte. Anfangs hatte Elise noch gedacht, Salome offenbare ihr eigenes Wesen durch die Erzählungen, doch mittlerweile war ihr klar: Sie wusste sehr wenig über die gebürtige Wiesbadenerin, und diese war auch nicht bereit, mehr über sich preiszugeben.

Die Anekdoten und Erklärungen zu Jung-Stillings Leben waren zum Teil sehr interessant, auch wenn Elise einige von ihnen schon aus Jung-Stillings autobiografischer Erzählung kannte, die sie und ihre Familie mehrmals gelesen hatten. Doch Salomes Sichtweise förderte Erkenntnisse zutage, die Elise neu waren. Sie begann, den kauzigen Mann ihrer Freundin immer besser zu verstehen, instinktiv zu wissen, warum er wie handelte – auch wenn sein Verhalten ihr gegenüber sie manchmal in Erstaunen versetzte.

Noch nie war sie mit einem Mann derart oft aneinandergeraten wie mit ihm – außer vielleicht mit ihrem Vater. Immer wieder gab es zwischen ihnen kleine Differenzen, auch wenn es nur verbale Spitzfindigkeiten waren, die vielleicht alleine ihr auffielen. Elise konnte das einfach nicht nachvollziehen: Warum verstand sie sich mit Salome so gut, obwohl sich diese ihr kaum offenbarte, und mit Jung-Stilling so schlecht, obwohl sie über ihn vieles wusste? Möglicherweise lag es daran, wie sie sich kennengelernt hatten. Elise schauderte jetzt noch bei der Erinnerung daran, wie unhöflich sie sich Jung-Stilling gegenüber bei ihrem ersten Treffen verhalten hatte. Dass sie zu diesem Zeitpunkt nicht gewusst hatte, wer er war, machte es nicht eben besser.

Wenn er sie hier entdeckte, bliebe ihr eine kritische Bemerkung sicherlich nicht erspart, wenn er sie nicht gar verraten würde. *Also ruhig bleiben, Elise, ganz ruhig,* mahnte sie sich innerlich, denn bei jeder Bewegung begannen die Sträucher um sie herum leicht zu rascheln. Nicht nur, dass sie dadurch in Gefahr geriet, entdeckt zu werden; sie konnte auch den Vortrag kaum verstehen. Elise versuchte sich auf die Stimme zu konzentrieren, aber ihre Gedanken kehrten immer zu Jung-Stilling und seiner Kindheit zurück.

Warum erzählte Salome ihr fast jeden Tag oder zumindest immer dann, wenn sie mit Jung-Stilling zusammentraf, einen Schwank aus seiner Jugend? Die endlos langen Berichte, die manchmal auch wie Märchen wirkten, fingen langsam an, Elise auf die Nerven zu gehen. Aber sie merkte auch, dass es ihrer Freundin gut tat, sie zu erzählen, also ließ sie sie gewähren – vor allem in ihrer momentanen Situation. Die Schwangerschaft schwächte Salome, ihr Gesicht war oft talgig bleich, und wenn ihr kleines Doppelkinn leicht zu zittern begann, wusste Elise, dass Salome wieder schwindelig war. Meist wollte ihre Freundin dies aber nicht zugeben. Sie würde ihr also besser erst nach der Geburt des Kindes reinen Wein einschenken und mit ihr über diese ständigen Jung-Stilling-Geschichten sprechen.

Fürs Erste aber würde sie ihrer Freundin zur Seite stehen, bis diese ihr Kind zur Welt gebracht hatte. Elise liebte Kinder und litt manchmal darunter, selbst keine Familie zu haben. In Salomes Nähe erlebte sie nun zum ersten Mal hautnah eine Schwangerschaft mit und war Gott dankbar dafür, zumindest als Gast beobachten zu dürfen, wie ein kleines Lebewesen in ihrer Freundin heranwuchs. Außerdem kümmerte sie sich weiter um Lisette, die ihr sehr ans Herz gewachsen war.

Elise sprach im Gegensatz zu Salome über ihre Befindlichkeiten. Gerade eben noch hatte sie ihr ihr Herz ausgeschüttet – über ihre Trauer, keine eigenen Kinder zu haben, aber auch über das Hin- und Hergerissensein zwischen der Sehnsucht nach einem Mann und dem Wunsch, weiterhin die Freiheiten eines Lebens als alleinstehende Frau genießen zu können. Auch wenn ihr natürlich klar war, dass das nicht ewig so weitergehen konnte.

Sie hatte Glück, dass ihre Eltern nicht erpicht darauf waren, sie an den erstbesten Mann zu verheiraten, der sich anbot. Derer hatte es schon mehrere gegeben. Doch ihre Eltern liebten sich und wünschten sich auch für ihre Tochter ein liebevolles Gegenüber. Das war ungewöhnlich, und Elise wusste um das Geschenk, das sie an ihren Eltern hatte.

Wenn sich in ihrem Leben aber nicht bald etwas änderte, sah ihre Zukunft eher düster aus. Wahrscheinlich würde sie als alte Jungfer und als ein Anhängsel im Hausstand einer ihrer verheirateten Schwestern enden. Eigentlich war sie das jetzt schon. Ihre Schwestern standen in der Blüte ihres Lebens, ihre Knospen hatten sich eben erst geöffnet und dufteten noch frisch und unverbraucht. Im Gegensatz dazu war sie selbst schon fast verdorrt und brauchte ständig Wasser, um halbwegs aufrecht stehen zu bleiben. Der einzige Vorsprung, den sie ihren zwei Schwestern gegenüber hatte, war ihr Wissen – aber damit konnte sowieso kein Mann bei einer Frau etwas anfangen. Lieber würde sie gebildet, aber einsam als Hausmütterchen bei Miegchen oder Malchen unterkommen, als sich einem Mann unterzujochen, der ihren Drang nach Wissen nicht verstand – und das taten die meisten nicht. Selbst ihr Vater hätte dafür kein Verständnis – wenn er wüsste, was seine Tochter heimlich machte, seitdem sie lesen und schreiben konnte … Elise mochte es sich nicht ausdenken.

„Und deshalb erachte ich es als immens wichtig, meine Herren, dass Sie regelmäßig auch dort Ihren Geist schulen, wo sich Ihr Fachgebiet im wahren Leben zeigt“, erklärte die Stimme weiter. Der Professor hatte eben erläutert, warum er seine Vorlesung heute im Freien hielt. „Um eine ausreichende Qualifikation für Ihr Wirkungsfeld zu erhalten, müssen Sie Ihre Studien auch durch praktische Erfahrungen ergänzen“, betonte er erneut und schritt den Studenten voran zum Ende der Lichtung.

Die Männer bewegten sich nun ausgerechnet in Elises Richtung. Sie musste sich wohl oder übel zu erkennen geben.

Oh nein! Nur das nicht!, dachte Elise kämpferisch und anstatt sich aus dem Dickicht zu erheben, ließ sie sich auf die Knie fallen, wodurch es im Unterholz empfindlich zu knacken begann.

„Auch wenn Sie sich lediglich in der Theorie mit Forstwirtschaft beschäftigen, so müssen Sie doch den Wald und die Umgebung kennen, die Sie berechnen und verwalten. Haben Sie dieses Geräusch eben vernommen? Es handelt sich sicherlich um ein Rotwild auf der Suche nach Essbarem. Wie viele Tiere davon leben wohl in diesem Areal? Auch das sollten Sie wissen. Sehen wir nach, ob meine Vermutung richtig ist, oder ob es sich um eine meiner Fantastereien handelt“, begann der Professor zu scherzen und ging zielstrebig auf den Busch zu, hinter dem sich Elise verbarg.

„Mir scheint, Sie haben sich geirrt, bisher springt kein Reh aus dem Unterholz!“, rief ein aufgeweckter Student provokant aus.

Sein Lehrer zwinkerte ihm zu und begann, mit seinem Spazierstock die Äste des Busches beiseite zu schieben. Doch anstelle eines Tieres blickte nun die erschrockene Elise zu dem Professor und den Herren Studierenden auf. Einige junge Männer begannen still in sich hineinzulachen.

Jung-Stilling schaute Elise durchdringend an und schien zu überlegen, wie er sich jetzt verhalten sollte. „Auf ein Wort: Ich glaube, wir haben eine neue Spezies entdeckt“, sagte er schließlich amüsiert.

Elise räusperte sich und stand umständlich auf – die zwei Reifröcke hinderten sie an einer eleganten Bewegung, sodass Jung-Stilling ihr sogar noch behilflich seine Hand reichen musste. Sie räusperte sich und versuchte vergeblich, sich die staubige Erde aus dem Stoff zu klopfen. Um ihre Knie herum zierte jetzt ein schwarzer, breiter Streifen ihr hellgrünes Kleid.

Stolz streckte sie dennoch ihren langen Hals in die Höhe und sah die Männer fest an.

„Sie erlauben doch! Ich war auf der Suche nach Tannenzapfen, damit, nun, vielleicht, die kleine Lisette damit spielen kann und außerdem, ja, eignen sie sich auch hervorragend als Schmuck für die Stube und nun ja …“ Elise überlegte einen kurzen Augenblick und fügte umso entschlossener hinzu: „… und zudem sollte man seinen Geist schulen, wo sich das jeweilige Fachgebiet im Leben zeigt“, zitierte Elise einen von Jung-Stillings Sätzen.

Diesem wich nun das Lächeln aus dem Gesicht. Er drückte die ohnehin schon schmalen Lippen zusammen und fragte mit gepresster Stimme: „Sollte ein Frauenzimmer, anstatt sich im Wald herumzutreiben, sich nicht geflissentlich mit seiner Freundin über Back- und Kochrezepte austauschen und überwachen, ob die Bediensteten auch das Obst und Fleisch für den Winter einkochen? Tannenzapfen sind nun wirklich nicht das Wichtigste im Leben einer Frau, oder was meinen die Herren?“ Jung-Stilling sah demonstrativ an Elise vorbei zu den Studenten, die vereinzelt peinlich berührt lächelten.

Elise zupfte sich einige Blätter und Nadeln aus dem Haar und warf sie mit einer zornigen Bewegung nach unten, auch wenn diese in der Luft an Schwung verloren und beschaulich zu Boden segelten. „Sollte ein Mann nicht zu seinen Prinzipien stehen?“, erwiderte sie scharf. „Sollte ein Mann, der schon als Heranwachsender der Meinung war, dass auch Mädchen das Rechnen lernen sollten, nicht auch als Herr Professor noch das schwache Geschlecht darin unterstützen, sich fortzubilden?“

Elise fiel etwas ein. Triumphierend sagte sie im beiläufigen Plauderton: „Und zudem spielen Tannenzapfen für manche Kinder sehr wohl eine große Rolle – falls jemand anderes in der Lage ist, sie aufzufangen."

Gerne hätte sie jetzt Jung-Stilling einen Zapfen zugeworfen, aber siedend heiß wurde ihr plötzlich bewusst, dass es zu dieser Jahreszeit im Wald noch gar keine gab.

„Ach, wie schön!", rief nun eine bekannte Frauenstimme aus der Ferne. „Elise! Henri! Sie haben sich doch getroffen!", sagte Salome, die eben den Weg zwischen den Bäumen entlangschritt. „Mein lieber Mann, Elise und ich haben einen Spaziergang gemacht, und dabei ist mir eingefallen, dass Sie sich sicherlich auch hier aufhalten, und da dachte ich, am Ende der Exkursion hätten wir vielleicht das Vergnügen, unserer Freundin" – dieses Wort betonte Salome besonders – „unseren lieben Bekannten Franz vorzustellen. Elise, unter den Herren Studenten müsste sich eigentlich der Sohn meiner Freundin Sophie La Roche befinden. Sie kennen doch ihren Roman?", und so redete Salome in ihrer gewohnten Art fort. Mit ihrer feinen Stimme gelang es ihr immer, Zuhörer gefangen zu nehmen, so auch diesmal.

Gemeinsam verließ die Gesellschaft den Wald und näherte sich der Stadt, während Salome tatsächlich jenen Franz ausfindig machte und ihn und Elise in ein belangloses Gespräch verwickelte, während Jung-Stilling grüblerisch hintendrein wanderte und mit seinem Spazierstock hart den Boden unter sich bearbeitete.

Doch auch Elise hörte nicht wirklich zu, sondern machte sich Sorgen. Diesmal war sie zu weit gegangen. Sie hatte Jung-Stilling nicht nur geneckt, sie hatte ihn beleidigt und vielleicht sogar verletzt. Hinzu kamen ihre blödsinnige Geschichte über den Tannenzapfen und die Tatsache, dass sie wie so oft unerlaubt bei einer Vorlesung gelauscht hatte. Wenn Jung-Stilling dies ihrem Vater verriet, konnte sie sich nicht nur auf eine harte Strafe gefasst machen – ihr würde es vermutlich auch nicht mehr möglich sein, heimlich an der Tür mitzuhören und mitzuschreiben, was die Männer lernten.

Sie hatte es ja geahnt – Jung-Stilling brachte der Stadt Gutes, aber sie würde seine Anwesenheit teuer zu stehen kommen.

4

Heinrich blickte aus dem Fenster und sah nach oben in den novembergrauen Himmel. Seit Tagen war es nicht mehr richtig hell geworden – die Wolken hatten keine Umrisse mehr, sondern waren zu einer riesigen Masse verschmolzen – und die Umgebung erschien in Nebel und Dunst gehüllt wie ein Traum. Manchmal schien es Heinrich tatsächlich unwirklich, wie er lebte. Besonders heute fühlte er sich wie in Trance; Vergangenheit und Gegenwart waren wie verschmolzen.

Es war aber auch eine harte Geburt gewesen. Ständig in der Angst, das Kind könnte wieder tot zur Welt kommen, hatte Heinrich seiner Frau während der Wehen zur Seite gestanden. Salome hatte vor und nach Lisette bereits zwei Totgeburten erlitten; ihr Körper war geschwächt von den Schwangerschaften, und Heinrich machte sich Vorwürfe, dass seine junge Frau dies durchmachen musste.

Salome hingegen schien zufrieden. Generell hatte sie in den letzten Monaten der Schwangerschaft immer gelassener und zuversichtlicher gewirkt. Sie erinnerte ihn von ihrem ganzen Wesen her so gar nicht an seine erste Frau Christine, die ständig nervös und fahrig und während der stundenlangen Wehen hysterisch geworden war.

Es waren aber nicht nur die Frauen, die sich kaum ähnelten – auch sein Leben war ein anderes geworden. Statt in einer kaum beheizbaren Hütte kam das Kind nun in einem von Öfen wohlig erwärmten Haus zur Welt. Er musste das Kind nicht wie früher allein versorgen, eine Hebamme unterstützte ihn und die frischgebackene Mutter – und auch jetzt, wenige Stunden nach der Geburt, war er nicht allein mit dem Neugeborenen.

In Marburg wurde noch das Ritual der Wochenbettbesuche zelebriert, sodass das festlich geschmückte Zimmer Salomes nun erfüllt war von freudigen Frauenstimmen.

Frau Coing war mit ihren drei Töchtern gekommen, um Salome zu ihrem zweiten Kind zu beglückwünschen. Es war ein Mädchen, also würde sie Karoline heißen. So hatten sie es schon vor Wochen beschlossen. Die Frauen brachten kleine Geschenke mit und reichten die Kleine vorsichtig herum.

Heinrich war froh, dass das Coingsche Haus ebenso genügsam war wie seines, sodass die Gesellschaft nicht mit übertrieben teurem Gebäck oder Konfekt aufwartete. Zu früheren Zeiten war jede Geburt ein Anlass zur Verschwendungssucht und Völlerei gewesen. Die Frauen und Freunde der Familie hatten sich mit teuren Gewändern ausstaffiert und dann beim Zusammensein so viel gegessen, dass manche von ihnen gar in Ohnmacht fielen.

Hier hingegen saßen die Frauen leise redend beieinander und aßen lediglich etwas Milchsuppe, die vor allem Salome stärken sollte. Die Ärmste lag bleich und ermattet in ihrem Bett, erkalteter Schweiß ließ ihre Haut wie Wachs aussehen, aber sie lächelte versonnen dank der gut überstandenen Geburt. Heinrich machte sich dennoch Sorgen. Er hatte schon einmal eine Frau verloren, und Salome war ein Geschenk des Himmels – wahrlich, so sah er es, diese Frau hatte ihm Gott zur Seite gestellt, er liebte sie von Herzen – wenn er sie verlieren würde, er wüsste nicht, ob er ihr nicht würde folgen wollen. Nicht, dass er seinem Leben je ein Ende setzen würde – das war Gottes Aufgabe – aber er wäre dann wohl nicht mehr er selbst und innerlich gestorben. Er konnte sich ein Leben ohne seine Salome beim besten Willen nicht mehr vorstellen.

Und doch tat er es. Immer wenn Salome während ihrer Schwangerschaft zu zittern begonnen hatte, war in ihm erneut die Befürchtung geweckt worden, dass mit dem Zittern irgendwann auch ihr Geist ihren Körper verlassen würde und somit auch ihn. Er hatte sich vorgestellt, wie er dann zusammenbrechen würde und nicht mehr in der Lage wäre zu essen, zu lehren oder sonst etwas zu tun, das sein Leben ausmachte.

Jede Woche, in der Salomes Bauch weiter angeschwollen und das Leben in ihr mehr geworden war, hatte er sich vorgestellt, es würde dann doch wieder verwelken und er müsste wie schon so oft in seinem Leben das Kind tot aus dem Körper seiner Frau bergen. Wie grausam war es das eine Mal gewesen, kurz vor der Geburt, als sich das Kind plötzlich nicht mehr geregt und es, von Heinrich selbst geholt, in seinen Armen gelegen und so gewirkt hatte, als würde es schlafen. Das Kind war voll ausgebildet gewesen, das Haar dunkel wie das seiner Mutter, mit kleinen Locken an den Seiten, die kleinen Finger zu Fäusten geballt, die Augen geschlossen – aber kein Ton war aus seinem Mund gekommen, es hatte keine Regung der Arme und Beine gegeben, das Kind war tot gewesen.

Und auch wenn Karoline sich stattdessen nun laut zu Wort meldete und quäkte und schrie und zeigte, dass Leben in ihr steckte, so wusste Heinrich doch, dass dies keine Garantie dafür war, dass das Kind das Jahr überstehen würde. Er wusste nicht, sollte er das Kind beschützen und behüten und niemand anderes mehr an es heranlassen oder sollte er sich fernhalten, erst gar keine Bindung zu dem Mädchen eingehen, es gar nicht erst lieb gewinnen? Aber wäre er dann nicht wie sein eigener Vater? Was wäre, wenn das Kind doch überlebte und groß wurde und er hätte ihm seine Liebe verweigert?

Und er wusste nicht: Sollte er das Zimmer verlassen und das Kind und seine Frau mit dem Besuch alleine lassen – immerhin war er der einzige Mann im Raum – oder sollte er bleiben – immerhin war er der Vater.

Heinrich wusste nicht, ob es das trübe Wetter war oder die ständigen Sorgen oder seine Magenschmerzen, die ihn meistens dann überfielen, wenn er Ruhe hatte, vor allem in den Abendstunden, aber er konnte seinen Grübeleien einfach nicht entfliehen, er war wie gefangen und wie jetzt manchmal kaum in der Lage, sich zu rühren. Mit dem Gesicht von der Gesellschaft abgewandt, die Hände hinter dem Rücken verschränkt, stand er am Fenster und schaute hinaus, obwohl dort draußen nichts geschah, einfach nichts. Kein Mensch war bei diesem kalten Wetter auf der Straße, außerdem begann es mittlerweile zu dämmern.

„Herr Professor, ich glaube, Ihr Kind möchte zu Ihnen“, riss eine leise Stimme Heinrich aus seinen Gedanken. Dennoch war er weiter wie gefangen und vermochte sich nicht zu bewegen.

„Herr Jung-Stilling, auf ein Wort. Ich spreche ganz offen: Sie und ich, wir wären wohl kaum miteinander bekannt, wenn nicht Sie und mein Vater und ich und Ihre Frau befreundet wären, aber vielleicht sollten wir dieses gesunde, neue Leben zum Anlass nehmen, auch uns ein neues Leben, den Beginn einer Freundschaft zu ermöglichen“, flüsterte die Frau hinter ihm weiter.

Die drei anderen Frauen und Salome begannen gerade laut zu lachen, als Heinrich sich schließlich doch bewegte. Er kehrte dem Fenster und dem Grau vor sich den Rücken und blickte in die von Talglichtern und Kerzen erleuchtete Stube.

Vor ihm stand Elise, den Kopf halb seitlich gesenkt, um ihn von unten herauf ansehen zu können. Es schien eine Geste der Unterwerfung zu sein, denn wenn Elise sonst vor ihm stand, begegneten sie sich auf Augenhöhe, denn sie war ebenso groß wie er.

In den letzten Wochen hatten sie kaum ein Wort miteinander gesprochen. Seit dem Ereignis im Spätsommer, als er Elise in einem Busch entdeckt hatte, war das Verhältnis zwischen ihnen noch angespannter, als es vorher ohnehin schon war. Er konnte dieses Mädchen nicht einschätzen. Mal war sie gewissenhaft und einfühlsam wie Salome und dann doch wieder aufmüpfig und rebellisch und sogar bisweilen seltsam.

Er hatte es bis heute nicht verstanden: Warum hatte sie sich dort im Wald verborgen? Hatte sie der Vorlesung gelauscht? Aber warum sollte ein Mädchen sich für Forstwirtschaft interessieren? Und warum war sie ihm gegenüber so spitz geworden? Aber schlimmer noch: Warum hatte er sich von ihr dazu verleiten lassen, sie wiederum zu provozieren? Das war so gar nicht seine Art. Aber vielleicht hatte sie recht, vielleicht sollten sie einen Neuanfang wagen.

„Wissen Sie, Herr Professor, ich weiß, ich benehme mich Ihnen gegenüber nicht wie es sich gehört, und dafür möchte ich Sie in aller Form um Verzeihung bitten“, sagte Elise weiter und blickte nun vollends zu Boden.

Ach, eigentlich mochte Heinrich dieses Mädchen. Sie war immerhin ehrlich und verstellte sich nicht.

Auch Heinrich blickte nun auf seine schwarzen Schuhe und ihren Rocksaum. Er begann ebenso zurückzuflüstern: „Liebe Elise“, er räusperte sich, „ich möchte Sie ebenfalls um Verzeihung bitten. Auch ich hätte Ihnen mit mehr Respekt begegnen sollen.“

Elise schaute nun wieder auf und suchte seinen Blick. Zaghaft begann sie zu lächeln und zu gestikulieren, während sie sagte: „Ich bin so froh, Herr Professor. Sie sind ein ehrenhafter Mensch. Ich möchte Ihnen außerdem danken, dass Sie meinen Vater nicht von meinem Verhalten berichtet haben. Sie können sich gar nicht vorstellen, was mir das bedeutet, dass Sie verstanden haben, dass …"

„Elise!", unterbrach Frau Coing barsch das Gespräch, „nun wackele doch nicht derart herum, mit dem Neugeborenen auf dem Arm. Pass auf sein Köpfchen auf!"

Erst jetzt bemerkte Heinrich, dass Elise Karoline hielt und die Kleine selbstvergessen schaukelte.

Bevor die Schreckensvorstellung, dem Kind bräche das Genick, sich in seinem Kopf festsetzen konnte, zeigte Elise jedoch ein Lächeln, das ihn daran hinderte, in seine Angststarre zu verfallen. Es wirkte so selbstbewusst und wissend, und es strahlte etwas aus. Was war es? Ja, selbstredend. Es war Ruhe.

Elise sagte dann auch ganz ruhig, ohne sich überhaupt zu ihrer Mutter umzudrehen: „Ich weiß, Mutter. Linchens Köpfchen liegt ganz sicher in meiner Hand – aber ich dachte, das Schaukeln würde ihr gefallen. Wie Sie daran hören, dass Sie nichts hören, ist sie tatsächlich eingeschlafen."

Sie nickte Heinrich zu und überreichte das Baby vorsichtig der Amme, die es in sein Bettchen legte.

„Nun, wenn das Kind jetzt schläft, sollten auch wir den Heimweg antreten", schlug Mutter Coing daraufhin vor und erhob sich von ihrem Stuhl. Sie, Amalie und Marie verließen kurz darauf das „Haus Engel". Elise war von Salome eindringlich gebeten worden, noch ein wenig zu bleiben.

Heinrich sah zu, wie Elise sich zu Salome an das Bett setzte, und mit einem Mal wusste er es. Er wusste, was ihn an Elise störte, was ihn provozierte: Sie war mehr eine Schwester von Salome als die von Amalie und Marie. Sie war Salome einerseits sehr ähnlich, was ihre Interessen anging, aber andererseits – und das war die Seite an Elise, die ihn anstrengte – war Elise gar keine Frau. Elise war ein Kind, das sah er jetzt, wie sie linkisch neben seiner Frau saß, die begann, ihr wie einer kleinen Schwester eine Geschichte zu erzählen. Und dieser Gegensatz, der verwirrte ihn.

Leise verließ Heinrich den Raum. Mit diesem Wissen konnte er in Zukunft gütiger mit ihr umgehen: Elise war nur ein Kind, und er war ein alternder Mann. *Sie ist als Kind eines Professors groß geworden, sie weiß gar nicht, wie das Leben wirklich ist,* dachte er.

„Stellen Sie sich einmal vor, meine liebe Elise, Ihre Mutter wäre bei Ihrer Geburt gestorben und Sie wüssten nur aus Erzählungen von ihr. Meinen Sie nicht, Sie bekämen dann als Erwachsene vor jeder Geburt, die Sie sähen oder miterlebten, Angst, die Frau im Kindbett würde ebenso zu einem Geist, zu einer Sagengestalt wie einst Ihre Mutter? Ich weiß, wovon ich rede – denn genauso erging und ergeht es Henri.

Die Frau, die ihn stattdessen durch eine frühe Kindheit geleitet, ist seine Großmutter. Sie übernimmt alle Mutterpflichten, ist dabei aber etwas altmodisch, vor allem in der Art, wie sie ihn kleidet. Sie kümmert sich, wie damals üblich, um den Hausstand und die Kinder – aber auch ihr Mann, Henris Großvater, ist allezeit für die Kinder da, wenn er nicht arbeitet.

Und er arbeitet hart. Die Familie hat einst zu Beginn des Jahrhunderts im Siegerland damit begonnen, Kartoffeln anzubauen – mittlerweile lebt die ganze Region davon. Die Familie Jung ist keine arme Bauernfamilie. Die Jungs sind zwar einfache Leute, haben aber genügend Einkommen, um selbst Gemüse anbauen zu können. Sie sind zudem Köhler und Waldarbeiter in dem kleinen Ort Grund bei Hilchenbach.

Wenn der Großvater abends in sein Haus heimkehrt, bekommt der kleine Henri bisweilen ein aufgehobenes Butterbrot, das er auf dem Schoß seines Großvaters verzehrt, obwohl es kaum genießbar ist. An der Luft ist es hart und trocken geworden, der Junge muss es erst mit seiner Spucke erweichen. Doch das ist ihm einerlei – er liebt das Brot, weil es von seinem Großvater kommt und er seinen

Großvater liebt. Zusammen sitzen sie hinter dem Kanonenofen auf einer Bank in der Ecke der Stube und nehmen die Wärme in sich auf – der Großvater mit Henri auf dem Schoß und daneben die Großmutter.

So lernt der kleine Henri in seinen frühen Jahren die Geborgenheit einer Familie kennen, bevor sein Vater ihn dann zu sich nimmt und ihn strenger erzieht. Der Großvater dagegen erzieht den Jungen immer freundlich und mithilfe von Spielen. Er überfordert den Kleinen nicht und bringt ihm das Leben bei, indem er ihn Erfahrungen machen lässt. Auch dies ist ein Grund, warum Henri heute, wie sein Großvater damals, Wert darauf legt, dass seine Studenten nicht nur durch Bücher, sondern auch durch Erfahrungen lernen.

Seine eigenen Erfahrungen aus der Kindheit verwirren ihn bis zur jetzigen Zeit. Zum einen hat er von seinem Vater gelernt, nichts vom Leben zu erwarten und hart zu arbeiten: Ein Mann muss die Verantwortung tragen und seiner Familie vorstehen. Auf der anderen Seite weiß er von seinem Großvater, dass jedes Kind, egal ob Mädchen oder Junge, das Recht auf Wissen und Leben hat. Auch seine Großeltern lebten, wenn auch altmodisch, so doch gleichwertig nebeneinander. Die Großmutter half genauso auf dem Feld wie der Großvater, und der Großvater half genauso bei der Erziehung der Kinder wie die Großmutter.

Wie also soll Henri das heute sehen mit Mann und Frau? Sollten Frauen nicht ebenso studieren dürfen wie Männer, wenn doch auch Mädchen lernen dürfen wie Jungs? Oder ändert sich dies, sobald sie erwachsen sind? Steht der Mann über der Frau, oder sind sie ein Fleisch und somit gleich? Glaubt man dem Apostel Paulus und dass sich die Frau dem Mann unterordnen soll, oder betrachtet man die Frau wie Jesus sie gesehen hat – als Gegenüber? Heinrich ist sich da bis heute unsicher und hin- und hergerissen zwischen dem Erleben bei seinen Großeltern und bei seinem Vater.

Nur sein Vater hat überlebt – seine Mutter ist an den Folgen der Geburt gestorben. Hätte sein Vater die Frau nicht schützen müssen? Muss eine Frau nicht gerade deswegen bewahrt und von der

Plagerei, der Verantwortung der Männer geschützt werden, weil sie doch ihrerseits die Schmerzen und die Qual der Geburt erleiden muss? Sollte man ihr, sofern sie und ihr Kind überhaupt überleben, nicht zugestehen, dass sie allein bei ihren Kindern bleiben darf?

Henri möchte einerseits, dass die Frau dem Mann gleich ist, wie seine Großmutter seinem Großvater gleich war, aber andererseits möchte er, dass der Mann die Frau schützt, da sie eine Last trägt, die der Mann ihr nicht abnehmen kann; er kann das Kind schließlich nicht für sie zur Welt bringen. Wie aber soll sich der große Henri nun heute verhalten, wenn ihm Frauen begegnen, die sich beides wünschen: Sowohl den Schmerz der Geburt, als auch die Bürde des Lernens? Und das, Elise, das frage ich Sie."

Heinrich setzte das Messer an und drückte es vorsichtig in das Auge der Frau. Niemand sah es, aber Heinrich spürte, wie die Klinge auf Widerstand stieß. Etwas Flüssigkeit trat aus dem Schnitt aus – das Auge fiel zusammen!

Doch Heinrich hatte keinen Grund zur Panik. Er hatte mittlerweile schon an die zweihundert solcher Augenoperationen durchgeführt, und es waren nur sieben Misserfolge darunter gewesen. Sie alle waren ihm in seiner Anfangszeit als Star-Operateur passiert, als er noch unerfahren und ängstlich gewesen war. Jetzt schnitt er routiniert den halben Zirkel am unteren Auge, sodass er die Starlinse sachte mit der Schere herausziehen konnte. Vorsichtig hielt er sie vor das frisch operierte Auge der Frau, die prompt reagierte.

„Oh, Herr Doktor, ich bin so froh", flüsterte die Frau. „Jetzt kann ich endlich wieder meine Kinder sehen."

Heinrich tauschte den Platz am Kopfende der Frau mit Doktor Baldinger, der die Nachsorge übernahm, und trat an die Seite der Frau, um ihre Hand in die Seine nehmen zu können. Die Handinnenseite fühlte sich rau und rissig an, und Heinrich konnte sehen, dass ihre Fingernägel ungepflegt und abgerissen waren. Er schätzte, dass sie ungefähr so alt war wie er selbst, aber durch die tägliche harte Arbeit war sie äußerlich schneller gealtert. Weiße Haarsträhnen lugten unter ihrer Haube hervor, und die tiefen Falten in ihrem Gesicht verrieten, dass sie wohl kein leichtes Leben gehabt hatte.

„Gute Frau, wenn Ihr Auge verheilt ist, werde ich den grauen Star auch aus Ihrem anderen Auge ziehen. Dann können Sie Ihr altes Leben wieder aufnehmen", versprach Heinrich ruhig, während die Frau durch den Verband, den ihr Baldinger anlegte, zumindest für die nächste Zeit erneut erblindete.

„Junge Frau, Sie können sich freuen – da werden Ihre Kinder aber Augen machen!", witzelte der wuchtige Baldinger und tätschelte ungelenk die Schulter der Frau.

Heinrich schüttelte den Kopf über Baldingers Rüpelhaftigkeit, aber eigentlich mochte er ihn auch gerade deshalb. Er mochte die Menschen genauso gern wie er selbst, nur dass er nicht so sensibel war – oder besser gesagt: auf eine andere Art sensibel. Wegen seiner geselligen Art war Baldinger allseits beliebt, und auch die Frau lachte jetzt blechern über seinen Witz.

„Na, wenn dann auch meine Augen wieder sehen können, wie meine Kinder Augen machen, umso besser", entgegnete die ehemalige Wäscherin glucksend und freute sich sehr. Seit mehreren Jahren hatte sie ihre Kinder nicht mehr gesehen, und so kannte sie ihre Gesichter nur noch aus der Erinnerung. Sie würde sie völlig neu kennenlernen müssen.

Heinrich hatte es sich zur Aufgabe gemacht, vor der Operation ein wenig mit seinen Patienten zu plaudern, um ihnen die Angst zu nehmen. Auf diese Weise hatte er schon allerhand Geschichten gehört. Meistens waren es traurige Schicksale, denn die meisten Menschen, die er operierte, waren arm und konnten sich eine Operation eigentlich nicht leisten.

Aber Heinrich behandelte seine Patienten von jeher kostenlos – wer es vermochte, durfte ihm Geld geben, aber er verlangte keines. Er sah seine Gabe, den Star auszuziehen, als ein Geschenk an, das Gott ihm gegeben hatte, um anderen Menschen zu dienen – und für ein Geschenk nahm man kein Geld. Also schenkte Heinrich seinen Patienten das Augenlicht und wurde wiederum beschenkt durch ihre freudigen Mienen, wenn sie oft nach jahrelanger Blindheit sein Gesicht erkennen konnten, und durch ihre Geschichten, die ihn zwar niederdrückten, aber auch immer wieder daran erinnerten, was er an seinem Leben hatte.

Die Frau, die er eben behandelt hatte, war ihr Leben lang Wäscherin gewesen, bis sie vor einigen Jahren erblindet war. Seitdem hatte ihr Mann, ein Stiefelwichser, versucht, die siebenköpfige Familie durchzubringen. Mit viel Verzicht hatten sie es geschafft, dass alle Kinder das zweistellige Alter erreicht hatten, wenn sie auch alle fehlernährt und verlaust waren. Aber vor drei Monaten war es dann geschehen: Der Vater war an einer Lungenentzündung gestorben. Seitdem mussten die fünf Kinder betteln, um sich und ihre blinde Mutter zu versorgen – aber das wollte die Frau nicht auf sich beruhen lassen. Sie bemühte sich trotz ihrer Einschränkung darum, eine Anstellung zu finden, und durfte nun ab und zu im Waisenhaus in Marburg helfen, den Boden zu reinigen.

„Und falls ich doch sterbe wie mein Mann, wissen meine Kinder wenigstens, wohin mit sich“, hatte die Frau fast nüchtern erzählt und mit einer Kopfbewegung in den Raum gewiesen, in dem sie sich befanden.

Seitdem Heinrich in Marburg war, operierte er regelmäßig Bedürftige in den zwei evangelischen Waisenhäusern der Stadt. Hier durften die Patienten so lange bleiben, bis ihre Wunden verheilt waren. Auf die Vor- und Nachsorge legte Heinrich großen Wert. Er wusste, dass viele seiner Kollegen auch deshalb so viele Misserfolge erlebten, weil die Patienten nicht richtig versorgt wurden oder der Zustand des Auges von vorneherein nicht richtig eingeschätzt wurde. Viele schnitten einfach drauflos, komme, was wolle.

Die ehemalige Wäscherin hatte Glück gehabt. Sie hatte bei ihrer Arbeit hier im Waisenhaus von der Fähigkeit des Professors gehört und ihn daraufhin gebeten, ihr das Augenlicht wiederzugeben. Damit wäre sie bald wieder in der Lage, ihren früheren Beruf aufzunehmen und sich und ihre Kinder besser zu verpflegen. Immerhin würde sie dann sehen können, wie sie aussah. Sie wusste sicher nicht, dass ihr verschwitztes Gesicht an einigen Stellen Rußflecken aufwies und ihre Handaußenseiten ebenso verschmutzt waren wie ihre Kleidung und ihre Haare. Ja, dass Heinrich gelernt hatte, wie man erfolgreich den grauen Star entfernte, war wirklich ein Segen.

Er musste unweigerlich lächeln, als er daran dachte, welch große Angst er zu Beginn seiner Tätigkeit gehabt hatte, sodass man ihn dazu hatte überreden müssen, den Leuten zu helfen. Die Frau heute erinnerte ihn ein wenig an seine allererste Patientin, die ihn nicht in Ruhe gelassen hatte, bis er das Messer an ihr Auge gelegt hatte. Zugegeben: Ein wenig von der Angst, die er damals verspürt hatte, war auch heute noch zugegen. Er konnte das Zittern seiner Hände einfach nicht abschalten, aber trotzdem brachte er immer einen exakten Schnitt zustande.

„Mein lieber Freund, darf ich Sie auf diesen Erfolg hin noch auf ein Glas Wein in mein Haus einladen?“, fragte Baldinger, nachdem er die Frau versorgt und die zwei Männer sich von ihr verabschiedet hatten.

Heinrich säuberte noch sein Operationsbesteck und verstaute es sorgsam in seinem Holzkästchen. „Allzu gerne besuche ich Sie in Ihrem Haus“, erwiderte er heiter, „aber ich gedenke, dann lieber etwas Milch statt Wein zu trinken. Sie wissen ja, mein Magen beschert mir Probleme.“

„Aber mein lieber Jung-Stilling – als Christenmensch müssten Sie doch wissen, wie heilsam der Wein schon zu Jesu Zeiten war“, scherzte Baldinger mit röhrender Stimme. Für ihn, den Professor der Medizin und landgräflichen Leibarzt, war der Wein tatsächlich zu einer Medizin geworden. Man kannte und schätzte Baldinger in Marburg seit seiner Ankunft vor zwei Jahren als lebenslustigen Genießer, aber seit vor einiger Zeit seine selige Frau gestorben war, schienen seine Späße immer etwas zu weit und auch sein Weingenuss über das übliche Maß hinauszugehen.

„Erlauben Sie mir, werter Freund, aber ich glaube, dass Christus mit seinen Jüngern Wein genoss, weil er das Leben zelebrierte, aber er trank sicherlich nicht bis zum Rausch“, erwiderte Heinrich bestimmt, während die zwei Herren schnellen Schrittes den Heimweg durch die kühle und raue Novemberluft antraten.

Baldinger antwortete nicht. Er schien sich auf seine Schritte zu konzentrieren. Obwohl Heinrich nur knapp zwei Jahre jünger war als sein Freund, machten dem Mediziner die steilen Gassen Marburgs viel mehr Mühe. Sein Atem ging schwer, und seine Hände waren zu Fäusten geballt, das konnte Heinrich sehen. Vielleicht war er aber auch wütend?

„Mein Freund, ich wollte Sie nicht brüskieren. Gerne nehme ich Ihre Einladung an", versicherte Heinrich nochmals.

Da begann Baldinger laut zu lachen. „Ach, mein lieber Jung-Stilling, Sie sind immer so besorgt. Das ehrt Sie, glauben Sie mir, das beschert Ihnen aber auch diesen Magenschmerz, da können Sie sich gewiss sein." Und etwas leiser fügte er an: „Sie haben Ihren Magenschmerz, und ich habe meinen Wein."

Heinrich dachte nach. Da war etwas Wahres dran.

„Erlauben Sie mir, noch eines zu sagen?", fragte Heinrich seinen Freund.

„Sicher doch. Sicher", brachte Baldinger schnaufend hervor – sie befanden sich gerade an einer besonders steilen Stelle, an der es schwerfiel, einen Fuß vor den anderen zu setzen. Man könnte meinen, wenn man die Hände weit von sich streckte, würde man die Pflastersteine vor sich berühren, so steil stieg der Pfad vor ihnen an.

„Ich könnte Ihnen sowieso nicht ins Wort fallen, das Luftholen fällt mir schon schwer genug", spottete der Arzt über seine eigene Leibesfülle, die sicherlich dazu beitrug, dass der Aufstieg für ihn weitaus beschwerlicher war.

„Nun gut. Lieber Freund, Sie wissen, wie leid mir der Verlust Ihrer Frau tut. Ich weiß, Sie mögen nicht darüber sprechen, aber ich weiß, wie es ist, seine Lebensgefährtin zu verlieren, auch wenn es für Sie ungleich schwerer gewesen sein muss, da Sie eine viel längere Zeitspanne miteinander verbracht haben. Und auch wenn ich Ihre Frau leider nicht mehr persönlich kennenlernen konnte, so scheint mir doch, sie war etwas Besonderes."

Und das war sie nach allem, was Heinrich gehört hatte, wirklich gewesen. Das Haus von Ernst Gottfried Baldinger war ein Ort der Wissenschaft und Künste gewesen. Der Mediziner konnte eine Privatbibliothek sein eigen nennen, die mit sechzehntausend Büchern nur ungleich weniger Literatur beherbergte als die Universität, die achtzehntausend Bände besaß. Die Studenten waren bei den Baldingers ein- und ausgegangen, um sich die Bücher anzusehen, aber auch, um mit dem Professor und seiner Frau lebhaft zu diskutieren.

Denn Dorothea Friderika war ein ebenso belesener und gelehrter Mensch gewesen wie der Professor selbst. Obwohl in ihrer Kindheit die Bibel ihre einzige Lektüre gewesen war, hatte sie sich in ihrem Leben viel Wissen angeeignet und sogar ihre eigene Lebensgeschichte niedergeschrieben, in der sie sich auch kritisch über die begrenzten Bildungsmöglichkeiten für Frauen äußerte.

Baldinger hatte Heinrich die Autobiografie seiner Frau, die diese ihm vor einigen Jahren vor ihrem Tod zum Geburtstag geschenkt hatte, zu lesen gegeben, damit sich sein Freund ein eigenes Bild von seiner verstorbenen Liebsten machen konnte. Danach hatte Baldinger das Manuskript ihrer gemeinsamen Freundin Sophie von La Roche übergeben und sie gebeten, es zu veröffentlichen.

Heinrich hatte noch nie davon gehört, dass die Biografie einer Frau veröffentlicht worden war – soweit er wusste, hatte es so etwas bisher noch nie gegeben –, das Vorgehen seines Freundes aber begrüßt. Immerhin hatte Friderika mit vielem, was sie über die mangelnden Bildungsmöglichkeiten von Frauen sagte, recht! Sie selbst schien Heinrich die beste Bestätigung dafür zu sein, dass eine Frau durchaus beides sein konnte: eine liebevolle Ehefrau und Mutter, aber auch dem Mann ein Gegenüber in Wissensfragen. Wie sehr bedauerte er es, sie nie kennengelernt zu haben!

Wenn er es recht besah, mochte er viele dieser selbstbewussten Frauen. Auch seine Freundin Sophie von La Roche war solch eine Person. Dennoch hatte sie genug Verstand besessen, ihm nach dem Tod seiner ersten Ehefrau eine Frau zu suchen, die zwar gebildet und belesen war, sich aber dennoch als seine Stütze verstand. Sophie von La Roche war es zu verdanken, dass er jetzt Salome an seiner

Seite hatte – und sie passte perfekt zu ihm. Nein, auch wenn er Frauen wie Sophie von La Roche und Dorothea Friderika Baldinger sehr schätzte, an seiner Seite brauchte er eine weiche Frau, eine, die ihm sowohl ein Gegenüber als auch eine Hilfe war. Und genau diese Eigenschaften vereinte Salome in sich.

Seine Gedanken kreisten zurück zu der Frau, die er eben operiert hatte, und zu Baldingers Frau und wie schnell und unerwartet diese gestorben war. *Ach, Salome, wenn dir so etwas auch geschehen würde, ich wüsste nicht, was zu tun wäre,* dachte Heinrich verzweifelt. Die spärlich erleuchteten Gassen, die ihm sonst ein Gefühl von Schutz vermittelten, wirkten mit einem Mal bedrohlich auf ihn. Die zunehmende Dunkelheit ließ kaum zu, dass er sah, wo er seine Füße hinsetzte. Einzig der beißende Geruch der Abfälle verriet ihm, wo eventuell Unrat auf den Straßen lag, und Heinrich hatte plötzlich das Gefühl, überall läge Unrat, die ganze Stadt sei ein einziger Misthaufen, das Schnaufen neben ihm käme nicht von Baldinger, sondern vom Tod, der ihm seine Salome nehmen würde, der ihr ebenso den Atem abschneiden würde, bis er ganz abbrach und …

„Ich denke, lieber Freund, Sie sollten Ihr Wissen über den grauen Star weitergeben", wechselte Baldinger abrupt das Thema und unterbrach damit brüsk Heinrichs Schreckensfantasien. Mittlerweile waren sie am Marktplatz angekommen und standen vor dem Haus des Arztes. Dieser rang zwar immer noch nach Luft, redete aber dennoch voller Energie weiter: „Wenn ich bedenke, wie viele Pfuscher am Werk sind, und dass es immer noch Ärzte gibt, die den Star niederdrücken, anstatt ihn herauszuziehen – lieber Himmel, Jung-Stilling! Wenn Gott Ihnen diese Gabe gegeben hat, sollten Sie sie nicht nur anwenden, sondern auch weitergeben. Schenken Sie nicht nur den Menschen in Marburgs Gassen das Augenlicht! Wie viele Unschuldige haben bei Kurpfuschern für immer ihr Augenlicht verloren, anstatt es zurückzugewinnen!"

Heinrich standen sofort die vielen armen Menschen vor Augen, die er untersucht hatte, denen aber nicht mehr zu helfen war, weil andere bereits gegen Geld an ihnen herumexperimentiert hatten. Baldinger hatte recht – er konnte mehr tun als operieren, wozu war er Professor? Er würde sein Wissen weitergeben. Und nebenbei würde ihn das von den schauerlichen Gedanken ablenken, die ihn zu dieser Jahreszeit vermehrt quälten.

„Mein lieber Baldinger“, sagte Heinrich froh, „Sie sind ein echter Freund. Nun lassen Sie uns hineingehen und jeder nach seiner Fasson etwas trinken.“

Baldinger schlug ihm freundschaftlich auf die Schulter und öffnete die Tür zu dem breiten Haus am Brunnen. „So sei es denn“, sagte er.

5

Elise schritt durch die schwere Doppeltür nach draußen, die vier halbrunden Stufen hinauf, und zog den Umhang enger um ihren Körper. Doch es war nichts zu machen. Der eisige Wind kam aus dem Norden über den Berg hinweggefegt und durchdrang jede Stofffaser, sodass die Kälte wie kleine Nadelstiche in die Haut eindrang. Der Gottesdienst war zu Ende, und Elise wollte eigentlich schnell nach Hause in die warme Stube, um sich vor dem Ofen aufzuwärmen, aber ihr Vater und Jung-Stilling standen noch mit einigen anderen Männern länger auf dem kleinen Vorplatz neben der Kirche zusammen.

Lange hatten sie sich nicht mehr gesehen. Jung-Stilling war erst gestern von einer seiner Reisen zurückgekehrt, die er Anfang des neuen Jahres begonnen hatte. Ende des Jahres hatte er angefangen, sich auf mehrere Operationsreisen vorzubereiten, um auch außerhalb Marburgs Menschen den grauen Star auszuziehen, oder, wie Baldinger sagte, Licht in anderer Städte Gassen zu bringen.

„Geehrter Freund, ich bin froh, Sie wieder in unserer Mitte zu wissen“, hatte Pfarrer Schlarbaum das Gespräch an der Tür begonnen, und Elise wusste, was passierte, wenn Johann Friedrich Schlarbaum einen Satz mit „geehrter“ begann – dann wurde die Unterhaltung durch die ausufernde Länge geehrt.

Elise seufzte und blies ihren Atem in die klammen Hände. Ihre Fingerkuppen kribbelten vor Kälte. Schon im hohen Kirchengebäude war es recht zugig und eiskalt gewesen. Dementsprechend ausgekühlt fühlte sie sich nun, aber sie wagte es nicht, das Gespräch der Männer zu unterbrechen. Sie wollte sich nicht schon beim ersten Wiedersehen mit Jung-Stilling wieder einen Fauxpas erlauben. Also wartete sie unweit der vier Freunde und hörte mit.

„Was Sie da erzählen, ist wahrlich grauenhaft!“, entrüstete sich der Pfarrer. Sein leicht untersetzter Körper schüttelte sich von Kopf bis Fuß. „Sicherlich haben auch wir hier in Marburg schon für einige Tage fahrende Okulisten und andere Kurpfuscher beherbergt, aber welch ein Unheil sie anrichten, habe ich nie wirklich von Angesicht zu Angesicht gesehen."

„Lieber Herr Pfarrer, wollen Sie damit sagen, Sie haben noch nie bemerkt, dass manche Ihrer Gottesdienstbesucher nach dem Aufenthalt solcher angeblichen Mediziner nicht mehr wiedergekommen sind? Jetzt wissen Sie, warum – sie schämen sich, weil sie verstümmelt wurden und demjenigen, der ihnen das angetan hat, auch noch Geld in den gierigen Rachen geworfen haben", erklärte Professor Baldinger in seinem dröhnenden Bass. „Manch einer traut sich dann irgendwann doch mal zu mir, aber meistens kann ich kaum noch etwas für sie tun."

Elises Vater nickte wissend. Auch zu ihnen nach Hause kamen manchmal Bittsteller. Leib- und Seelsorge gehörte für die Menschen eng zusammen. „Viel schlimmer noch ist das seelische Unheil, das ihnen dadurch widerfährt. Ausgegrenzt aus der Gesellschaft leben sie meist in Armut und sterben manchmal sogar an ihren Wunden", berichtete er.

Auch Elise wusste bestens Bescheid. Heimlich hatte sie schon mancher Witwe etwas Fleisch aus dem Wurstkeller zugesteckt, weil ihre Männer sich von wandernden Sensationsheilern ihr Leben hatten ruinieren lassen, anstatt zum Arzt zu gehen. Es war aber auch zu verlockend. Das Spektakel, das die reisenden Pfuscher veranstalteten, zog die Massen an. Es war viel unterhaltsamer als der nüchterne Besuch beim Doktor und viel wundersamer als der Besuch beim Seelsorger oder Geistlichen – so schien es zumindest. Viel eher glaubten die Menschen scheinbar sofort sichtbaren Erfolgen und mysteriösen Wundern als sachlichen Fakten – besonders, wenn diese nicht mehr weiterhalfen. Unter den Folgen hatte oft nicht nur der Kranke zu leiden. Wer Glück hatte, war bloß sein Geld los und genauso krank wie vorher; wer Pech hatte, wurde zum Krüppel oder starb an den Wunden, und die Familie blieb nicht nur arm, sondern auch ohne Zukunftsperspektive zurück.

„Und sie verlieren ihren Glauben", hörte sich Elise nun zu ihrer eigenen Überraschung sagen. Die vier Männer drehten sich erstaunt zu ihr um. Elise blickte verzagt in ihre Gesichter, aber keiner der

Herren schien ihr böse zu sein. Baldinger nickte ihr gar aufmunternd zu.

„Nur zu, Kleine, was wollten Sie sagen?", sagte der große, dicke Mann und verschränkte abwartend die Hände vor seinem runden Bauch.

Elise stellte sich gerade hin und hörte auf, vor Kälte von einem Bein auf das andere zu hüpfen. Ruhig sagte sie: „Die Menschen verlieren dadurch ihren Glauben. Oder besser gesagt: Sie fallen einem Aberglauben zum Opfer. Sie sagen sich, die Folgen ihrer Tat seien eine Strafe Gottes und sie dürften deshalb nicht mehr unter die Leute treten und müssten ihr Schicksal ergeben auf sich nehmen."

Die Herren schwiegen, und Elises Vater sah seine Tochter nachdenklich an.

„Was meinen Sie, Herr Pfarrer, da müsste man doch mal runter zu den armen Leutchen gehen und ihnen erzählen, dass sie da einem Hirngespinst aufgesessen sind, oder nicht? Dann kommen sie vielleicht auch wieder in die Kirche, wenn sie wissen, dass Gott sie nicht bestraft. Das Fegefeuer verschlingt uns Sünder schließlich noch früh genug", schlug Baldinger halb im Ernst, halb im Scherz vor und stieß dem Herrn Pfarrer mit dem Ellenbogen seitlich in den Talar, woraufhin dieser, vollkommen unvorbereitet auf eine solche Attacke, einen kleinen Hüpfer machte.

„Fräulein Coing hat recht", sagte nun Jung-Stilling und schob seine verschränkten Arme unter seine Achseln, um sich die Hände zu wärmen. „Die Menschen sollten erfahren, dass die Botschaft Christi die Vergebung ist. Auf meinen Reisen habe ich beispielsweise einen alten Mann getroffen, der von seiner Jugend an blind war. Ich wollte ihm den grauen Star gerne ziehen, aber er empfand diese Blindheit als Bürde oder gar Geschenk Gottes und wollte sich nicht helfen lassen. Ich denke, das ist eine falsche Vorstellung von Gott."

Elise spürte, wie ihre Zähne zu klappern begannen, konnte den Impuls aber nicht unterbinden zu fragen: „Aber was, meine verehrten Herren, ist denn die richtige Vorstellung von Gott? Heißt es nicht, man soll sich kein Bild von Gott machen? Ist damit „nur" ein Bildnis gemeint oder auch, dass man seine Vorstellung nicht als die allein Gültige betrachten soll? Ist Gott nicht größer als all das, was wir uns denken können? Und, meine Herren, stecken wir Gott nicht oft in ein Korsett, sodass unser Glaube zwar eine straffe Form, aber nur noch wenig Luft bekommt?" Herausfordernd blickte Elise von einem zum anderen.

Pfarrer Schlarbaum, der beinahe einen Kopf kleiner war als sie, lächelte fast, sagte aber nichts. Baldinger grinste und begann vergnügt einen Choral aus der Messe nachzupfeifen, und Jung-Stilling wollte eben dazu ansetzen, etwas zu erwidern – die Falten zwischen seinen Augenbrauhen hatten sich vertieft, wie sie es immer taten, wenn er etwas Wichtiges sagen wollte – als Elises Vater seine Sprache wiederfand und entrüstet sagte: „Elise, ich weiß, du als meine Tochter bekommst viele theologische Fakten mit, aber ich denke, diese Art der Überlegungen überlässt du doch besser Menschen, die sich damit auskennen."

Elise schnaufte durch die Nase und rieb ihre Hände aneinander. Nun war es auch egal, sie hatte sich sowieso schon eingemischt, da konnte sie ihrem Vater auch gleich eine Antwort geben: „Ihr meint wohl, dass ich es Männern überlassen soll, sich über Gott Gedanken zu machen? Ist es das, Vater?"

Aufgebracht schnappte Professor Coing nach Luft, aber bevor er etwas erwidern konnte, unterbrach eine herannahende Damengesellschaft ihr angeregtes Gespräch.

„Seht nur, wer angekommen ist, lieber Mann!", rief Salome aus. Die Gute trug wohlweislich gleich zwei Umhänge über dem Kleid und kam kugelig eingepackt vorsichtig von oben die steile Reitgasse heruntergelaufen. Ihre Wangen hatten in der Kälte eine gesunde Gesichtsfarbe angenommen, wohingegen Elise das Gefühl hatte, ihre rote Nase würde bald zu glühen beginnen und ihre Gesichtsfarbe sicherlich bald ins Bläuliche wechseln. Sie war sehr dankbar für die Unterbrechung. Was hatte sie nun schon wieder angerichtet? Konnte sie nicht ein Mal den Mund halten?

„Henri, schaut, wer eben zu uns gekommen ist!", rief Salome glücklich. Mit ihr waren Elises Mutter, Miegchen und Malchen zurückgekehrt. Sie alle hatten sich vorher bereits auf den Heimweg begeben.

Und genau das hätte ich auch tun sollen, anstatt mich mit den Männern anzulegen und mir dafür nicht nur Schelte, sondern wahrscheinlich auch noch abgestorbene Zehen einzuhandeln, dachte Elise grimmig.

Hinter Salome trat nun schüchtern, aber über das ganze Gesicht strahlend ein junges Mädchen hervor. Es rannte den Hang hinab auf die Männer zu, fiel fast hin, besann sich daraufhin eines Besseren und verlangsamte seinen Schritt, bis es schließlich beinahe bedächtig an Jung-Stilling herantrat. „Guten Tag, Vater", sagte das etwa vierzehnjährige Kind sittsam mit glockenheller Stimme, und Jung-Stilling – Elise konnte ihren Augen kaum trauen – nahm seine Tochter in seine Arme und wirbelte sie herum und herum und herum, bis einem sogar vom Zuschauen schwindelig wurde. Vater und Tochter lachten, und Jung-Stilling kniff der Heranwachsenden fröhlich in die geröteten Wangen.

„Mein Hannchen! Bist du endlich hier, ich freue mich so", brachte der Professor nur mühsam heraus und konnte seine Freudentränen schließlich nicht mehr unterdrücken. Schluchzend fielen sich Vater und Tochter wieder in die Arme und hielten sich lange umschlungen.

Elise war erstaunt. Zwar hatte Salome ihr erzählt, dass Jung-Stilling seinen Kindern ein liebevoller Vater war, aber wenn sie ihn bisher mit der kleinen Lisette oder Karoline zusammen gesehen hatte, war es Elise beinahe so vorgekommen, als hätte er Angst, sich ihnen zu nähern – obwohl sie an seinem zärtlichen Blick sah, dass er seine Kinder liebte. Dass er tatsächlich auch ungestüm und überschäumend sein konnte, hatte Elise nicht glauben können.

Der eisige Wind hörte plötzlich auf, und auf dem Rückweg über den Hirschberg begann es auf einmal zu schneien. Bedächtig fielen feine Schneeflocken vom Himmel und landeten in den Gassen, sodass diese mit einem Mal wie mit Mehl bestreut aussahen. Elise ging schweigend neben ihrer Freundin Salome her, während sie immer noch verdutzt dabei zusah, wie Jung-Stilling mit seiner Tochter scherzte.

„Wer zuerst am meisten Schneeflocken gefangen hat, Vater!“, forderte Hannchen ihn heraus. Das Spiel war natürlich sinnlos, da die kleinen Eiskristalle schmolzen, sobald sie die Handflächen berührten. Doch dann streckte Jung-Stilling die Zunge heraus und rief „Erster! Oh, was schmecken die gut!“

Elise konnte es kaum glauben. In diesem Mann steckte doch noch ein Kind.

„Stellen Sie sich einmal vor, meine liebe Elise, wie es wohl mit dem kleinen Jungen weitergeht, der ohne andere Kinder und nur mit Büchern groß wird. Was meinen Sie zum Beispiel, was geschieht, als er zum ersten Mal dem Herrn Pastor begegnet?

Der kleine Henri muss zu dem Zeitpunkt ungefähr acht Jahre alt sein, als die Kunde von diesem seltsamen Kind, das schon lesen und schreiben kann, obwohl es nie eine Schule besucht hat, auch den Pastor des Ortes erreicht. Also kommt er, um sich den Wunderknaben einmal genauer anzusehen.

Henri hält sich diesem sonderbaren Mann gegenüber zunächst einmal skeptisch zurück. In der komplett schwarzen Robe und der weißen, gelockten Perücke ähnelt er eher einem Habicht als einem Menschen, denkt der fantasievolle Junge.

Nachdem der Pastor einige Zeit mit Henris Vater gesprochen hat, wendet er sich aber an den Jungen selbst, und versucht, mit ihm ein Gespräch zu beginnen. ‚Nun, Heinrich, sag mal, kannst du auch den Katechismus auswendig?‘

Henri starrt den schwarzen Kuttenmann mit den komischen Haaren regungslos an und antwortet knapp: ‚Noch nicht alles.‘

‚Noch nicht alles? Aber das ist doch das Erste, was Kinder lernen müssen‘, entgegnet Pastor Stollbein.

Dieser seltsame Habichtmann scheint dem Jungen nicht der Klügste zu sein. Henri erwidert: ‚Das ist so nicht richtig. Kinder müssen erst beten lernen, dass Gott ihnen den nötigen Verstand gibt, damit sie den Katechismus verstehen können.‘

Noch ist der Pastor über den altklugen Jungen amüsiert und fragt weiter: ‚So? Wie betest du denn?'

Henri seufzt. Er dachte, dieser Mann sei ein Mann Gottes. Warum stellt er ihm dann solche Fragen – das müsste er doch wissen. Aber vielleicht ist sein Verstand unter dem weißen Haar verschwunden und der Ärmste deshalb verwirrt? Also erklärt er dem Geistlichen: ‚Ich bete: Lieber Gott, gib mir den Verstand, dass ich verstehe, was ich lese.' *Das ergibt sich doch von selbst,* denkt Heinrich.

Der Pastor lächelt und will das Gespräch beenden. ‚So ist es recht, mein Sohn', sagt er und will sich eben wieder dem Vater widmen, als der kleine Henri ihm ins Wort fällt und meint: ‚Ihr seid nicht mein Vater!'

Ja, das steht für Henri außer Zweifel. Es ist schon verwirrend genug, einen Vater zu haben, den er liebt, und einen Großvater, den er noch ein klitzekleines bisschen mehr liebt – da soll nicht auch noch ein dritter Mann kommen, der einen Platz in seinem Herzen haben will, da ist nun wahrlich kein Platz mehr neben der Großmutter und dem Geist der Mutter.

‚Ich bin dein geistlicher Vater', erklärt der Pastor geduldig und lächelt.

Doch Henri ist nicht zum Lächeln zumute. Das stimmte ja nun wirklich nicht! ‚Nein, Gott ist mein geistlicher Vater, und Ihr seid ein Mensch, ein Mensch kann kein Geist sein!'

Langsam wird der Pastor etwas säuerlich. ‚Wie? Hast du denn keinen Geist, keine Seele?', fragt er.

‚Ja freilich! Wie könnt ihr nur so einfältig fragen?', erbost sich der Kleine. ‚Aber ich kenne meinen Vater.'

‚Kennst du denn auch Gott, deinen geistlichen Vater?', versucht nun der Pastor, eine Fangfrage zu stellen.

Henri aber lächelt nun zum ersten Mal und stellt eine Gegenfrage: ‚Sollte ein Mensch Gott nicht kennen?'

‚Aber du kannst ihn doch nicht sehen!', entrüstet sich der Pastor.

Der kleine Henri versteht nun wirklich nicht, warum er, der kleine Junge, dem großen schwarzen Mann dies alles erklären muss. Seufzend holt er also seine sichtbar zerlesene Bibel hervor, schlägt sie an einer ganz bestimmten Stelle auf und zitiert schließlich dem Pastor aus Römer 1,19-20: ‚Denn was man von Gott erkennen kann, ist unter ihnen offenbart; denn Gott hat es ihnen offenbart. Denn Gottes unsichtbares Wesen, das ist seine ewige Kraft und Gottheit, wird seit der Schöpfung der Welt ersehen, aus seinen Werken, wenn man sie wahrnimmt, sodass sie keine Entschuldigung haben.'

So war und so ist Henri, dass er sich bereits als Kind durch die Einsamkeit eine Weisheit angeeignet hat, die zwar altklug, aber eben dennoch klug ist; die Gott in einer Weite und einer persönlichen Weise erkennt, die vielen Menschen fehlt, weil sie Gott aus Angst vor seiner Größe beschränken.

Doch es ist auch diese Weisheit, die dem Jungen die Kindheit raubt. Selbst heute bricht er nur in seltenen Fällen aus ihr aus und holt seine Kindheit nach – dabei besteht bei ihm danach ein besonderes Bedürfnis. Denn eigentlich, Elise, sehnt er sich danach, Kind sein zu dürfen, sucht er nach Geborgenheit und Freiheit gleichermaßen – so, wie er sie bei Gott erlebt.

Er sucht danach auch bei den Menschen und wird nur ganz selten fündig. Doch selbst wenn er sie findet, dann geht es ihm wie den Menschen, denen Gottes Größe Angst macht – dann hat er Angst, sich dem Kindlichen hinzugeben, dem Menschen zu vertrauen, der diese Seite von ihm zu wecken vermag. Das zerreißt ihn. Und das habe ich in Ihrer Gegenwart schon oft beobachtet. Also seien Sie geduldig mit ihm."

Das Holz knisterte und knackte leise im Kamin vor sich hin. Ab und zu sprühte ein Funke auf, um gleich darauf wieder zu erlöschen. Der untere Holzscheit glühte vor Hitze und leuchtete aus seinem Inneren. Heinrich liebe es, dem Feuerspiel zuzusehen. Manch einer seiner abergläubischen Patienten hielt das Feuer für einen Vorboten der Hölle, er hingegen hielt es für einen Segen, der den Menschen in frostigen Zeiten wie diesen das Überleben ermöglichte.

Im Halbkreis saß die Gesellschaft vor dem großen Kamin in der Wohnstube und ließ sich erwärmen. Heinrich hatte sich nach vorn gebeugt, um die Hände näher an das Feuer heranzubringen. Eben erst war er aus seinem Haus hierher in die Hofstatt gekommen, um dem Nachmittagstee beizuwohnen, den Familie Coing seiner Tochter Johanna zu Ehren veranstaltete.

Diese saß zwischen Marie und Amalie Coing und streichelte selbstvergessen ein aberwitziges Kätzchen, das auf ihrem Schoß lag. Das tollpatschige, kleine Tier schien die Wärme genauso zu genießen wie die drei jungen Mädchen. Es rekelte sich genüsslich, und sein andauerndes Schnurren schuf zusammen mit dem Knistern des brennenden Holzes die Geräuschkulisse für diesen Spätnachmittag.

Sämtliche Mitglieder der beiden Familien schwiegen und hingen ihren Gedanken nach, bis Elise den von Kerzen und Talglichtern erhellten Raum betrat und sich schweigend an das Klavier setzte. Hannchen fing ihren Blick auf, nickte ihr zu, übergab Heinrich das Kätzchen und stellte sich neben dem Musikinstrument auf. Sogleich erklangen die ersten Akkorde von „Lobe den Herren“ von Joachim Neander, und Hannchen erhob ihre reine, glockenhelle Stimme.

Heinrich war entzückt. Seine Tochter hatte wahrlich eine wunderbare Singstimme. Und Elise konnte sehr gut Klavier spielen, das hatte er gar nicht gewusst. Fast schien es, als würde der Schnee in den Gassen auch hier im Inneren die Geräusche dämpfen, sodass der leiseste Ton wahrnehmbar und die Musik noch intensiver wurde. Heinrich war bewegt. Die Stimme seiner Tochter war engelsgleich und trieb ihm vor Rührung Tränen in die Augen. Gemeinsam bereiteten die zwei Frauen der versammelten Gesellschaft beinahe eine Stunde lang einen bewegenden Nachmittag.

Als der letzte Ton verhallt war, erhoben sich Heinrich und sein Freund Johann Franz Coing von ihren Stühlen, um den beiden Musikerinnen zu applaudieren, und auch die anderen Frauen klatschten Beifall. Lächelnd verbeugten sich Elise und Hannchen vor ihrem Publikum. Ihre Rocksäume raschelten auf dem Boden.

Während Frau Coing mit Salome nach den zwei kleinen Mädchen sah, setzten sich Hannchen und Elise auf die frei gewordenen Plätze neben Heinrich. Hannchen schien seine Rührung bemerkt zu haben und drückte sanft seine Hände, die er vor sich auf dem Schoß gefaltet hatte. Das kleine Kätzchen jagte derweil auf dem Holzboden einer Staubmaus nach.

Elise blickte nachdenklich in das Feuer.

„Meine liebe Freundin, mir hat es viel Freude bereitet, zu Ihrem Spiel zu singen – war sie nicht großartig, Vater?", unterbrach Hannchen das Schweigen.

Heinrich nickte wohlwollend. „Ja, meine Damen, Sie beide waren wundervoll. Es wirkte beinahe, als würden Sie schon seit Jahren miteinander musizieren", lobte er sie.

„Nicht wahr? Elise erschien mir aber auch von Beginn an wie eine Vertraute", bestätigte Hannchen und lächelte Elise an. Diese lächelte kurz zurück, sah dann aber wieder blinzelnd ins Feuer.

Apropos Feuer – wo war heute das Feuer der Elise?, fragte sich Heinrich. Sie war so ungewöhnlich wortkarg und in sich gekehrt.

„Sicherlich werdet ihr ebenso gute Freundinnen wie Salome und Elise", versicherte er seiner Tochter, doch diese schüttelte zu seiner Verwunderung den Kopf.

„Oh nein, Vater, als eine Freundin empfinde ich Elise nicht. Ich habe eher das Gefühl, mit ihr eine zweite Mutter bekommen zu haben", sagte sie lächelnd.

„Ach ja?", fragte Heinrich erstaunt. „Wieso das denn?" Als Mutter konnte sich Heinrich Elise nun beim besten Willen nicht vorstellen. Sie war zwar im gleichen Alter wie seine Frau, und andere mochten sie vielleicht schon als alte Jungfer betrachten, aber sie hatte eben dieses Kindliche an sich, dieses Ungestüme. Ihr fehlte die Reife einer verantwortungsvollen Frau. Nein, ein Kind oder gar einen Mann an Elises Seite konnte er sich überhaupt nicht vorstellen.

„Elise ist wie die Heilige Elisabeth, nach der sie benannt ist. Nicht nur, dass sie sich um mich bemüht und mir zuhört, wenn ich Sorgen habe ..." Jetzt beugte sich Hannchen zu ihrem Vater vor und flüsterte ihm zu: „Wisst Ihr, sie versorgt regelmäßig Arme am hinteren Ausgang der Stallgebäude mit all der Nahrung und Kleidung, die sie durch ihre sparsame Haushaltsführung entbehren kann."

Heinrich zog erstaunt die Augenbrauen hoch. „Aber Vater!", wisperte Hannchen eindringlich, „Ihr dürft darüber gegenüber Professor Coing kein Wort verlieren, sonst ergeht es ihr vielleicht wirklich irgendwann wie der Heiligen Elisabeth von Thüringen, und sie muss einsam und bettelarm ihren Lebensabend verbringen." Seine Tochter hatte wahrhaftig seine Fantasie geerbt.

Heinrich nickte ihr lächelnd zu und drückte bejahend ihre Hand.

Es war unglaublich. Da war seine Tochter erst wenige Tage hier in Marburg und hatte bereits Dinge in Erfahrung gebracht, von denen er im ganzen letzten Jahr nichts mitbekommen hatte. Er sah Elise nun in einem völlig neuen Licht.

Zum einen hatte er nicht gewusst, dass Elise für die Haushaltsführung der Coings zuständig war. Soviel Verantwortung tragen zu können, hatte er der unbeständigen Frau nicht zugetraut. Zum anderen hatte er keine Ahnung von ihrer mildtätigen Seite gehabt. Bei dem Gespräch am letzten Sonntag war ihm bereits bewusst geworden, dass Elise sich viele Gedanken über Gott und den Glauben machte, dass sie aber so weit ging, sich selbst und ihre Familie einzuschränken, damit auch andere etwas abbekommen, war ein wahrhaft edler Charakterzug. Er konnte sie verstehen, schließlich konnte auch er kaum einem armen Bittsteller etwas abschlagen. Augenscheinlich verspürten sie beide den Drang, die Liebe Gottes, die sie selbst empfingen, weiterzugeben.

„Unter uns, Vater – ich verstehe nicht, warum Elise noch keinen Ehemann hat, sie ist doch wundervoll!", fuhr Hannchen mit ihrer Schwärmerei im verschwörerischen Ton fort.

Heinrich sah Elise an. Sie hatte sich mittlerweile erhoben und stand neben dem Kamin. Der Feuerschein beleuchtete ihr Antlitz, sodass sie für einen Moment wirklich aussah wie eine Heilige.

Heinrich hatte noch nie richtig wahrgenommen, was für weiche Züge ihr Gesicht besaß. Auch wenn sie von ihrer Statur her eher groß und hager war, so wirkte ihr Antlitz doch recht weiblich mit den geschwungenen Augenbrauen und den ebenso geschwungenen, vollen Lippen. Elises dunkelblondes Haar wurde heute von einer zum dunkelroten Kleid passenden Schleife zusammengehalten und fiel in wohlgeformten Locken an ihrem Rücken hinab.

Ja, ein Mann konnte sich glücklich schätzen, sie zur Frau zu haben. Warum hatte er das bis zu diesem Moment nicht erkannt? Gerade eben noch hatte er sich Elise als irgendjemandes Ehefrau beim besten Willen nicht vorstellen können. Ohne groß nachzudenken, war sie ihm wie die ewig unverheiratete Freundin seiner Frau erschienen. War sie deshalb noch nicht verheiratet? Weil die Männer sie nicht richtig wahrnahmen? Musste man einem Mann erst sprichwörtlich den inneren grauen Star ziehen, damit er Elise sehen konnte?

Bei dem Gedanken daran, dass Elise in der nächsten Zeit vielleicht mit einem Mann an ihrer Seite so wie jetzt am Kaminsims lehnen könnte, wurde Heinrich seltsam ums Herz. Er hatte das Bedürfnis, sie zu beschützen. Aber wovor?

„Sie ist eben doch ein Mädchen", sagte Heinrich sich und beobachtete gleichzeitig, wie Elise sich nun lächelnd Salome zuwandte, die eben mit der schlafenden Karoline das Zimmer betreten hatte. Behutsam nahm Elise das Baby in den Arm und summte ihm ein Lied vor.

Heinrich war verwirrt. Dieses Mädchen war nicht bloß ein Mädchen. Dieses Mädchen besaß auch etwas Mütterliches, eine natürliche Intuition. Dieses Mädchen war mehr als ein aufmüpfiges Ding. Es war eine Frau.

Doch bevor Heinrich sich darüber noch mehr Gedanken machen konnte, ergriff seine Tochter ungestüm seine Hand und riss ihn von seinem Stuhl hoch. „Kommt, Vater! Es hat aufgehört zu schneien. Wir haben uns nun wahrlich lange genug mit warmen Getränken, Gesang und Geplauder aufgehalten. Lasst uns hinaus in den Schnee gehen!"

Verblüfft über diese irrwitzige Idee ließ sich Heinrich mitziehen, zuckte mit den Schultern und warf sich einen Mantel über. Eifrig griffen auch Amalie und Marie den Vorschlag auf und hüllten sich in warme Jacketts und Umhänge.

Seitdem sie in Hannchen eine neue Freundin gefunden hatten, waren die zwei jüngeren Coing-Schwestern nicht mehr so tadellos in ihrem Benehmen, aber das schien ihnen gut zu tun. *Man sollte das Kindsein so lange auskosten, wie man es geschenkt bekommt,* dachte Heinrich lächelnd.

„Kommen Sie nicht mit, mein lieber Freund?", fragte Heinrich beinahe hilflos Professor Coing, aber dieser winkte schmunzelnd ab. „Aber, aber, Sie können mich doch nicht mit diesen wilden Frauenzimmern allein lassen!", bat Heinrich lachend, während die drei jungen Mädchen ihn hinaus in den Flur zerrten.

„Elise wird zu Ihrer Rettung nachkommen. Damit kann sie vielleicht ihr lockeres Mundwerk wieder gutmachen, das sie so oft in peinliche Situationen bringt", rief Vater Coing ihm scherzend nach.

Im Garten hatten die Mädchen bereits eine wilde Schneeballschlacht begonnen und machten sich einen Spaß daraus, ihn, Heinrich, als gemeinsames Opfer mit frischem Schnee zu bewerfen.

Heinrich verbarg sich hinter einem Strauch, um sich vor den Geschossen zu schützen. Der Schnee lag hoch auf den langen Ästen, sodass diese sich unter der ungewohnten Last beugten. Nach einer Weile schien es, als hätten die Mädchen ihn vergessen – in ihr Spiel versunken bewarfen sich die drei jetzt gegenseitig mit Schnee und verursachten im Garten ein wahres Gestöber aus umherfliegenden Eiskristallen. Er sah ihnen lächelnd aus der Hocke zu.

Vom Haus her hörte Heinrich plötzlich den Schnee knirschen. Jemand trat von hinten an ihn heran. „Sieh an, ich glaube, ich habe eine neue Spezies entdeckt", hörte er Elise sagen. „Ich glaube, es handelt sich um einen Mann, der den kleinen Jungen in sich wiederentdeckt hat."

Heinrich drehte sich um und sah von unten herauf in Elises fast verhülltes Gesicht. Er konnte ihre Mimik nicht ausmachen und nicht abschätzen, was sie dachte, aber er erwiderte: „Da mögen Sie recht haben, wir haben wohl beide heute jemand Neues entdeckt."

Doch Elise ging gar nicht auf seine Bemerkung ein, vielleicht hatte sie sie auch nicht verstanden, jedenfalls rief sie den drei Mädchen zu: „Es ist gut jetzt, ihr drei. Ihr seht ja schon aus wie Schneemänner. Kommt wieder herein in die warme Stube, und lasst den kalten Puderzucker bitte draußen." Aber als Antwort auf ihre ungewöhnlich erwachsene Art, wie Heinrich fand, bekam sie von den drei weißen Wesen nur eine Ladung Schneebälle ab. Elise grinste unter ihrem Cape hervor, und Heinrich schmunzelte mit.

6

Elise schloss schwärmerisch die Augen und atmete den frischen Frühlingsduft ein, der sie umwehte. Seit langer, langer Zeit hatte sie nicht mehr auf einem Pferd gesessen. Mit allen Sinnen nahm sie die Bewegung des Tieres wahr. Das samtige Fell unter ihrer Hand, den heißen Atem des Tieres, das Auf und Ab der Bewegung, die Schnelligkeit, mit der die Landschaft an ihr vorbeizog.

Gemeinsam mit Salome und ihrem Vater war sie unterwegs zum drei Stunden entfernten Gießen. Sie würden aber nicht den ganzen Weg zurücklegen, sondern etwa nach zwei Drittel der Strecke in einem kleinen Ort in ein Wirtshaus einkehren und dort auf Jung-Stilling und Hannchen warten.

Beide waren einige Wochen bei verschiedenen Verwandten zu Gast gewesen und hatten sich vor kurzem in Frankfurt wiedergetroffen, um gemeinsam zurück nach Marburg zu reisen. Salome vermisste ihren Mann sehr und wollte ihm ein Stück des Weges entgegenkommen, weshalb sie Elise und Professor Coing um ihre Begleitung gebeten hatte.

Elise hatte sich freudig dazu bereiterklärt; sie war schon lange nicht mehr aus Marburg herausgekommen, und der lange, kalte Winter hatte an ihren Nerven gezerrt. Sie genoss die erwachende Natur nun in vollen Zügen, während sie durch die malerische Landschaft ritt. Auch musste sie insgeheim zugeben, dass sie Professor Jung-Stilling und seine eigentümliche Art vermisst hatte. Er war eben nicht nur dem Großteil der Marburger Gesellschaft, sondern auch ihr ein wertvoller Freund geworden.

Gott sei es gedankt, hatte sich die Stimmung zwischen ihr und ihrem Vater seit Beginn des neuen Jahres deutlich gebessert. Sie hatten zwar nicht offen miteinander gesprochen, aber Elise wusste, dass sie sich ruhiger verhalten musste, wenn sie seinen Ärger nicht vollends auf sich ziehen wollte. Immerhin hatte er ihr bereits vor einiger Zeit die Haushaltsführung übertragen. Das war ein Vertrauensbeweis, und Elise wollte ihren Vater nicht enttäuschen, auch wenn sie das nicht davon abhielt, genügend für die Armen beiseite zu schaffen, ohne dass er davon erfuhr. Sie wusste nicht, ob er nicht vielleicht sogar billigen würde, was sie tat, aber sie wollte nicht riskieren, dass er ihr die Aufgabe wieder entzog.

Sie spürte den Ärmeren, den Witwen und Kindern gegenüber eine gewisse Verantwortung. Mit einigen der Frauen hatte sie als Kind zusammen in den Hinterhöfen gespielt – es war eben nicht bloß Mitleid, das sie mit diesen Menschen verband.

Sie wusste, eines Tages musste sie mit ihrem Vater offen über all das reden. Über ihr heimlich erworbenes Wissen, das sie nicht anwenden und mit niemandem teilen konnte, über ihre Sehnsucht, mehr zu erfahren, über ihre Vorstellungen von einer idealen Ehe und welche Rolle sie darin spielen wollte. Ja, irgendwann in diesem Jahr musste sie dieses Gespräch führen.

Doch jetzt, jetzt war erst einmal Frühling. Überall hatten sich zierliche Pflänzchen durch die zum Teil noch gefrorene Erde gekämpft. „Vielleicht ergeht es mir ja auch so", dachte Elise. „Vielleicht kämpfe auch ich mich durch, obwohl jeder mich für schwach hält. Vielleicht kann ich so sein, wie ich bin, und trotzdem überleben." Sie sah die teils schon verwelkten Schneeglöckchen und empordringenden Krokusse an, die die Wiese neben dem Wanderpfad in einen grünen Himmel voller weißer Schäfchenwolken verwandelte, und wusste mit einem Mal: Auch sie wollte eine eisige Welt verändern und prägen.

„Professor Coing? Elise?", Salome war ein Stückchen vorgeritten, um sicherzugehen, dass sie sich auf dem richtigen Weg befanden. „Dort hinten scheint mir der Ort zu sein, wo wir uns mit meinem Mann und Hannchen treffen wollen."

Das über vierhundert Jahre alte Dorf Ruttershausen war weit über die Gegend hinaus wegen seiner Kirche „Kirchberg" bekannt, deren Dach man von hier aus bereits sehen konnte. Jung-Stilling wollte sich diese Kirche gerne ansehen, war sie doch eine der ältesten in Hessen. Sie lag etwas außerhalb auf einem Hügel, im gleichnamigen Gehöft Kirchberg auf der anderen Seite der Lahn.

Sie ritten nun auf den kleinen Hügel zu. Elise wäre wohl zunächst die Burg auf dem links liegenden Berg aufgefallen; die Kirche fiel im Vergleich zu ihr kaum auf. Aber so war Jung-Stilling: Er sah Dinge, die sonst kaum jemand sah. In dem aus wenigen Häusern bestehenden Kirchberg fanden sie einen Gasthof, der allerdings geschlossen war; doch Salome war sich ohnehin sicher, dass ihr Mann ein anderes, direkt an der Lahn liegendes Gasthaus gemeint hatte. Es musste sich wohl auf der anderen Seite des Flusses befinden.

Die drei Reisenden machten dennoch kurz auf dem von einer Mauer umsäumten Platz vor dem Kirchengebäude Halt und besahen es sich genauer. Die Marburger Universitätskirche war sicherlich imposanter, aber Elise fand auch dieses Gebäude sehr faszinierend. Es bestand aus zwei unterschiedlichen Kirchenschiffen, die durch einen Mittelbau miteinander verbunden waren. Fast schien ihr diese Anordnung ein Symbol zu sein.

„Salome, sehen Sie genau hin. So stelle ich mir eine Ehe vor. Jeder ist einzigartig und dennoch gleich viel wert, und gemeinsam mit Gott in der Mitte ergeben Mann und Frau ein Ganzes, das lange hält – so wie diese Kirche“, erklärte sie ihrer Freundin, die interessiert zuhörte.

„Dann werde ich dafür beten, dass der Mann, den Gott für Sie vorgesehen hat, auf diese Weise zu Ihnen passt“, entgegnete sie, als wäre das selbstverständlich, und nahm ihr Pferd an den Zügeln, um Professor Coing nachzufolgen, der sich bereits auf den Weg hinunter zum Fluss gemacht hatte, um sein Pferd zu tränken.

Elise warf noch einen letzten Blick auf die Kirche und betrachtete die verschlossene Eingangstür. Sie war im Verhältnis zum Gebäude sehr klein. Der Weg in eine Ehe mit einem passenden Mann wäre sicherlich genauso eng und auch nur über einen einzigen Weg gangbar. Sie würde sich anpassen müssen, das war ihr schmerzlich bewusst.

An der Lahn angekommen, entdeckten sie den vereinbarten Treffpunkt sofort. Auf der anderen Uferseite, direkt an einer Brücke gelegen, befand sich die Gaststätte „Zur Lahnbrücke“. In dem eindrucksvollen Fachwerkhaus konnte man nicht nur eine Mahlzeit zu sich nehmen, sondern auch nächtigen. Jetzt im Frühjahr machten viele Durchreisende hier Station, und die Schankstube war voll. Elise und Salome beschlossen, das schöne Wetter auszunutzen und draußen auf Jung-Stilling zu warten. Nachdem sie sich vergewissert hatten, dass er nicht schon zugegen war, ließen sie sich auf einer Wiese neben dem Fluss nieder.

Die Pferde waren angebunden und versorgt, und der Wirt brachte eben etwas Käse und Milch, als zwei Reiter auf die Brücke zuritten. Vorab ritt eine junge Frau mit einem Umhang über Kopf und Schultern, dahinter ein Mann, der sich stattlich im Sattel hielt.

Salome schnellte sofort auf und lief den beiden entgegen. Kaum hatte der Mann sie gesehen, zügelte er sein Pferd, sprang schwungvoll hinab und zog sie herzlich in seine Arme, um sie dann lange zu küssen. Vom anderen Pferd sprang jetzt nicht minder schwungvoll die junge Frau, streifte dabei die Kapuze ab und rannte auf Elise zu. Es war Hannchen, die sich freudig in Elises Arme warf.

Elise lachte über die stürmische Umarmung des Mädchens, das in den wenigen Wochen, in denen sie sich nicht gesehen hatten, zur Frau gereift war. Nachdem sie den Umhang von ihren Schultern gestreift hatte, kam ein Kleid zum Vorschein, das sowohl Hannchens natürliche Schönheit als auch ihre neu erworbenen Rundungen betonte.

„Mein liebes Hannchen, Ihr seid erwachsen geworden“, sagte Elise gerührt. So weiblich hatte sie selbst nie ausgesehen. *Es dauert sicherlich nicht lange, und Hannchen kann sich vor Verehrern nicht retten,* dachte Elise.

„Aber nur dem Anschein nach“, sagte Hannchen und ließ ein heiteres Lachen hören, bevor sie in weitaus zurückhaltender Manier Elises Vater begrüßte.

Elise sah sich nach Salome und Jung-Stilling um. Die zwei standen immer noch Arm in Arm bei den Pferden und unterhielten sich leise. Jung-Stilling sah zu seiner Frau hinab und strich mit einer Hand langsam über ihren Rücken.

Ihm schien der Aufenthalt bei Salomes Verwandten gut getan zu haben. Zum Ende des letzten Jahres hin hatte er vermehrt mit Magenproblemen zu kämpfen gehabt, weshalb er kaum noch etwas hatte essen können und erbärmlich abgemagert war. Jetzt aber schien Jung-Stilling ein anderer Mensch zu sein. Seine gebeugte Haltung hatte sich zwar nicht vollkommen verflüchtigt, aber er hielt sich erstaunlich aufrecht und hatte auch wieder an Umfang gewonnen, sodass er fast sportlich und jugendlich wirkte. So gar nichts hatte er mehr mit dem älteren Mann gemein, als den Elise ihn damals gesehen hatte, als er vor mehr als einem Jahr nach Marburg gekommen war. Heute sah er beinahe attraktiv aus, mit den vom Wind zerzausten Locken und mit seiner Frau liebevoll im Arm. Das Ehepaar trat nun lächelnd auf Elise und ihren Vater zu.

Elise sah Salome strahlen, und auch Jung-Stillings Gesicht leuchtete vor Freude über das Wiedersehen. Ihr Herz begann zu schmerzen. Sie wollte es nicht, aber sie konnte nichts dagegen tun. Sie war eifersüchtig auf das Glück ihrer Freunde. Sie wollte auch nicht mehr allein sein.

„Geehrter Kollege?“ Jung-Stilling ergriff die Hände ihres Vaters und zog ihn herzlich zu sich heran. „Ich freue mich so, Sie, meine Freunde, wiederzusehen. Ich habe Sie vermisst.“ Als er zu Elise hinübersah und ihre Blicke sich trafen, wusste sie nicht, wie ihr geschah. Mit einem Mal wurde ihr schwindelig. Sie verspürte das Bedürfnis, sich zu setzen.

Als Jung-Stilling dann auch ihr die Hand reichte und sie sachte wie zuvor ihren Vater in eine Umarmung zog, wurde es nicht eben besser.

Eine furchtbare Erkenntnis ließ Elise trotz der Frühlingswärme innerlich gefrieren. Sie erschrak so sehr wie noch nie zuvor in ihrem Leben. „Oh Herr, nein!“, betete sie in Gedanken. „Ich bin verliebt. Bitte nicht.“

„Stellen Sie sich einmal vor, meine liebe Elise, der Junge kommt in seinem Leben zum ersten Mal im Alter von etwa acht Jahren in eine Kirche. Was wird das empfindsame Kind wohl am meisten rühren? Nein, es ist nicht der Herr Pfarrer in seinem Talar und der schneeweißen Perücke, auch wenn der kleine Henri immer noch über dessen Aufzug verwundert ist. Es ist das Orgelspiel, das dem Kind wie ein Wunder erscheint.

Als er das Kirchengebäude betritt, weiß der Junge ja nicht, dass es sich dabei nur um eine Dorfkirche wie jede andere handelt, dass sie klein und unbedeutend ist, mit ihrer schlichten Holzdecke und den weiß getünchten Wänden. Für ihn ist der weite, hohe Raum etwas ganz Besonderes. Herausgeholt aus der Einsamkeit, herausgeholt aus den einzigen zwei Gebäuden, die er in seinem Leben bisher gekannt hat – das Haus seines Großvaters und die Hütte seines Vaters – hätte Henri vielleicht fast jeder andere Bau in Erstaunen versetzt, aber diese Kirche lässt seine Sinne taumeln.

Schon die Eingangstür besitzt eine ungewöhnliche Schwere, sodass er sie allein mit seinen schmächtigen Armen nicht offenzuhalten vermag. Die riesige eiserne Klinke kann er mit beiden Händen umfassen, und es ist trotzdem noch Platz für die Hand seines Großvaters. Mit vereinten Kräften schaffen sie es, die wuchtige Tür zu öffnen, und als sie hindurchgetreten sind, erscheint es Henri, als hätte er eine neue Welt betreten. Während hinter ihm die Tür mit ihren dicken Eisenbeschlägen quietschend zuschlägt, weiß Henri gar nicht, wo er zuerst hinsehen soll.

Für Unsereins gäbe es dort nicht viel zu sehen: ein paar Kirchenbänke, ein paar Gottesdienstbesucher, ein Taufbecken, den Altarraum und die Fenster. Wie eine Kirche nun einmal beschaffen ist. Aber Henri fühlt sich plötzlich wie in einem Schiff und denkt bei sich, so müsse es wohl in der Arche gewesen sein, bloß umgekehrt. Die Decke ist für ihn der Schiffsboden, die Eichenbänke sind die Sitze für die Ruderer, das erhöhte Podest der Raum für den Steuermann, das Taufbecken das Ruderrad, der Pfarrer der Kapitän, die kleinen Fenster die Luken für Geschosse.

Und der Geruch erst. Henri ist gerührt und weiß gar nicht, wohin mit seinen Gefühlen, als auf einmal die Orgel zu spielen beginnt.

Auch wenn die Töne, wie er später erfahren wird, von einer kleinen, gar verstimmten Orgel von einer provisorischen Empore oberhalb des hohen Raumes aus erzeugt werden – dem Jungen kommt es so vor, als entstünden die Laute in seinem Inneren, in seinem Bauch. Mit jedem tiefen Ton, den der Organist zu Beginn seines Spiels in die Länge zieht, breitet sich in Henris Magengegend ein wohliger Schauer aus. Als der Orgelspieler die Töne in immer schnellerer Abfolge spielt, scheint sich für Henri der Kirchenraum zu drehen, so viele Empfindungen rufen die ungewohnten Klänge in ihm hervor. Er kann nicht anders, er muss weinen.

Und so geht es Henri noch heute. Immer wenn er eine Kirchenorgel spielen hört, immer wenn die Akustik einer Kirche so hervorragend ist, dass die Töne ihn in seinem Inneren erreichen, dann wird mein Henri hinfort getragen, sodass es ihm vorkommt, als wäre er im Himmel.

Es mag also nicht verwundern, dass der kleine Henri damals nach seinem ersten Gottesdienst, bei dem er jede Sekunde in sich aufsaugt, unbedingt auf die Empore hinaufklettern muss, um das Monstrum von Musikinstrument zu sehen, das solche Gefühle in ihm auszulösen vermag. Es mag nicht verwundern, dass er, nachdem er einmal seine Hände auf die Tasten gelegt hat, ebenfalls Herrscher über diese Töne werden will, und schließlich auch wird.

Es mag auch nicht verwundern, dass Kirchen und Orgelmusik jeglicher Art immer noch eine Faszination auf Henri ausüben, sodass er selten eine Kirche einfach am Wegesrand an sich vorbeiziehen lassen kann. Er muss sie einfach betreten, ihr Innerstes erspüren, sehen, ob Gottes Geist in dem Gebäude zugegen ist, ob die Menschen ihn dort wahrlich anbeten.

Und wenn er einmal zu spüren glaubt, dass die Menschen vergessen haben, warum sie dieses Gebäude eigentlich betreten, wenn es zu einem schlichten Vereinsheim geworden ist, wo niemand mehr mit dem Dasein Gottes rechnet, dann ist es wie ein Zwang – dann muss er hinauf zur Orgel schreiten und ihre Tasten berühren, dann holt er den alten Zauber wieder aus dem Instrument hervor und lässt die Töne tief in seinem Inneren erklingen. Denn diese Erfüllung, das ist es, was mein Mann liebt. Sich und Gottes Nähe zu spüren. Es sind ganz kostbare und seltene Momente für seine sonst ständig gehetzte Seele."

Heinrich machte sich Vorwürfe. Der Stiefelwichser war tot.

In dem Wirtshaus beim kleinen Ort Ruttershausen hatte er eine alte Bekannte wiedergetroffen. Eine Magd fegte hinter dem Haus die Ställe aus, als er und Salome einen kleinen Spaziergang machten, um sich über ihrer beider Erlebnisse während seiner langen Abwesenheit auszutauschen. Da trat die Bedienstete unerwartet auf das Paar zu und sprach es an.

„Herr Professor, Sie hier zu sehen, welch eine Freude!", sagte die Frau, die Heinrich irgendwie bekannt vorkam.

„Oh, ich schätze, Sie werden vielen wie mir geholfen haben, aber dass Sie mein Augenlicht gerettet haben, ist noch nicht allzu lange her", sagte sie und wischte sich an ihrer Schürze den Staub von den Händen. Unter ihrer Haube lugten einige weiße Haarsträhnen hervor und fielen ihr zum Teil in das von Falten übersäte Gesicht.

„Aber ja, jetzt erkenne ich Sie!", fiel es Heinrich ein. Froh drückte er die Hand der Frau. „Ich habe Ihnen Ende letzten Jahres in Marburg den grauen Star herausgezogen. Wie ich nun sehen kann, scheinen die Wunden gut verheilt zu sein."

„Und ich kann wunderbar sehen!", ergänzte die Frau voller Freude. „Junges Fräulein, Sie können sich nicht vorstellen, welche Veränderung mein Leben erfahren hat, seitdem Ihr Begleiter mir mein Augenlicht zurückgeschenkt hat. Ich war völlig hilflos und mein Mann kurze Zeit vorher gestorben, sodass auch ich und meine Kinder ihm wohl während dieses Winters gefolgt wären, hätte ich nicht wieder sehen und meine Arbeit wiederaufnehmen können", erzählte die Frau ihre Lebensgeschichte in Kurzform.

„Ich bitte um Verzeihung, ich habe Sie einander gar nicht vorgestellt", sagte Heinrich nun kopfschüttelnd.

Die Magd lachte. „Wegen mir müssen Sie nicht auf die gesellschaftlichen Regeln achten, ich bin bloß eine einfache Frau, die vom Herrn Professor wieder sehend gemacht wurde. Sie sind derjenige, den man jedermann vorstellen sollte, ich bin die Namenlose, die für viele andere steht, denen Sie geholfen haben."

Salome schenkte der Frau ein Lächeln und gab ihr nun ebenfalls die Hand. „Für mich, werte Frau, sind Sie nicht namenlos, und für meinen Mann auch nicht. Auch wenn er viele Menschen operiert, so erinnert er sich doch an jedes Auge, in das er geblickt hat. In meine hat er etwas zu tief geschaut, sodass er mich nun nicht mehr los wird", scherzte Salome. „Ich bin seine Ehefrau."

„Na, das ist ja eine Freude!", die alte Frau lachte, wodurch man die vielen Lücken in ihrem Gebiss sah. „Und ich bin die Frau des Stiefelwichsers Franz, Gott hab ihn selig", stellte sich die Frau nun ihrerseits vor.

Heinrich drückte Salome an der Hüfte noch ein wenig enger an sich. Er war nicht nur froh, sie wiederzusehen, sondern außerdem glücklich, solch eine tüchtige und umgängliche Frau an seiner Seite zu wissen. Ganz gleich, mit wem sie es zu tun hatte, sie wusste immer, wie man mit den Menschen umzugehen hatte. Von ihr hatte er eine Menge gelernt, wenn es um die Distanz oder Nähe zu Menschen ging.

Er selbst überschritt bis heute immer wieder die Grenzen. Manchmal kam er den Menschen im Überschwang der Gefühle zu nahe, und manchmal blieb er ihnen unbegründet fern, weil er dann wieder Angst hatte, zu weit zu gehen. So manches Mal hatte man ihn deshalb schon entweder für arrogant und überheblich oder für verspannt und schüchtern gehalten. Doch seitdem er mit Salome verheiratet war, war dies vorbei. Sie strahlte eine Sicherheit und Ruhe aus, die er bisher kaum bei einer anderen Frau wahrgenommen hatte. Außer vielleicht bei …

„Darf ich Ihnen meinen Ältesten vorstellen?", warf nun die Magd eifrig ein und schob einen blassen, jungen Burschen nach vorne, der eben aus der Scheune getreten war und die fremden Herrschaften schweigend musterte.

Der Anblick des Jungen weckte in Heinrich schlagartig einen bösen Verdacht. Neben seiner Nase schmückte eine prächtige Warze sein Gesicht, und in Heinrichs Erinnerung tauchte nun ein Gesicht auf, das diesem hier ähnelte.

„Gute Frau“, fragte Jung-Stilling leise, „Ihr Mann war Stiefelwichser, haben Sie gesagt?“

Die Frau nickte verwundert, wohl weil Heinrich plötzlich ein bekümmertes Gesicht machte.

„Dann kannte ich Ihren Mann. Er ist letztes Jahr nach unserer Ankunft in Marburg bei mir vorstellig geworden, und ich versprach ihm, ihn nicht zu vergessen, sobald ich Arbeit für ihn hätte.“

„Das verwundert mich nicht; er hat vielen Professoren die Schuhe ausgebessert“, tat die Frau Heinrichs Geständnis ab. „Sie entschuldigen mich jetzt aber, sonst wird mein Arbeitgeber mich vielleicht wegen Faulheit schelten. Ich habe keine Anstellung als Wäscherin mehr gefunden und musste außerhalb Marburgs nach einem Broterwerb suchen, deshalb bin ich sehr froh, dass ich mit meinen Kindern hier in diesem Dorf eine Zuflucht gefunden habe“, erklärte die Frau und verabschiedete sich von ihnen.

Für Heinrich aber hatte sich das Thema damit nicht erledigt. Im Gegenteil. Das Zusammentreffen mit seiner Patientin war nun einige Stunden her, doch Heinrich kam nicht von dem Gedanken los, dass er mehr für die Familie hätte tun können, als der Frau den grauen Star auszuziehen. *Hätte ich ihrem Mann damals bei meiner Ankunft in Marburg eine Anstellung gegeben, wäre er vielleicht nicht gestorben*, dachte er, während er unter einem Apfelbaum saß und sich an dessen jungen Stamm lehnte.

Die Reisegesellschaft machte gerade Rast. Sie hatten etwa die Hälfte der Reise nach Marburg hinter sich gebracht.

Obwohl, wandte Heinrich in Gedanken ein, *er ist ja an einer Lungenentzündung gestorben, was hätte ihm da eine Anstellung geholfen? Andererseits: Vielleicht hätte er dadurch etwas Geld beiseitelegen können, und seine Familie hätte nicht betteln müssen. Und vielleicht hätte er durch die Arbeit an meinem Schuhwerk schon viel eher von meinen Künsten als Star-Operateur erfahren und ich hätte seine Frau bereits sehend machen können, bevor er gestorben ist, sodass die Familie erst gar nicht verarmt wäre und sie nicht aus Marburg weggemusst hätten und die Frau wieder eine Anstellung als Wäscherin gefunden hätte und ...*

Ach, es war aber auch ein Kreuz mit ihm! Immer musste er sich das Leid anderer zu eigen machen. Er spürte, wie der Kummer über den Tod des Mannes ihm auf den Magen schlug. Wenn das so weiterging, würde der restliche Ritt zu einer Qual für ihn werden.

„Professor, nun schauen Sie doch nicht immer nur den Boden zu Ihren Füßen an", unterbrach Elise Heinrichs Gedankengefängnis.

Heinrich musste unweigerlich schmunzeln. Sie schien immer zur rechten Zeit am rechten Ort zu sein, um ihn aus seinen Grübeleien zu reißen, bevor diese ihn vollends im Griff hatten.

„Nun sehen Sie doch einmal um sich herum. Ist es nicht wundervoll, was Gott geschaffen hat? Es ist wie ein Kunstwerk", sagte Elise leise. Sie hatte sich zu ihm heruntergebeugt, um ihm das zu sagen, und erhob sich nun wieder, um mit ausgestreckten Armen auf die Umgebung zu verweisen.

Sie hatte recht. Heinrich hatte während des Rittes gar nicht mehr auf die Landschaft geachtet. Wie töricht von ihm, Gottes Geschenk derart zu missachten und sich stattdessen mit Sorgen zu plagen. Der Glanz der Natur schien ihm mit jedem Lebensjahr und jeder Sorge mehr zu verblassen. Was wäre, wenn auch er im übertragenen Sinne den grauen Star bekäme? Wenn er irgendwann blind wäre für die Pracht von Gottes Schöpfung?

Heinrich stand auf und sah sich um. Die Pferde erholten sich an einem Bach, während die Gesellschaft sich auf einer Obstwiese ausgebreitet und es sich auf dicken Decken im frischen Gras bequem gemacht hatte. Die Sonne hatte im Laufe des Tages an Kraft gewonnen und den teils noch gefrorenen Boden etwas erwärmt, sodass man es wagen konnte, eine Zeit lang darauf zu verweilen. Hannchen hatte sich inmitten eines Meeres aus Schneeglöckchen und anderen Frühlingsblühern niedergelassen und pflückte Blüten, um daraus einen Kranz zu flechten. Salome lag mit geschlossenen Augen auf zwei Decken unter den jungen Ästen eines Zwetschgenbaums, und Professor Coing war hinter einer kleinen Anhöhe verschwunden. Man sah nur noch seinen Kopf dahinter umherwandern.

Hinter Heinrich erstreckte sich das Tal, durchzogen von verschiedenen Feldern, die sich in Braun- und Grüntönen bis zum nächsten Berg erstreckten, wo der dichte dunkelgrüne Tannenwald und einige Kiefern die Herrschaft übernahmen. Die schon etwas herabsinkende Sonne tauchte die Szene in sanftes Licht und ließ den Horizont weiter erscheinen, als er in Wirklichkeit war.

Nein, noch war er nicht blind. Heinrich war gerührt über die Schönheit der Natur, über die zarten Farbtöne, über den hellblauen Himmel, der von Schleierwolken durchzogen über dem Landstrich einen herrlichen Kontrast bildete. Am Waldrand meinte Heinrich, Wildschweine ausmachen zu können, und am Rande der Obstwiese verschwanden flugs einige Kaninchen in ihren Höhlen.

„Meine lieben Freunde!“, rief just Vater Coing hinter der Anhöhe hervor, „seht, was ich gefunden habe!“

Hannchen stand sofort auf, raffte ihr Kleid und rannte zu ihm hinüber. Salome blickte einmal kurz auf, legte sich jedoch gleich wieder hin. Die Reise hatte sie angestrengt, sie brauchte Ruhe. Seit der Geburt von Karoline war sie oft schläfrig und müde.

Zusammen mit Elise, die sich nicht weit weg von ihm aufhielt und ihn ungewöhnlich gehemmt, so schien es ihm, ansah, folgte Heinrich seiner Tochter.

Hinter der kleinen Erhebung stand sein Freund Coing unter einem imposanten Baum, dessen Zweige man zwar von der anderen Seite des kleinen Hügels aus hatte sehen können, nicht aber dessen breiten Stamm. Bäume solchen Ausmaßes gab es selten, er musste mehrere hundert Jahre alt sein.

„Ein sogenannter Freundschaftsbaum ist das“, erklärte Vater Coing Hannchen, die neugierig die Inschriften las, die über Jahrzehnte hinweg andere Reisende hier hinterlassen hatten. Hunderte von Namen waren in die Rinde geritzt worden. Manche waren noch recht frisch, andere mit dem Wachstum des Baumes zerfasert und in die Breite gegangen.

Begeistert wollte nun auch Hannchen die Namen aller Anwesenden in den Baum schnitzen und erbat sich dafür von Heinrich ein Messer.

Gemeinsam mit seinem Freund Coing sah Heinrich dabei zu, wie Hannchen bis aufs äußerste konzentriert und angestrengt die harte, von einem buckeligen Relief durchzogene Baumrinde mit dem Messer bearbeitete. Es würde sicher lange dauern, bis sie alle Namen hineingestochen hatte. Heinrich schlug demnach vor, nur die Initialen zu hinterlassen, doch Hannchen wollte sich nicht davon abbringen lassen, Buchstaben für Buchstaben eines jeden ihrer Namen in das uralte, aber immer noch vor Lebendigkeit strotzende Holz zu schneiden, und begann selbstvergessen nebenbei ein Liedchen zu summen.

Elise hingegen stand mit beinahe trauriger Miene auf der anderen Seite des Baumes und strich gedankenverloren mit der rechten Hand über den Stamm, als wolle sie Kontakt mit dem Baum oder den Menschen aufnehmen, die sich hier einst verewigt hatten. Ein Windstoß wirbelte den Saum ihres Rockes und Reitmantels auf und wehte ihr den Hut samt Haarnadeln vom Kopf, sodass ihr langes Haar zum Vorschein kam und um ihre Schultern wehte. Doch Elise blieb wie verzaubert vor dem Baum stehen, anstatt ihren Hutschmuck wieder einzufangen. In ihrem Gesicht war nichts zu sehen außer Nachdenklichkeit und, so meinte Heinrich zu erkennen, so etwas wie Sehnsucht. Sie passte hervorragend in diese malerische Landschaft, als hätte ein Künstler sie genau dort drapiert.

Heinrich wurde weich ums Herz, und nachdem er Elise noch einen Moment lang betrachtet hatte, wandte er sich wieder seiner Tochter zu, die ihm ihr bisheriges Werk zeigen wollte.

„Ich bin noch nicht weit gekommen, Vater, aber nach einer Verschnaufpause werde ich auch noch uns andere in dem Baum verewigen“, sagte sie ein wenig außer Atem. Heinrich trat von hinten an sie heran und sah über ihre Schulter hinweg das Resultat ihrer Arbeit. In dem Baum stand: Elise und Heinrich.

7

„Oh Herr, bitte lass diese Gefühle von mir abfallen“, flüsterte Elise in das Halbdunkel des Kirchenschiffes.

Während des letzten halben Jahres, so schien es, hatte sie kaum etwas anderes gebetet. Selbst hier, im Gottesdienst, konnte sie diesem Mann nicht entrinnen. Was hatte sie noch gedacht, als er nach Marburg kam? *Kaum kommt dieser Mann in die Stadt, wirbelt er alles durcheinander.*

Damals hatte sie eine ganz andere Vorstellung von ihm gehabt. Sie hatte sich gewünscht, er würde durch seine typisch „stillingsche“ Art, die sie sich eben gar nicht still dachte, einiges in der Stadt verändern. Das war zwar auch geschehen, aber dass sie selbst auf solch eine Weise davon betroffen sein würde, hatte sie nicht geahnt. Hätte sie gewusst, welche Auswirkungen seine Gegenwart auf sie haben würde, hätte sie sich gewünscht, dass er in Heidelberg geblieben wäre.

Soeben hatten die Professoren und ihre Familien das Abendmahl erhalten. Elise mochte die strenge Etikette nicht, nach der es ausgeteilt wurde. Erst durften der Landgraf und die Angehörigen des Hofes aus dem Kelch trinken, dann die Ratsherren und Professoren und erst nach dem Hofgericht, der Regierung, den Beamten und Offizieren durften die Bürger und Studenten das Abendmahl zu sich nehmen.

„Herr, es tut mir leid“, betete Elise wieder, „aber ich verstehe nicht, warum wir deine Vergebung vor den anderen erhalten sollen. Bist du nicht für uns alle gestorben und auferstanden? Ist es nicht auch eine Sünde, wenn ein Mensch sich über den anderen stellt? Sind wir vor dir nicht alle gleich?“

Sie musste schon zugeben, dass vielleicht auch der Zeitgeist, dieses neumodische Gerede von Freiheit und Brüderlichkeit ihre Glaubensauffassung beeinflusste – aber was, wenn es stimmte? Es erschien ihr so einleuchtend – warum sonst fühlte sie sich oft mehr zu den armen Frauen hingezogen, mit denen sie in ihrer Kindheit gespielt hatte, als zu anderen Professorentöchtern?

„Man nehme nur meine Namensvetterin Elisabeth, Herr – was haben sie und ich gemeinsam?", betete Elise fort. Ach, zurzeit hatte sie ohnehin das Gefühl, gar nicht mehr zu genügen. Bevor Jung-Stilling gekommen war, hatte sie schon genug Schwierigkeiten gehabt, sich in die Gesellschaft einzufügen, und hatte Gott jeden Sonntag dafür um Vergebung gebeten, dass sie es wieder nicht geschafft hatte, ihre Eltern zu ehren.

Doch jetzt, nachdem ihre Gefühlswelt vollends aus dem Ruder gelaufen war, hatte sie nicht einmal mehr Geduld für Personen, deren Lächerlichkeit sie sonst amüsiert zur Kenntnis genommen, sich aber darüber hinaus nicht darum geschert hatte. Elisabeth war so ein Beispiel.

Gerade eben hatte sie sich geräuschvoll wieder in der Bank vor Elise auf ihren Platz gesetzt, was es Elise unmöglich machte, den Altarraum oder Pfarrer Schlarbaum auf der kleinen Kanzel zu sehen. Denn obwohl die ihrer Familie zugewiesenen Plätze sich relativ weit vorne befanden, versperrte ihr Elisabeths hoher Kopfschmuck die Sicht.

Früher hatte Elise die aufgetürmte Haarmauer kaum gestört. Solange sie die Predigt hören konnte, war es ihr nicht wichtig, den Pfarrer zu sehen. In letzter Zeit jedoch wuchs ihr Ärger über die überdimensionalen Hüte und Perücken von Elisabeth immer weiter an.

Schließlich waren es ja nicht nur die Hüte. Die gute Elisabeth benutzte den Gottesdienst, um sich herzuzeigen. Fast jeden Sonntag trug die Professorentochter ein neues, übertrieben buntes Seidenkleid mit feinsten Stickereien und Rüschen, sodass schon getuschelt wurde, wenn sie einmal ein Kleid zweimal trug. Da sie sein einziges Kind war, hatte ihr Vater sie schon früh an diesen Luxus gewöhnt und ihr nicht nur zu jedem Kleid ein paar neue Schuhe, sondern auch einen farblich passenden Fächer gekauft. Ihr heutiger Auftritt aber stellte alles bisher Dagewesene in den Schatten. Über dem ohnehin schon ausladenden Reifrock trug sie noch einen mit zusätzlichen Streben verstärkten Überrock, durch den ihr Hinterteil wie aufgeblasen wirkte. Elise konnte sich nicht vorstellen, wie es möglich war, darauf zu sitzen.

Bei jeder noch so kleinen Bewegung raschelte Elisabeths Kleid, sodass Elise diesmal nicht nur nichts sehen, sondern auch kaum etwas hören konnte. Ihr blieb nichts anderes übrig, als auf die turmhohe Frisur zu blicken und zu beten.

Seufzend schloss sie die Augen. „Herr, warum hast du ausgerechnet dieser Person, die ihrer Kleidung und ihrem Hund weitaus mehr Beachtung schenkt als ihrer Familie, einen Mann und drei Kinder geschenkt, und ich muss mich in den Mann meiner einzigen Freundin verlieben? Großer Gott, ich bitte dich, ich will nicht so empfinden. Bitte nimm mir die Gefühle für diesen Mann. Ich will auch versuchen, ehelos zu leben, wenn es dein Wille ist – aber bitte hilf mir und vergib mir, dass ich ihn so sehr mag."

Still hielt Elise die Augen weiter geschlossen. Denn sobald sie sie wieder öffnen würde, fiele ihr Blick auf ihn, Professor Jung-Stilling.

Bis zu Beginn dieses Jahres hatte ihr diese Tatsache kaum etwas ausgemacht. Aber seit Jung-Stilling im Frühling von seiner Reise zurückgekehrt war, hatte sie versucht, ihm aus dem Weg zu gehen, was sich allerdings jeden Sonntag von neuem als unmöglich herausstellte.

Wie sie diese furchtbaren Gefühle für den Mann ihrer Freundin hatte entwickeln können, wusste sie selbst nicht. Immer und immer wieder hatte sie ihre Begegnungen und Gespräche Revue passieren lassen, um herauszufinden, wann es angefangen hatte. Den ersten Wandel in ihren Gefühlen hatte es sicher gegeben, als Jung-Stilling sie wegen ihres heimlichen Lauschens im Wald nicht bei ihrem Vater verraten hatte. Seitdem hatte sie ihm vertraut und vielleicht sogar gehofft, er wäre einer der wenigen Männer, die Verständnis dafür besaßen, dass auch eine Frau Wissen erwerben wollte. Doch verliebt hatte sie sich damals noch nicht in ihn. Oder etwa doch?

Anfangs hatte sie ihn ja gar nicht gemocht, war sogar enttäuscht gewesen. Doch nach und nach hatte sie ihn besser kennen und schätzen gelernt. Vielleicht hatten die kleinen Streitereien zwischen ihnen dafür gesorgt, dass ihre Begegnungen etwas Aufregendes bekamen, hatte sie sich gedacht. In den ersten Wochen nach Jung-Stillings Rückkehr hatte sie gehofft, wenn sie nicht mehr aneinander gerieten, würde auch das Verliebtheitsgefühl verschwinden. Daher hatte sie sich bemüht, alles Überschwängliche und Aufbrausende zu unterdrücken. Aber es war genau umgekehrt: Mit jedem ernsthaften Gespräch, das sie führten, wurde das Gefühl stärker.

Nicht ganz unschuldig daran waren auch Salomes ständige Geschichten über ihn. Elise war sich nicht ganz sicher: Vielleicht war es auch der Heinrich, von dem Salome erzählte, in den sie sich verliebt hatte, und nicht der alternde Professor? Manchmal schienen sie zwei völlig unterschiedliche Menschen zu sein. Doch kaum war sie davon überzeugt, dass Salome nur Märchen erzählte, war der Professor eben doch genau so, wie Salome ihn schilderte.

Elise sah kurz auf und an Jung-Stilling vorbei zu Salome hinüber. Noch sah man es ihr nicht an, aber Salome hatte ihr berichtet, dass sie wieder ein Kind erwartete. Ihr Gesicht war blass, und Elise merkte, dass ihre Freundin nun noch leichter ermattete als bei der Schwangerschaft mit Karoline.

Wieder schloss Elise die Augen. „Herr, wie soll ich in Zukunft damit umgehen? Am liebsten würde ich den engen Kontakt zu den Jung-Stillings abbrechen, aber Salome ist mir so eine liebe Freundin geworden, und ich kann sie doch nicht ausgerechnet jetzt, wo sie meine Hilfe braucht, im Stich lassen. Ach Herr!“

Elise traten die Tränen in die Augen.

Sie war bisher noch niemals verliebt gewesen und hatte sich auch nie ernsthaft danach gesehnt, verheiratet zu sein. Dabei hatten in ihrer Jugendzeit viele Männer darum gebeten, sie heiraten zu dürfen. Später dann waren die Anfragen zurückgegangen. Die Junggesellen hatten wahrscheinlich anfangs gedacht, sie wäre noch jung und würde sicherlich auch noch äußerlich etwas weiblicher werden, aber dem war nicht so. Das in Verbindung mit ihrem unbeständigen Freiheitsdrang erschwerte es, einen Mann zu finden.

Vielleicht war es auch nur das, versuchte Elise sich zu beruhigen. Sie wünschte sich schlicht ein Gegenüber und übertrug alle

Eigenschaften, die sie sich bei einem Mann ersehnte, auf Jung-Stilling.

Obwohl es Herbst war und die restliche Sommerwärme einer herben Feuchtigkeit gewichen war, roch es in der Kirche nach Schweiß und dem süßlichen Inhalt abgestandener Puderdosen.

Elise fühlte sich plötzlich wie im Gefängnis. Am liebsten hätte sie das alte Gebäude auf dem Felsen schon vor Beendigung des Gottesdienstes verlassen, aber es war unmöglich aufzustehen, ohne von jedermann bemerkt zu werden.

Und die Qual wollte und wollte nicht aufhören. Pfarrer Schlarbaum hatte seine Predigt mit „Geehrte" begonnen, und wie zu erwarten gewesen war, fand er nun kein Ende. Seine Worte vermochten es leider nicht, Elise von ihren Gedanken und Gefühlen abzulenken. Schuld daran war einzig und allein Elisabeth. Sie schien einfach nicht in der Lage zu sein, still zu sitzen, sodass Elise nur einzelne Satzfetzen verstand. Und dann dieser Parfümgestank, der von ihrer wuchtigen Perücke ausging. Elise wurde übel.

Als Pastor Schlarbaum eine halbe Ewigkeit später endlich mit einem Amen den Gottesdienst beendete, verwarf Elise spontan alle Umgangsformen und stürmte auf den Ausgang zu, vorbei an Jung-Stilling, vorbei an der bleichen Salome, vorbei an vielen verwunderten Gesichtern. Sie war kaum draußen angekommen, da musste sie sich auch schon übergeben. Fasziniert schaute ein kleiner Hund, ein Mops, ihr dabei zu, anstatt sehnsüchtig weiter auf sein Frauchen, die verwöhnte Elisabeth, zu warten.

Und während die eine Elisabeth den längst unpopulär gewordenen Lebensstil der französischen Königin Marie Antoinette nachahmte, blickte die andere, die bescheidene Elise, an dem kleinen Baum auf dem Vorplatz hoch. Sie wusste, dass es an der Zeit war, um eine Entscheidung zu treffen. Als sie sah, dass nur noch wenige welke Blätter an den zittrigen Ästen hingen, fasste sie einen Entschluss. Sie würde endlich das längst fällige Gespräch mit ihrem Vater führen und ihn darum bitten, ihr einen Ehemann zu suchen.

„Stellen Sie sich einmal vor, meine liebe Elise, der Junge, von dem ich Ihnen immer erzähle, ist inzwischen herangewachsen und nun halb Kind und halb Mann. Die eine Tageshälfte besucht er die Schule, die andere erlernt er das Handwerk seines Vaters und wird Schneider. Hin- und hergerissen zwischen zwei Welten, entdeckt der heranwachsende Henri das Lernen und Lesen und Leben in Büchern für sich. Auf der anderen Seite lernt er am eigenen Leib die Härte und Anstrengung des Handwerkeralltags kennen, dem sein Vater den Vorrang gibt. Wo ist er also zu Hause?

Es scheint so gut wie sicher, dass er ein ähnliches Leben wie sein Vater führen wird; er wird wohl zeit seines Lebens als Schneider arbeiten. Dennoch sehnt er sich nach einem Leben mit Büchern und wünscht sich inständig, Schulmeister zu werden. Noch lieber würde er zwar Pastor werden, doch das wagt er nicht laut zu sagen. Zu erhaben scheint ihm dieser Posten, zu erhaben schon allein das Amt des Schulmeisters.

Und so bleibt dem Jungen wieder nur das Träumen von einer solchen Zukunft. Doch seine Sehnsucht danach ist so groß, dass er sich zum ersten und einzigen Mal in seinem Leben ein Spiel ausdenkt und andere Kinder mit einbezieht. Wenn niemand zu Hause ist, überwindet er seine Schüchternheit und lädt so viele Kinder ein, wie er auf die Schnelle erreichen kann, und bezieht gemeinsam mit ihnen seine Fantasiewelt.

Von der Großmutter, bei der er und sein Vater zwischenzeitlich wieder leben, stibitzt er sich eine schwarze Schürze und wirft sie sich um, aus Papier fertigt er sich einen weißen Kragen. Dann hockt er sich verkehrt herum auf einen Lehnstuhl und predigt von dort, von seiner ganz eigenen Kanzel aus, den Kindern. Henri macht ihnen ganz nach der Manier des Pastors die Hölle heiß, sodass sie lachen und jauchzen über seine Parodie.

Eines Tages aber, da predigt er tatsächlich das, was ihm auf dem Herzen liegt. Er spricht davon, dass Gott dem Menschen, sollte er ihn hinaussenden, doch auch das nötige Rüstzeug geben würde. Wie aber verhält es sich, wenn man in Büchern lebt und dies liebt und dennoch das nicht leben darf? Wozu hat Gott einen dann berufen? Zum Schneider oder zum Lehrer? Das fragt er die Kinder, und anstatt zu johlen, blicken sie ihn stumm an und denken nach.

Doch bevor eines antworten kann, entdeckt plötzlich der Pastor, der den Großeltern einen Besuch abstatten wollte, das Spiel. Der Junge bekommt es mit der Angst zu tun, weil er denkt, der Pastor werde ihn für sein ungehöriges Verhalten bestrafen, aber dieser fragt nur: ‚Ich glaube, du hast wohl den Pastor im Kopf?'

Henri ist über diese Frage so überrascht, dass er ohne nachzudenken antwortet: ‚Aber ich hab kein Geld zum Studieren.'

‚Dann sollst du nicht Pastor, sondern Schulmeister werden', entgegnet der Geistliche.

Henri denkt einen Augenblick nach und sagt dann in seiner offenherzigen Art: ‚Das will ich gern, Herr Pastor! Aber wenn Gott nun haben will, dass ich Pastor oder ein anderer gelehrter Mann werde, muss ich ihm dann antworten: ‚Nein, lieber Gott. Ich werde Schulmeister, der Herr Pastor will es nicht haben, dass ich was anderes werde?'

Stellen Sie sich vor, meine liebe Freundin, wie es für den Jungen gewesen sein muss zu ahnen und zu hoffen, dass etwas in ihm steckt, das ihm sonst niemand zutraut. Wissen Sie, wie das ist, zwischen zwei Welten zu leben, Elise? Wissen Sie, wie es ist zwischen Hoffen und nicht Hoffen dürfen gefangen zu sein? Zwischen Vorsehung und Entscheidungsfreiheit? Wie ist der Johann Heinrich Jung aus dem Siegerland wohl zu dem Gelehrten Johann Heinrich Jung-Stilling geworden? War es Gottes Vorsehung? Oder war es Henris Entscheidung, diesen Weg zu gehen? Oder gar beides zusammen? Was meinen Sie?"

Heinrich beugte sich nach vorne und rang nach Luft. Der Magenschmerz war plötzlich zurückgekehrt und hielt seinen Oberbauch wie mit einem festen Gürtel umschlungen. Dennoch durfte er sich nichts anmerken lassen. Nicht jetzt.

Er stand hinter dem Katheder im alten Hörsaal der Philippina und hielt einen Vortrag über Vieharzneikunde. Erst im letzten Jahr hatte er sein Lehrbuch von 1785 erneuert und setzte es nun bewusst ein. Vor ihm hatten sich ungewöhnlich viele Studenten eingefunden. In seinen Seminaren waren meist an die zwanzig junge Männer zugegen, heute waren es mehr als doppelt so viele. Sein Vortrag war fächerübergreifend ausgerichtet und sowohl für Medizinstudenten als auch für Studenten der Wirtschaftswissenschaften von Interesse.

Freilich, ihm war bewusst gewesen, dass die Mediziner sich vermutlich vorranging für die behandelten Krankheiten interessieren würden und die Wirtschaftswissenschaftler für die Futterordnung. Er hatte damit gerechnet, dass der eine oder andere vorzeitig die Vorlesung verlassen würde, wenn das Thema in eine Richtung ging, das ihn weniger betraf, aber dass es eine Auseinandersetzung dieser Art geben würde, hatte er nicht gedacht.

Wieder einmal war es dieser vorlaute junge Student aus Frankfurt gewesen, der ihn unterbrochen hatte. Er war ihm schon bei mehreren Gelegenheiten aufgefallen. Etwa bei dem Ausflug vor mehr als einem Jahr, als sie die gute Elise in einem Strauch entdeckt hatten. Heinrich musste bei der Erinnerung an diese seltsame Begebenheit schmunzeln. Er verstand es immer noch nicht: Was hatte sie dort eigentlich gesucht? Warum hatte sie sich versteckt? Und dann dieses seltsame Gespräch zwischen ihnen beiden mit den merkwürdigen Anspielungen. Oder was hatte sie mit dem Tannenzapfen gemeint? Sie konnte doch unmöglich wissen, dass er in seiner Kindheit gerne damit wie mit einem Ball gespielt hatte. Doch was dachte er an Elise – es war dieser Student, der ihn störte. Anfangs hatte er ihn, vielleicht auch, weil er aus Frankfurt kam, an seinen Freund Goethe erinnert, und er hatte mit seiner kritischen Art sympathisiert. Mittlerweile wurde das Lehren durch seine permanenten Zwischenrufe aber sehr anstrengend.

„… und an der Komplexität dieser Geschöpfe erkennen Sie nebenbei bemerkt auch die Schöpferkraft Gottes“, hatte Heinrich gesagt und damit seinen Vortrag beenden wollen, als der junge Bursche ihm ins Wort fiel.

„Mich dünkt, Sie haben unrecht", warf der junge Frankfurter ein, der auch dadurch auffiel, dass er statt Kniehosen und Seidenstrümpfen einfache, lange Hosen trug.

Heinrich lächelte ihn herausfordernd an. „So? Was meint mein aufgeweckter, junger Freund denn, wo ich mich im Unrecht befinde?"

„Es geht mir gar nicht um das Vieh an sich. Sie könnten auch recht haben mit Ihrer Aussage, aber eben dies scheint mir eher eine Glaubens- als eine Wissenssache zu sein. Und da wir uns hier nicht in einer Vorlesung der Theologie befinden, halte ich es doch für wichtig, zwischen Glauben und Wissen zu unterscheiden", erklärte der junge Mann selbstsicher.

Heinrich wusste gar nicht recht, worauf der Student anspielte, und legte die Stirn in Falten. „Wenn Sie also meinen, dass die Viehkunde eine Wissenssache ist, so gebe ich Ihnen recht, mein Herr. Aber sagen Sie mir, wo habe ich denn nun Ihrer Meinung nach unrecht?"

Der junge Mann verschränkte die Arme hinter dem Rücken und antwortete: „Sie haben damit unrecht, dass wir an der komplexen Anatomie und den Ernährungsgewohnheiten der Tiere die Schöpferkraft Gottes erkennen. Das mag man glauben, aber bewiesen ist es nicht. Wir glauben, dass das Vieh von Gott gemacht wurde, weil unser Verstand uns – vielleicht noch – nicht erklären kann, woher das Vieh gekommen ist."

Heinrich seufzte. Daher wehte also der Wind. Der junge Mann war ein Anhänger der Aufklärung. Mit dieser Erkenntnis kehrte schlagartig der Magenschmerz zurück.

Er holte tief Luft, um den Schmerz in irgendeiner Weise zu betäuben und erklärte: „Das ist ein interessanter Gedanke, mein Herr, aber der Vortrag ist hiermit beendet. Und da Sie sonst nie Einwände haben, wenn ich meine Ausführungen mit persönlichen Beobachtungen würze, mögen Sie doch bitte auch in diesem Fall meine Überzeugung von Gottes Schöpferkraft tolerieren, so wie ich es toleriere, dass Sie hier Ihre eigene Auffassung vortragen."

Fahrig tastete Heinrich nach der Spitzenkrause an seinem Hals und zog sie ein wenig von seinem Körper weg, damit er besser Luft bekam. Ohne den aufmüpfigen Studenten weiter zu beachten, drehte er sich dann um und sammelte seine Unterlagen zusammen. Wenn der junge Frankfurter gesehen hätte, dass er Immanuel Kants „Kritik der reinen Vernunft“ unter dem Rednerpult liegen hatte, er wäre mit Sicherheit erstaunt gewesen oder hätte sich womöglich sogar bestätigt geglaubt.

Die Diskussion über die geistige Kluft zwischen Frömmigkeit und rationalistischem Denken war Heinrich so vertraut wie ein altes Hemd. Seit über zwanzig Jahren versuchte er, beides miteinander in Einklang zu bringen. Manchmal glaubte er, dass einzig diese nicht zu leugnende Diskrepanz Ursprung seines Magenübels war. Immerhin hatte die Aussage des jungen Burschen sofort ein Magenziehen bei ihm ausgelöst.

Doch was sollte er tun? Als er in dem Alter des Frankfurter Studenten war, war während seines eigenen Studiums in Straßburg zusätzlich zu seinem schlichten Kindheitsglauben auch seine Überzeugung von der Vernunftbegabtheit des Menschen zu einem Teil seines Wesens geworden.

Eine Zeit lang hatte er versucht, sich davon zu überzeugen, dass es einen Mittelweg geben musste. Dass beide Überzeugungen einander ergänzten. Vielleicht war es hilfreich, dass der Verstand die allzu oft leichtgläubigen Überzeugungen der Christenheit hinterfragte und dass der Glauben auf der anderen Seite die Dinge erklärte, die nicht mit dem Verstand zu erfassen waren.

Doch er war sich nicht sicher. War die Aufklärung nun ein Angriff auf die Autorität Gottes, oder war die Frömmigkeit ein Angriff auf die von Gott gegebene Vernunft? Immer wieder trieben ihn diese Grübeleien an den Rand der Verzweiflung. In einem Brief war ihm vor kurzem das Werk des Philosophen Kant empfohlen worden, mit dessen Lektüre er nun begonnen hatte. Doch bisher hatte dies ihn in seinen Überlegungen nicht weitergebracht.

Heinrich hatte sich in der Zwischenzeit auf den Heimweg gemacht. Er lief den Hirschberg hinauf, am prächtigen Rathaus vorbei und gelangte nun auf den Marktplatz. Der kurze Weg war heute ungewöhnlich beschwerlich, da der andauernde Herbstregen die Gassen rutschig und gefährlich machte. Doch weder dieser Umstand noch die Tatsache, dass ihn Passanten immer wieder freundlich grüßten, konnte Heinrich von seinen Grübeleien ablenken. Ein paar Schritte weiter, kurz bevor er links in die Barfüßerstraße einbiegen konnte, hielt er allerdings abrupt inne.

Auf dem Obermarkt, unweit des Marktbrunnens, stand Elise.

Seltsam. Auch wenn sie nicht mit mir spricht, so ist sie doch in der Lage, mich durch ihre bloße Anwesenheit meinen quälenden Gedanken zu entreißen, dachte Heinrich erstaunt und blieb unentschlossen stehen. Sollte er sie ansprechen?

In den letzten Wochen und Monaten schien sie ständig auf der Flucht zu sein. Immer wenn sie sich trafen, musste sie gleich weiter und wirkte verhuscht und nervös. Ihr wildes und lebendiges Wesen war unter einer dicken Schicht Unsicherheit und Traurigkeit verschwunden. Was war bloß mit ihr geschehen?

Und was machte sie hier, bei diesem Wetter? Vom Landgrafenschloss zog vom Wind angepeitscht eine dichte, dunkle Wolkenmasse heran. Sicherlich würde es bald wieder anfangen zu regnen. Ob er ihr seine Begleitung anbieten und sie schnell nach Hause bringen sollte? Doch Heinrich wusste nicht recht, ob seine freundliche Geste willkommen wäre. Er fühlte sich gehemmt.

Nicht nur Elises Verhalten, sondern auch ihr Äußeres hatte sich grundlegend verändert. Sie war jetzt immer standesgemäß gekleidet; man sah sie kaum noch in den einfachen, gerafften Baumwollkleidern, die sie sonst so gern getragen hatte. Heute zum Beispiel trug sie einen hellblauen Seidenrock, der über dem Reifrock breit hinabfiel, und darüber eine Jacke in derselben Farbe mit Schnürungen im Rücken und Rüschen am Ausschnitt. Ihren Hals schmückte ein kostbares Tuch, die langen Haare waren unter einer modernen Perücke verborgen, die natürliche Rötung der Haut überpudert. Fast schien es, als wäre auch ihr Mienenspiel unter dem porzellanartigen Weiß verschwunden. Heinrich sah sie kaum noch lächeln. Einzig ihre wachen Augen verrieten, dass noch ein Geist in ihrem Körper steckte und sie keine Puppe war.

Heinrich verspürte den Drang, Elise in den Arm zu nehmen und zu beschützen oder noch besser: sie zu schütteln bis das Kindliche, das Ungestüme, das Natürliche wieder zum Vorschein kam.

Entschlossen löste er sich aus seiner Starre, grüßte im Vorbeigehen noch einen Bekannten und schritt auf den Marktbrunnen zu, um Elise ganz direkt auf ihre merkwürdige Wesensänderung anzusprechen – doch bis er am Obermarkt ankam, war sie schon wieder verschwunden. Und während Heinrich überlegte, was der Grund für ihre Veränderung sein könnte, bemerkte er gar nicht, dass es zu regnen begann. Dicke Tropfen fielen aus dem aufgerissenen Himmel hinab auf die Stadt, und der Marktplatz war mit einem Mal menschenleer. Nur Heinrich stand noch vor dem Marktbrunnen und stellte fest, dass ihn sein Magendrücken wieder elendig in den Klauen hielt, während sich seine Kleidung mit Wasser vollsog.

2. Teil

1789

„Wer seine Frau liebt, der liebt sich selbst.“
Epheser 5,28

8

„Merkwürdige Veränderungen in meinem ganzen System durch das Studium der kantischen Philosophie. Wohltätiger Einfluss in meinem inneren und äußeren Wirkungskreis“, beendete Heinrich den Eintrag in sein Notizbuch und stand vergnügt von seinem Schreibpult auf, um sich für einen Ausflug auszustaffieren. In letzter Zeit legte er wieder vermehrt Wert auf sein Aussehen. Auch wenn er wie üblich einen seiner grauen Fracks trug, so wollte er doch prüfen, ob die Knöpfe glänzten und sein Haar richtig saß. Der Blick in den Spiegel verriet ihm zudem, dass die Sorgenfalten zwischen seinen Augenbrauen nicht mehr so tief waren. Ja, er war wahrhaftig ein anderer geworden.

Im Hausflur griff er nach seiner Pfeife und seinem Spazierstock. Sein Freund Coing hatte zu einem Herrentreffen eingeladen. Gemeinsam mit Professor Baldinger und Pastor Schlarbaum wollten sie einen Ausflug in die nähere Umgebung machen und den eingezogenen Frühling begrüßen.

Kurze Zeit später waren die vier Männer auch schon aus den engen Gassen hinausgewandert und in der Neustadt unterwegs. Schweigend gingen sie nebeneinander her und betrachteten die erwachende Natur. In den Bäumen der Allee, die zum Elisabethtor hinausführte, flogen aufgeregte Amseln und Bachstelzen umher und sammelten allerlei filigranes Geäst und Moos, um die Nester für ihre Küken auszupolstern.

Auch Baldinger schien das Treiben der Vögel beobachtet zu haben. „Nicht mehr lange und auch bei Ihnen steht Nachwuchs ins Haus, mein lieber Freund“, brummte er in seinem tiefen Bariton zu Jung-Stilling hinüber, der neben ihm herlief.

„Ja, Karoline und Lisette freuen sich schon sehr auf ihr neues Geschwisterchen“, antwortete Heinrich frohen Mutes.

„Das freut mich aber, dass Sie der Geburt diesmal nicht mit so viel Furcht entgegensehen wie das letzte Mal“, meinte Pfarrer Schlarbaum und warf Heinrich aus seinen kleinen, aber immer wachen Augen einen wohlwollenden Blick zu. „In der Welt habt ihr Angst; aber seid getrost, ich habe die Welt überwunden!, sagt Jesus Christus."

„Da haben Sie recht, mein lieber Freund." Heinrich lächelte still in sich hinein und ergriff freundlich die Hand des Pfarrers, um sie bestätigend zu drücken.

Den eigentlichen Grund für die Veränderung seines Gemütszustandes wollte er aber heute und hier nicht preisgeben. Zwar hatte er sich in den letzten Wochen und Monaten einzeln mit jedem der Männer über den Glauben und die Gedanken der Aufklärung ausgetauscht, aber jeder seiner Freunde hatte eine andere Auffassung dazu. Jetzt wollte er nicht unnötig eine Diskussion provozieren, indem er ihnen von seiner neuen Erkenntnis berichtete, die seiner Seele nach über zwanzig Jahren endlich Ruhe verschafft hatte.

Den ganzen Winter über hatte er immer wieder Kants Schriften studiert und eines Tages plötzlich eine Eingebung gehabt. Kant beschrieb unter anderem, dass die Fähigkeit zur Erkenntnis auf die sichtbare Welt, die den Regeln von Raum und Zeit unterworfen ist, beschränkt sei – und genau das sortierte Heinrichs Gedanken neu. All die Jahre hatte er versucht, Glaube und Erkenntnis miteinander zu verbinden, jetzt aber war ihm klar geworden, dass beide sich auf verschiedene Bereiche konzentrierten. Der Verstand erklärte einem das irdische Leben, der Glaube aber konzentrierte sich auf die Wahrheiten jenseits der Welt.

Es mochte sein, dass er in einigen Jahren wieder anders darüber dachte, aber hier und jetzt, eben gefangen in diesem Raum und in dieser Zeit, war das Spannungsverhältnis, in dem er sich ständig befunden hatte, aufgehoben. Das rationale Denken und der Glaube konnten nicht gemeinsam existieren, aber nebeneinander. Die Logik erklärte alles bis zum Tod und der Glaube alles darüber hinaus.

Begeistert hatte Heinrich vor einigen Wochen dem großen Philosophen Immanuel Kant einen Brief geschickt. „Ich las also nun die Kritik der reinen und dann noch der praktischen Vernunft und nach mehrmaliger Wiederholung verstehe ich alles und finde nur

Wahrheit“ hatte er gegen Ende auf den Papierbogen geschrieben. Und so war es auch.

Er hatte kaum mit einer Antwort Kants gerechnet, doch ausgerechnet heute war ihm ein Brief überbracht worden. Heinrich konnte es immer noch nicht richtig fassen. Ihm war bei der Lektüre von Kants Werk selbstverständlich bewusst gewesen, dass dieser sich nicht direkt mit dem Glauben auseinandersetzte, sondern dass es ihm hauptsächlich darum ging, die Grenzen des menschlichen Denkens aufzuzeigen. Doch genau diese Grenzen waren für Heinrich erst der Anfang des Glaubens. Umso erstaunter war er gewesen, als er vor wenigen Stunden in Kants Antwortbrief gelesen hatte: „Sie tun wohl darin, dass Sie Ihre einzige Beruhigung im Evangelium suchen, denn es ist eine unversiegbare Quelle aller Wahrheiten, die – wenn die Vernunft ihr ganzes Feld ausgemessen hat – nirgends anders zu finden ist.“

Es war wirklich so, wie sein Freund Schlarbaum gesagt hatte. Jesus Christus hatte durch seinen Tod und seine Auferstehung die Angst in der Welt besiegt, er hatte die Grenzen zwischen Dies- und Jenseits gesprengt, er war das Fundament von Heinrichs Glauben, nach wie vor. Denn wie war es sonst zu erklären, dass sich so vieles mit dem Verstand erfassen ließ – wie zum Beispiel Gebetserhörungen und andere kleine Wunder, wie er sie selbst schon erlebt hatte – was weder durch physikalische noch andere naturwissenschaftliche Gesetze erklärt werden konnte?

„Dem Herrn sei gedankt für das Leben“, sagte nun auch der werte Professor Coing und schritt als Erster durch das Elisabethtor hindurch. Der groß gewachsene, dünne Mann erinnerte Heinrich bisweilen in der Art, wie er sich ausdrückte und bewegte an dessen Tochter Elise.

In den Gärten hatte jemand niederländische Blumenzwiebeln gepflanzt, sodass nun der süßliche Duft von Narzissen die Luft durchzog. Heinrich atmete den kostbaren Geruch ein und versuchte, ihn möglichst tief in sich aufzunehmen.

„Erlaubt mir aber eine Anmerkung“, brummte Baldinger und zwirbelte grüblerisch sein Barthaar zwischen den Fingern. „Wenn

Sie Hilfe bei der Entbindung benötigen, lassen Sie mich unverzüglich rufen. Ihre Frau Gemahlin hat diesmal doch schwer an dem Kinde zu tragen."

Baldiger, der alte Schwarzmaler, dachte Heinrich. Ja, der Arzt hatte seine Frau verloren und war deshalb oft launisch und zynisch und hatte seine Anwandlungen von Exzentrik, aber das musste ja nun nicht gleich bedeuten, dass auch seine Salome sterben würde.

Er wollte sich einfach nicht mehr von dieser Art von Gedanken Bange machen lassen. Heinrich ahnte ohnehin, dass er seiner nachdenklichen Natur oft und früh genug wieder zum Opfer fallen würde – doch jetzt, an diesem wundervollen Frühlingstag, würde er sich durch nichts davon abbringen lassen, sich an dem Vogelgezwitscher, der lauen Brise und dem strahlendblauen Himmel, der wie ein Tuch über ihren Köpfen gespannt war, zu erfreuen.

„Das werde ich bestimmt tun, sofern dieser Fall eintritt. Vielen Dank für Ihre Hilfe, mein lieber Freund", sagte Heinrich also schlicht.

„Sie können auf uns bauen", versicherte nun auch Professor Coing. „Gerne schicken wir auch wieder unsere Elise zu Ihnen, damit sie Ihrer Salome wie schon bei der letzten Geburt zur Seite steht." Er warf Heinrich einen kurzen, abschätzenden Blick zu. „Denn auch ich muss gestehen, dass ich mich um Ihre Frau sorge."

„Sie hat kaum Farbe bekommen jetzt in der Frühlingszeit, und ihr Bauch fühlte sich bei der letzten Untersuchung hart und unbeweglich an", murmelte Baldinger.

Mittlerweile hatten sie die Stadt hinter sich gelassen und waren auf einer Wiese voller wilder Blumen angekommen. Am meisten hatte sich jedoch der Löwenzahn verbreitet, der die Ebene durch seine vielen gelben Blüten wie ein Sternenmeer erscheinen ließ.

Heinrich blieb unter den weiß-rosa Blüten wilder Sauerkirschbäume stehen und stopfte gelassen seine Pfeife. „Meine Freunde, ich bin gerührt über Ihre Anteilnahme. Aber wo Sie gerade davon sprachen, wie geht es denn Ihrer Tochter Elise? Ich habe sie des längeren nicht zu Gesicht bekommen", erkundigte sich Heinrich interessiert.

Die Männer hatten ihr Ziel erreicht. Pfarrer Schlarbaum hob einige Äste von der Kegelbahn und holte den Korb mit den Kegeln und Kugeln hervor, während Baldinger bellend lachte: „Dafür bekommt sie jetzt umso häufiger ganz Marburg zu Gesicht – und in welch einem Aufzug!“

Vater Coing blickte Baldinger fest an. „Es ist zu ihrem eigenen Besten. Wie Sie wissen, ist Elise nicht mehr so jung wie Amalie oder Marie – und mit jedem Jahr, das verstreicht, schwindet die Möglichkeit, sie noch in den Ehestand zu bringen, ein wenig mehr.“

„Darum also“, feixte Baldinger ungerührt weiter. „Deshalb hält sie sich so oft aufs Beste herausgeputzt auf dem Marktplatz auf. Ihr wollt sie an den meistbietenden Käufer verhökern!“

Pfarrer Schlarbaum hatte bereits die Kegel in die richtige Position gebracht und baute sich jetzt vor dem dicken Baldinger auf. „Geehrter Freund, nun gehen Sie aber zu weit. Ich weiß sehr wohl, dass mein Nebenmann der Theologie ein feiner Mensch ist, der seine Kinder sehr liebt und nur versucht, seiner Tochter eine möglichst gute Zukunft zu verschaffen. Also lassen Sie uns beten, dass Gott ihr einen passenden Ehemann zur Seite stellt. Außerdem …“, wollte der kleine, runde Pfarrer seine feurige Rede weiterführen, als Heinrich ihn unterbrach:

„Aber ist es denn auch Elises Wunsch, sich derart zu verändern?“, fragte er fast entrüstet.

Die drei Männer sahen ihn überrascht an. „Wie meinen Sie das, lieber Freund?“, fragte Professor Coing.

Heinrich überlegte, wie er sich am besten ausdrücken sollte, und hob eine der Kugeln auf. Sie sah schwer aus, doch sie war ganz leicht und passte genau in seine Hand.

„Nun, mir scheint, dass Ihre Tochter vorher glücklicher war. Will sie denn überhaupt heiraten und sich in die Zwänge einer Ehe begeben? Verstehen Sie mich nicht falsch, die Ehe ist etwas Wunderbares – aber Ihre Tochter, Professor Coing, und verzeihen Sie mir an dieser Stelle meine offenen Worte, schien bis vor wenigen Monaten so gar nicht das typische Weibsbild zu sein. Wird sie denn nicht ihre Freiheit vermissen?“

„Seien Sie doch nicht töricht!", schaltete sich nun Baldinger wieder lautstark ein. „Von welcher Freiheit reden Sie? Was hat die Frau denn für eine Wahl? Entweder sie heiratet oder sie wird irgendwann gnädig in den Hausstand einer verheirateten Schwester aufgenommen – und das nennen Sie Freiheit?", dröhnte er.

Heinrich schleuderte die Kugel mit voller Wucht über die Kegelbahn. „Frauenzimmer haben es nicht leicht, soviel ist sicher. Aber sollte eine Ehe deshalb allein aus praktischen Überlegungen heraus eingegangen werden? Eine Frau sollte einen Mann nicht nur aus Vernunftgründen heiraten müssen, auch das Gefühl muss dabei eine Rolle spielen. Man sollte sich zumindest mögen. Und Elise braucht nun wirklich einen Mann, der sie nicht nur mag, sondern auch ihr Wesen schätzt", erwiderte er, während seine Kugel mit voller Wucht über die Bahn hinausschoss, ohne auch nur einen einzigen Kegel zu berühren, und stumpf im schattigen Gras liegen blieb.

Professor Coing nahm nun ebenfalls eine Kugel in die Hand und warf sie abwägend in die Luft. „Wenn das so einfach wäre, lieber Jung-Stilling. Auch Sie haben Ihre Frau, soweit ich weiß, aus Vernunft geheiratet, und Sie lieben sie dennoch. Warum sollte es Elise nicht auch so ergehen?"

Bei dem Gedanken daran, dass Elise bald einen Ehemann haben und vielleicht sogar Marburg verlassen würde, wurde Heinrich trotz der lauen Frühlingsluft seltsam klamm ums Herz.

„Außerdem", Professor Coing begab sich in Wurfposition, „außerdem hat sie selbst mich darum gebeten, ihr einen Mann zu suchen. Protestieren Sie jetzt nicht, aber wäre es nach mir gegangen, hätte ich sie bei mir behalten, bis ich sterbe, und hätte ihr alles vermacht, auch wenn sie unverheiratet gewesen wäre. Aber Elise hat darauf bestanden. Sie will einen Mann an ihrer Seite", erklärte der Professor und beobachtete, wie seine Kugel fast alle Kegel umwarf. Nur ein Holzkegel blieb verwaist auf der Bahn stehen.

Baldinger stieß, wie es seine Art war, Professor Coing in die Seite und zwinkerte ihm zu. „Na, dann werde ich ja wohl auch bald Ihnen meine Hilfe anbieten dürfen. Sicherlich will Elise schnell ein

Kind, sie wird ja nicht jünger. Möglicherweise ist das auch der Grund, warum sie auf einmal so schnell heiraten will."

Heinrich blickte auf den übrig gebliebenen Kegel und atmete tief ein. Tränen traten ihm in die Augen. Der Magenschmerz war zurückgekehrt, und nichts konnte ihn davon ablenken. Weder seine Pfeife, noch das Kegelspiel, noch der Frühling, noch Kants Brief. Denn auch wenn er seine Glaubenskrise nun scheinbar überwunden hatte – sein Gefühlschaos schien jetzt erst recht in Gang gekommen zu sein.

„Stellen Sie sich einmal vor, meine liebe Elise, der junge Henri wird weder Gelehrter noch Pastor oder Schulmeister, sondern folgt doch seinem Vater in den Schneiderberuf. Wie ergeht es ihm wohl, dem belesenen Jungen, wenn er ständig mit Stoffen beschäftigt ist und keine Zeit hat, in seine geliebten Bücher zu schauen?

Zunächst findet der junge Henri eine Anstellung als Schneidergeselle in Solingen im Rheinland. Dort ergeht es ihm recht gut – die Leute mögen ihn; er ist unterhaltsam, weil er ein komisches Kauderwelsch aus Lateinisch und Deutsch spricht, und so kommt es, dass viele Kunden nur deshalb ein Kleidungsstück bei seinem Lehrmeister bestellen, um einmal diesen kuriosen Burschen zu sehen, der weder gelehrt noch dümmlich scheint.

An diesem Ort also ist Henri willkommen. Er wird respektiert, und so kommt es, dass er sein Handwerk in dieser ersten Zeit weder verflucht noch sich nach einem anderen Beruf sehnt. Für eine kurze Zeit lang ruht er in sich selbst – und das, obwohl es um ihn herum keine Natur gibt, die seine Seele hätte berühren können.

Eines Tages geht er wie so oft den Weg durch die Stadt zu seinem Meister und blickt zwischen den Dächern in den Himmel, wo nichts weiter zu sehen ist als vereinzelte Wolken. Er will den Blick gerade abwenden, als er plötzlich nahe über seinem Kopf eine durchsichtige Wolke sieht, so etwas wie einen Hauch. Und mit einem Mal wird Henri ganz warm ums Herz, ganz wohlig, wie noch nie zuvor in seinem Leben. Es ist, als verstünde er für einen winzigen Augenblick alle Geheimnisse der Welt und als wäre er einen Moment lang zu Hause, wahrlich zu Hause, im Schoße seines Vaters, dem Schöpfer der Welt.

Er spürt die Liebe Gottes so stark, dass er sich zwingen muss, nicht mitten auf der Straße niederzusinken. Mit seiner Seele zittert auch sein ganzer Körper, und er weiß: Er will dieses Geschenk, die Liebe Gottes, nicht für sich behalten. Er will sie weiterreichen, will notfalls sein eigenes Leben dafür hingeben, will seine Mitmenschen ebenso zu lieben versuchen, wie er sich in diesem Moment geliebt fühlt.

Wer so etwas noch nicht erlebt hat, Elise, der kann diese Erfahrung schlecht nachvollziehen, und es ist wohl auch so, dass Gott sich jedem so offenbart, wie er es eben braucht. Henri jedenfalls spricht Gott genau dort auf der Straße an, mitten im Leben.

Henri nimmt dieses Geschenk an und schließt mit Gott einen Bund. Auch wenn er sich wünscht, ab sofort nur noch ihm zu dienen, so gibt er doch seine Wünsche und Pläne an Gott ab und stellt sich unter seine Führung – was immer der Herr auch mit ihm vorhaben sollte, und wenn er bis an sein Lebensende hier in dieser Stadt bleiben und anderen Leuten die Kleider an den Leib schneidern sollte, er will es tun, sofern es Gottes Wille ist.

Dieser Moment währte nur einen Augenaufschlag lang, aber danach ist der junge Henri spürbar verändert. Er erzählt niemandem von diesem Erlebnis, spricht aber fortan kein Kauderwelsch mehr, um seine Mitmenschen zu beeindrucken. Er sucht das Natürliche, das Sanfte, das Ehrliche, das Bescheidene – und das tut er bis heute, auch wenn er nun doch ein Gelehrter geworden ist, der die Menschen zwar nicht mit Kleidern, aber dafür mit Wissen versorgt.

Und Sie, Elise? Wie wollen Sie es damit halten? Was meinen Sie, was Gottes Wille für Ihr Leben ist?"

Elise wickelte noch ein zusätzliches Band um ihre hochgesteckten Haare, damit sie ihr aus der Stirn waren, während die Magd und der Knecht den Badezuber in Salomes Zimmer stellten und ihn mit heißem Wasser füllten. Als die Wanne halb voll war und die Bediensteten sich zurückgezogen hatten, entkleidete sich Elise bis auf ihr Korsett und das Unterkleid, damit sie Salome besser dabei helfen konnte, sich in die Wanne zu setzen.

Salomes Nachtkleid spannte über ihrem kugelrunden Bauch, es waren nur noch wenige Wochen, wenn nicht gar Tage bis zur Niederkunft, und es ging ihr gar nicht gut. Die Ärmste hatte Wasserablagerungen in Beinen und Armen und auch ihr Gesicht war aufgedunsen und ihre Haut trocken und matt.

Jetzt kam es Elise zugute, dass sie größer war als ihre Freundin. Beherzt griff sie ihr von hinten unter die Arme und half ihr über den Wannenrand, um sie in das warme Nass hinuntergleiten zu lassen. Elise hatte sich ihrer Kleidung wohlweislich entledigt; auch sie war reichlich nass geworden.

Schweißperlen bildeten sich auf Salomes Stirn, während sie wieder eine Geschichte aus dem Leben ihres Mannes erzählte. Mittlerweile hatte Salome, die chronologisch vorging, seine Kindheit hinter sich gelassen und berichtete von Jung-Stillings Wanderjahren, bevor er zu studieren begann.

Elise ging neben der Wanne in die Hocke und träufelte mit einem Schwamm Wasser über Salomes Hals und Bauch. Letzterer wölbte sich wie ein gigantischer Berg aus den Fluten hervor, der Bauchnabel war unter dem nassen Stoff des Nachtkleides deutlich zu sehen. Wie es sich wohl anfühlte, wenn man plötzlich so viel Gewicht mit sich herumtrug?

Dies war nun schon Salomes zweite Schwangerschaft, die Elise begleitete, aber diesmal war es weitaus schwieriger für sie. Während sie sich bei Karoline beständig mit Salome über den wachsenden Bauch und das in ihr heranreifende Leben gefreut hatte, waren diesmal mit dem Umfang von Salome auch ihr Kummer und ihr Neid gewachsen.

Wie viele gleichaltrige Frauen hatte sie schon schwanger und kurz darauf mit ihren Kindern im Arm gesehen? Wie viele kleine Geschöpfe hatte sie heranwachsen sehen, mit wie vielen hatte sie gespielt und ihnen bei ihren ersten Schritten in ein eigenständiges Leben geholfen? Immer war sie die Freundin, Tante, Begleitung. Nie war eines der Kinder ihr Eigenes.

Allem Anschein nach war es ihr nicht bestimmt, selbst Mutter zu werden. Nie würde sich ihre Bauchdecke derart unter der Last eines neuen Lebens wölben. Nie würde sie ein Kind an ihre Brust legen, nie würde ein Kind zu ihr Mama sagen.

Stattdessen musste sie sich ständig Salomes Erzählungen über Jung-Stilling anhören, obwohl sie doch gerade von ihm nichts mehr hören und sehen wollte. Elise tat zwar aus Höflichkeit immer so, als würde sie zuhören, in Wirklichkeit aber verschloss sie ihre Ohren von innen und versuchte nicht zu denken, nicht zu fühlen, nicht da zu sein.

„Sie sind mir nicht nur eine Freundin, Sie sind mir auch eine Schwester, Elise. Ich danke Ihnen, dass Sie mir in all der Zeit immer zur Seite gestanden haben", unterbrach nun Salome Elises Gedanken und griff nach ihrer Hand. „Nun wird es Zeit, dass auch ich Ihnen zur Seite stehe. Ich sehe doch, dass Sie seit Monaten etwas bedrückt. Sagen Sie es mir."

Elise sah Salome in die Augen. Tiefe, dunkle Ringe hatten sich darunter eingegraben, ihre Lippen waren spröde, ihr Haar glanzlos. Sie konnte es ihr nicht sagen.

„Meine liebe Freundin, das ist sehr liebenswürdig von Ihnen. Aber Sie wissen doch, dass meine Familie und ich seit längerer Zeit versuchen, einen Ehemann für mich zu finden. Doch wie es aussieht, ist es zwecklos", erklärte Elise, ohne Salome anzusehen. Es war keine Lüge, immerhin war auch das etwas, das ihr Sorgen bereitete.

„Ich weiß. Doch ist es nicht segensreich, dass Ihre Eltern Sie nicht an die Männer vergeben hat, bei denen sie gespürt hat, dass Sie sie nicht mögen – auch wenn Sie sich damit finanziell gut gestellt hätten?", fragte Salome mit ihrer feinen, melodischen Stimme.

Elise versuchte zu lächeln. „Das ist wahr. Ich bin Gott für meine Eltern sehr dankbar. Auf der anderen Seite aber ist es ja nicht so, dass unter den Herren, die ich kennengelernt habe, nicht auch welche gewesen wären, die mir gefallen hätten – bloß waren diese meist mittellos und hätten mich nicht ernähren können, selbst wenn ich eine gute Haushälterin gewesen wäre."

„Und das sind Sie ja jetzt schon", wandte Salome ein. „Nein, Elise, ich bete dafür, dass Sie ebenso wie ich einen Mann bekommen, den Gott in seiner Fügung für Sie vorgesehen hat. Ich zum Beispiel sehe mich wahrlich als ein Werkzeug im Leben meines Mannes."

Elise blickte auf Salomes gespannte Bauchdecke und dachte nach. *Ein Werkzeug? Sollte eine Frau nicht mehr sein als ein bloßes Werkzeug?*

„Sie sagen ja gar nichts", bemerkte Salome.

„Ich war in Gedanken", murmelte Elise und sah Salome mit einem gezwungenen Lächeln an.

Diese schob sich angestrengt in der Wanne ein wenig höher, um Elise besser sehen zu können. Das heiße Wasser hatte das Zimmer mittlerweile mit Dampf gefüllt, und aus dem Zuber stiegen weiterhin Schwaden empor.

„Elise, Sie können mir nichts vormachen. Da ist doch noch mehr", setzte Salome ihr ungewohnt offensiv zu, um gleich darauf in einem bittenden Ton anzufügen: „Vertrauen Sie sich mir an – Sie werden doch einer armen Schwangeren so kurz vor der Entbindung keinen Wunsch abschlagen."

Elise sah auf die Wasseroberfläche, die Salomes Nachtkleid so sanft wiegte wie die Blüten einer Seerose. Der Wasserdunst und die wenigen Talglichter verliehen dem Zimmer ein unwirkliches Ambiente, sodass Elise sich einigermaßen sicher fühlte und leise andeutete: „Es gibt da einen Mann, Salome. Aber dieser Mann ist verheiratet."

Ebenso leise fragte Salome: „Und was empfinden Sie für diesen Mann?"

Elise überlegte. „Zuerst dachte ich, ich mag ihn nicht. Dann merkte ich, dass ich Respekt vor ihm habe. Dann dachte ich, es ist eine bloße Schwärmerei. Aber jetzt weiß ich: Ich habe mich in ihn verliebt."

„Und er? Liebt er Sie auch?"

„Ach Salome, nein, das tut er sicher nicht", beeilte sich Elise zu versichern. „Aber ich fühle mich trotzdem schuldig, weil er verheiratet ist und ich meine Gefühle für ihn dennoch einfach nicht töten kann, selbst wenn ich ihn so gut wie nie sehe." Nun sprudelte es doch aus Elise heraus, direkt in den Wasserdampf hinein. „Die ganze Zeit bitte ich Gott, mir diese Gefühle zu nehmen, denn ich will sie wirklich nicht haben, und sie tun mir weh. Aber Gott nimmt sie mir nicht und gibt mir auch keinen anderen Mann, und das wiederum bringt auch mein Glaubensleben zum Wanken. Ich frage mich, ob Gott mich überhaupt hört, ob Gebete überhaupt einen Sinn haben und letztendlich auch, ob es Gott überhaupt gibt. Stellen Sie sich das vor, Salome! Ich, die Tochter eines Theologieprofessors, zweifele an Gott!" Elise rannen leise die Tränen die Wangen herunter und vermischten sich mit dem Badewasser, das in der Zwischenzeit merklich abgekühlt war.

„Aber was rede ich da. Verzeihen Sie bitte meinen Gefühlsausbruch, Salome. Sie sollten das Bad jetzt verlassen, das Wasser ist eindeutig zu kalt", sagte Elise entschlossen, wischte sich mit dem Handrücken die Tränen von den Wangen, stand auf und half Salome aus dem Wasser.

Salome wickelte sich in ein großes, am Ofen erwärmtes Tuch und trocknete sich ab. „Wissen Sie, Elise, es gäbe da noch eine weitere Möglichkeit", sagte sie, während sie mit einem zweiten Tuch ihr dunkles Haar trocknete. „Es könnte doch auch sein, dass Sie deshalb keinen anderen Mann bekommen und gleichzeitig die Gefühle für diesen einen Mann bestehen bleiben, weil genau er von Gott für Sie vorgesehen ist."

Elise sah ihre Freundin fassungslos an. „Salome, er ist verheiratet!"

Salome zuckte nur mit den Schultern und trocknete weiter ihre Haare. „Vertrauen Sie einfach darauf, dass Gott es gut machen wird. Gegen Gefühle gibt es kein Rezept, und Gott weiß, warum er manche Dinge zulässt und andere nicht geschehen", sagte sie, als wäre das ganz selbstverständlich.

Doch dann wich plötzlich all die neu gewonnene Farbe aus ihrem Gesicht, ihre Augen weiteten sich und ihr Körper begann zu schwanken. Schnell sprang Elise zu ihrer Freundin und half ihr, sich auf ihr Bett zu setzen.

„Salome, legen Sie sich hin, das schnelle Aufstehen hat Ihnen das Blut aus dem Kopf gezogen", sagte Elise geschäftig, während sie die Waden der Schwangeren ergriff und auf ein zweites Kissen bettete, wie sie es in den Spitälern gesehen hatte.

Salome schloss die Augen und flüsterte kaum hörbar: „Ich werde jetzt wohl ein wenig schlafen. Aber, meine liebe Elise, denken Sie daran, Sie sind ein Werkzeug Gottes."

Leise entfernte sich Elise von Salomes Bett und öffnete die Fenster zum Hinterhof, um frische Luft in den Raum zu lassen. Dort unten saß Jung-Stilling inmitten von Gänseblümchen auf einer Bank und zog mit geschlossenen Augen genüsslich an seiner Pfeife.

„He!", rief Elise so leise es ging zu ihm hinunter, „jetzt kommen Sie doch endlich einmal herauf und kümmern sich um Ihre schwangere Frau. Sie schläft jetzt, aber sie freut sich gewiss, wenn sie beim Erwachen in Ihre Augen sehen darf," sagte Elise brummig, nachdem Jung-Stilling sich ihr zugewandt hatte.

Energisch stieß sie sich von der Fensterbank ab und sammelte die nassen Tücher ein. Der Zauber des Nebels war jäh verflogen und mit ihm, so schien es, auch Elises Verliebtheit. Die Luft von draußen hatte sie ernüchtert. Wie hatte sie glauben können, solch einen Mann zu lieben? Dessen Frau sich als sein bloßes Hilfsmittel sah? Nein, nie und nimmer würde sie sich als ein Werkzeug betrachten oder auf ein solches reduzieren lassen. Sie konnte sich kaum vorstellen, dass das Gottes Plan für ihr Leben war. Warum hätte Gott ihr sonst solch einen Willen und Wissensdurst gegeben? Nur damit ein Mann ihn unter sich begrub?

Als Jung-Stilling in Salomes Zimmer trat, ging Elise ihm entschlossen entgegen. Nur wenige Zentimeter vor ihm blieb sie stehen und zischte ihm zu: „Und Sie wollen Ihre Frau angeblich beschützen! Schauen Sie sich an, was Sie anrichten! Die Ärmste ist von den Schwangerschaften so geschwächt, dass ein einfaches Bad sie zusammenfallen lässt wie einen Teig ohne Hefe. Schämen Sie sich!“

Schnaufend stürmte sie an dem erstaunten Professor vorbei und auf die Straße hinaus.

Zu ihrem Bedauern fiel ihr erst dort auf, dass sie nicht nur vergessen hatte, ihre Frisur wieder zu richten, nein, auch ihre Kleidung lag noch auf Salomes Kommode.

9

Heinrich kam mit einem Strauß selbst gepflückter wilder Lilien von seinem täglichen Spaziergang zurück und wischte sich den Schweiß von der Stirn. Der Mai hatte in diesem Jahr ungewöhnlich warm begonnen, sodass er beim Erklimmen des Berges, der zum Landgrafenschloss hinaufführte, ziemlich ins Schwitzen gekommen war.

Damit Salome die letzten Tage ihrer Schwangerschaft nicht allein verbringen musste, während er unterrichtete, waren sie und die Kinder übergangsweise zu Familie Coing gezogen. Das kam nun auch den Kleinen zugute – immerhin besaßen die Coings einen kleinen Garten. Im „Haus Engel" hatten sie nur den Hinterhof zum Spielen, denn die Straße direkt vor dem Haus war wegen der Pferdeäpfel und anderem liegen gebliebenen Unrat wahrlich kein geeigneter Spielplatz für Karoline und Lisette.

Die kleine Karoline war jetzt bald zwei Jahre alt und lernte mit großer Wissbegier neue Wörter. Als er durch die Hofeinfahrt an der Haustür vorbei direkt in den Garten trat, sah er, wie die Kleine in ihrem hellen Sommerkleidchen selbstvergessen die Blüten der Stauden in den Beeten berührte. Elise hatte sich zu ihr heruntergebeugt und pflückte ein paar Kräuter, während sie Karoline die Farben der Blumen beibrachte. Begeistert in die neuen Begriffe versunken, wiederholte das Mädchen: Blau, Rot, Gelb, Rosa.

Gerne hätte Heinrich seine kleine Tochter begrüßt und an sich gedrückt, aber er hatte keine große Lust, Elise zu begegnen. Vor kurzem hatte er eine äußerst merkwürdige Begegnung mit ihr gehabt, und seitdem war nichts mehr wie zuvor.

Schnell drehte er sich daher um und trat zurück in die dunkle Einfahrt, damit er nicht von ihr gesehen wurde. Er hatte seine Frau ebenfalls im Garten vermutet, aber sie musste wohl im Haus sein. Hastig bog er in den Treppenaufgang ein und erklomm die schiefen Holzstufen, die unter seinem Gewicht leise zu knarren begannen, während er an sein letztes Zusammentreffen mit Elise zurückdachte.

Es war nur wenige Tage her. Salome hatte noch zu Hause gewohnt, und Elise hatte ihr wie so oft Gesellschaft geleistet. Dann, mit einem Mal hatte die seit einem Jahr schweigsame Elise ganz plötzlich das Fenster im Obergeschoss und mit ihm auch ihr Innerstes geöffnet und ihr wildes, lebendiges Wesen wieder herausgelassen. Allerdings hatte sie es wie zu lange aufgekochte Milch über ihm ausgeschüttet, sodass ein anhänglicher Film heiß an ihm kleben geblieben war. Auch wenn sie in diesem Augenblick seltsam erbost gewesen war, und zwar über ihn, so hatte Heinrich diesen Gefühlsausbruch dennoch bezaubernd gefunden. Er war dermaßen erstaunt über das Wiedererwachen der wahren Elise gewesen, dass er erst nach einer Weile bemerkt hatte, dass Elise das Haus anscheinend nur halb bekleidet verlassen hatte.

Wie er in Erfahrung gebracht hatte, hatte Elise aber Glück im Unglück gehabt – ihr Aufzug hatte nicht für Aufsehen gesorgt; sie war wohl unbemerkt nach Hause gekommen.

Für etwas Getuschel hatte einzig Elises Rückverwandlung gesorgt. Seit diesem eigenartigen Vorfall war Elise nämlich beinahe wieder die Frau, die er vor zwei Jahren kennengelernt hatte. Sie trug wieder ihre schlichten Baumwollkleider, allerdings jetzt immer mit einem Reifrock darunter und Verzierungen im Ausschnitt; und auch ihr Haar war wieder ohne Perücke zu sehen, allerdings war es jetzt immer ordentlich frisiert.

So hatte sie auch eben ganz ungekünstelt, aber dennoch angepasst in ihrem sandfarbenen Kleid zwischen den Rabatten gestanden, den Saum im Rücken zusammengefasst, sodass sie selbst beinahe wie eine Blume aussah. Ihr dunkelblondes Haar wurde ebenso wie ihre schmale Taille von einem blauen Band geschmückt, ganz so, als hätte man ein Sträußchen Margeriten zusammengebunden.

Heinrich schüttelte das Bild ab und betrachtete den Strauß Lilien in seiner Hand. Er hatte sie extra für seine Frau gepflückt, da er nach Elises Standpauke tatsächlich Gewissensbisse bekommen hatte. Seine Frau war schließlich nicht von selbst schwanger geworden, und sie hatte diesmal tatsächlich schwer an seinem Kind zu tragen. Also versuchte er, noch hilfsbereiter und zärtlicher zu Salome zu sein, als er es sonst ohnehin war.

Er fand seine Gattin im Salon der Coings, wo sie mit Frau Coing und Hannchen bei Tee und Gebäck eine Partie L'Hombre spielte.

Liebevoll gab er ihr einen Kuss und sah sie besorgt an. Die Schwangerschaft zehrte diesmal wirklich an ihren Kräften. Ihre Haut war ganz weiß und fast durchsichtig; er konnte sogar die blauen Äderchen durchschimmern sehen. Ihr Bauch bewegte sich diesmal wenig; das Kind schien ein ruhiger Zeitgenosse zu sein und quälte Salome selten mit Tritten gegen die Bauchdecke – dennoch war sie sehr schwach.

Aus übernächtigten Augen blickte sie sanft lächelnd zu ihm auf und bedankte sich für die Blumen. „Aber sei so gut und bring die schönen Lilien nach unten in die Küche und stelle sie in ein Gefäß mit Wasser, damit sie nicht so schnell verwelken", bat Salome ihn.

Er lächelte. „Ich verstehe. Die werten Damen möchten bei ihrem Spiel nicht gestört werden", mutmaßte er.

„In der Tat, Vater", sagte Hannchen, ohne von ihren Karten aufzusehen. „Vor allem, wenn ich dabei bin zu gewinnen."

Frau Professor Coing und Salome lachten, und Heinrich verließ schmunzelnd über den Ehrgeiz seiner Tochter den Raum. Sie erinnerte ihn an sich selbst in jungen Jahren.

Unten in der Küche stellte er die Blumen in eine mit Wasser gefüllte Vase und wollte damit eben wieder den Weg nach oben antreten, als er Elises Stimme aus dem Haushaltstrakt hörte. Er wusste auch nicht, warum er es tat, aber ohne nachzudenken, stellte er die Vase auf den großen Holztisch in der Mitte des Raumes und schlich sich näher an die gegenüberliegende Tür. Von dort aus konnte er sowohl in die Backstube als auch in den dahinterliegenden Stall blicken.

Elise stand am Abstieg zum Keller und wies den Knecht in der Räucherkammer an, Speck und Schinken zu räuchern. „Morgen möchte ich, dass Sie das übrige Fleisch pökeln. Und bitte sorgen Sie dafür, dass die Ferkel die richtige Menge an Futter bekommen, damit wir im Herbst bei der Schlachtung auch genügend Fleisch an ihnen haben. Ich habe Ihnen ja erklärt, wie viel sie ab jetzt wann bekommen müssen."

Zur Magd sagte sie: „Kümmern Sie sich um die Zwetschen? Dieses Jahr sind es besonders viele, sodass wir einen guten Vorrat einkochen können. Außerdem brauchen wir auch noch mehr Brot, jetzt, wo die Familie Jung-Stilling bei uns wohnt."

Die Magd sah sie mit großen Augen an und wollte eben etwas erwidern, als Elise ihr ins Wort fiel. „Ich weiß, Anne, wir könnten es auch beim Bäcker kaufen, aber so ist es für uns günstiger, und wir können am Freitag wieder etwas an unsere Besucher abgeben." Verschwörerisch zwinkerte Elise ihr zu.

„Ich verstehe", erwiderte die junge Frau, die etwa im selben Alter wie Hannchen sein musste. „Soll ich dann auch gleich wieder etwas Kaffeegebäck nach Ihrem neuen Rezept herstellen?"

„Das ist eine hervorragende Idee, Anne", lobte Elise das Mädchen. „Dann bleibt mir später noch etwas Zeit für die Zahlen. Wenn Sie möchten, kann ich ihnen dann auch gleich eine weitere Lektion im Rechnen geben."

Die kleine Magd strahlte Elise an. „Sie sind so gütig."

Elise schüttelte den Kopf. „Nein, Anne. Sie hätten den Umgang mit Zahlen schon als Kind lernen sollen, aber das holen wir jetzt nach. Sie können nach dem Einkochen und Backen schon einmal in den Keller gehen und nachzählen, wie viel Leberwurst und Schwartenmagen noch vorhanden ist. Das würde mir sehr helfen."

„Aber gerne doch, Fräulein Coing!", rief die Magd beflissentlich und kam eifrig in die Küche gelaufen, wo sie mit Heinrich zusammenstieß.

„Herr Professor! Guten Tag!", stammelte das Mädchen und huschte an ihm vorbei in die Speisekammer neben der Treppe, um Zutaten zum Backen hervorzuholen.

„Guten Tag", grüßte Heinrich möglichst leise zurück, griff nach der Vase und stahl sich davon, um schnell nach seiner kleinen Tochter im Garten zu sehen.

Eines musste man Elise lassen: Sie konnte wirklich gut mit dem

Personal umgehen. Sie behandelte es bestimmt und doch nicht von oben herab – im Gegenteil, sie war hilfsbereit und beflissentlich und siezte sogar den Knecht und die Magd. Es war kein Wunder, dass ihr Vater ihr die Haushaltsführung übertragen hatte. Elise machte einen wirklich verantwortungsvollen Eindruck. Aber ob sie tatsächlich mit den Zahlen umgehen konnte?

Als Heinrich schließlich im Garten ankam, war dort niemand mehr zu sehen. Schnellen Schrittes ging er zurück ins Haus und brachte die Vase in den Salon. Dort traf er endlich auf die kleine Karoline und auch auf Lisette. Und – zu seinem Übel – auch auf Elise. Sie musste direkt nach ihm den Haushaltstrakt verlassen haben.

Jetzt saß sie mit Lisette am Klavier und half der Fünfjährigen beim Notenlernen. Karoline stand auf Zehenspitzen hinter ihrer Schwester und hielt ihr mit ihren kleinen Händchen die Augen zu, während Elise Lisettes Finger auf die Tasten legte und sie nach den gespielten Tönen fragte. Für jede richtige Antwort bekam Lisette von Elise einen Kuss auf die Wange. Elise schmatzte absichtlich laut, sodass es auf der Kinderhaut zischte und kitzelte.

Schließlich gab Elise den kurzen Unterricht auf und kitzelte die zwei kleinen Mädchen so lange, bis sie sich vor Lachen auf dem Boden kugelten.

„So, ihr zwei kleinen Spaßmäuse“, sagte Elise lachend, „jetzt spiele ich euch etwas vor, das ihr, wenn ihr in der nächsten Zeit gut übt, bald selbst vortragen könnt.“

Elise wandte sich wieder den Tasten zu, blickte konzentriert auf die Noten vor sich und begann zu spielen. Alle im Raum hielten kurz inne, um der Melodie zu lauschen. Heinrich kannte das Stück nicht, aber er schloss unweigerlich die Augen; er konnte die Terzen in seinem Inneren spüren, sie rührten ihn an.

Als er seine Augen wieder öffnete, sah er, wie sich Elises graziler Rücken sachte zu der Melodie bewegte. Die Rüschen des sandfarbenen Kleides raschelten kaum hörbar im Takt, und Elises Taille tanzte, obwohl sie saß, beinahe unmerklich zu dem unbekannten Lied.

Auch wenn es weh tat, Heinrich wünschte sich wirklich für Elise, dass sie einen Gatten bekam – einen, der sie so sehen konnte, wie er sie jetzt sah. Und er wäre ein Lügner, würde er es sich nicht eingestehen: Wäre er nicht verheiratet, er würde sich auf der Stelle in sie verlieben.

Er hielt die Vase mit den Lilien immer noch in der Hand und war sich unschlüssig: Sollte er die Blumen auf den Tisch neben dem L´Hombre-Spiel stellen oder auf das Klavier?

„Stellen Sie sich einmal vor, meine liebe Elise, was wohl passiert, wenn sich das erste Mädchen in den heranwachsenden, gefühlsbetonten Jungen verliebt? Es geht nicht gut aus, soviel sei schon verraten.

Henri ist also auf seiner Wanderschaft doch noch Lehrer geworden, in einem anderen, fremden Ort. Die Leute, bei denen er wohnt, haben zwei Töchter, eine jüngere und eine ältere. Nun ist es so, dass Henri, wie es seine Art ist, zu jedermann freundlich und höflich ist, so auch zu den zwei Töchtern, die für ihn wie Schwestern sind.

Bisher hat er noch nie ein Mädchen nicht nur als Mensch, sondern auch als Frau gemocht. Und so merkt er gar nicht, dass seine Gefühle für die ältere Schwester nicht rein geschwisterlicher Natur sind.

Ohne es zu merken, ist Henri immer ein wenig netter zu der älteren Schwester, der dies jedoch ebenso wenig auffällt wie ihm selbst. Nur die sensible kleine Schwester erkennt schnell, dass Heinrich die ältere Schwester nicht nur bevorzugt, sondern auch als Frau mag.

Das Dilemma aber ist, dass die kleine Schwester in Henri verliebt ist und gleichzeitig als Einzige sieht, dass Henri für ihre ältere Schwester mehr empfindet als für sie. Sie spricht mit niemandem über ihren Kummer, sondern vergräbt sich in Grübeleien und zerbricht schlussendlich daran.

Von einem Tag auf den anderen wird sie plötzlich irre. Der Schmerz über die nicht erwiderte Liebe bricht aus ihr heraus wie eine Eiterbeule und ergießt sich sowohl über Henri als auch die ältere Schwester, die Eltern und sich selbst.

Fortan trägt sie nur noch ihr Nachtgewand und lässt sich von niemandem mehr berühren. Sie vernachlässigt ihr Äußeres – ihre Haut bleibt ungewaschen und schmutzig, die Fingernägel lang und eingerissen, die Haare wild und ungekämmt. So läuft sie im Haus umher oder tänzelt und hüpft, ganz wie es ihr beliebt.

Nur selten sagt oder singt sie etwas und wenn, dann ist es ungereimtes Zeug, das sich immer an den armen Henri wendet. ‚Du bist mein lieber Knabe, liebst mich aber nicht. Warte nur ab! Sollst auch kein Blumensträußchen haben, ebenso wenig wie ich. Sollst höchstens Blumen haben, die an Felsen oder Klippen wachsen – die sind dann für dich', trällert sie zum Beispiel einmal selbstvergessen.

Auch wenn dem jungen Henri schwant, dass der Zustand der kleinen Schwester etwas mit ihm zu tun hat, so weiß er doch nicht, was der Auslöser für ihre furchtbare Verwandlung war. Die große Schwester aber durchschaut endlich den Wirrwarr ihrer kleinen Schwester und erklärt Henri, dass sie in ihm nicht mehr als einen Bruder sieht. Henri, der vollkommen verblüfft ist, betont selbstverständlich, dass auch er in ihr nur eine Schwester sieht.

Das wiederum hört die kleine Schwester in ihrem Wahn, und von einem Tag auf den anderen wird sie plötzlich wieder so, wie sie vorher war.

Was Henri bis heute nicht verstanden hat, ist, dass er den Inhalt des irren Singsangs der kleinen Schwester verinnerlicht hat, ohne es zu bemerken. Bis heute denkt mein Henri, dass er nicht die Frau bekommt, die ihm zusteht. Auf diese Weise suchte er sich etwa seine erste Frau Christine. Bei mir hat er schon gelernt, dass er durchaus eine Frau haben darf, die sich um ihn kümmert und nicht nur eine Frau, um die er sich kümmern muss.

Aber nach meinem Tod, so hoffe ich, – und ich bin mir sicher, dass ich bald sterben werde – wird er endlich eine Frau heiraten, die er nicht nur mag und schätzt, sondern bei der sein Herz wie damals bei der älteren Schwester einen Takt schneller schlägt – falls er jemals bemerken sollte, dass er so fühlt.

Denn auch wenn Henri ein empfindsamer Mensch ist, so sind seine Gefühle doch oft so wirr, dass er sein eigentliches Empfinden nur schwer erkennt. Seine nächste Frau muss also imstande sein, dem Star-Operateur die Augen zu öffnen."

Elise saß am Kopfende von Salomes Bett und betupfte vorsichtig mit einem Tuch die nasskalte Stirn ihrer Freundin. Neben ihr saß Professor Baldinger und führte die letzten Untersuchungen durch, während die Magd die blutige Wäsche einsammelte. Hannchen war eben von Elises Mutter aus dem Zimmer gebracht worden. Das Entsetzen hatte sich fest in ihr Gesicht eingeschrieben. Es war die erste Geburt gewesen, bei der sie zusehen durfte, doch anstelle eines glücklichen, neuen Lebens hatte der Tod Einzug gehalten.

Etwa zwei Stunden hatte Salome in den Wehen gelegen, als sie das Bewusstsein verlor. Obwohl Jung-Stilling selbst Medizin studiert und schon bei vielen Geburten geholfen hatte, schickte er die Hebamme zu Baldinger und alle Frauen außer Elise hinaus auf den Flur. Elise hatte ihn noch nie so aufgelöst gesehen.

Für sie als Laie hatte die Niederkunft genauso gewirkt wie das letzte Mal bei Karoline. Auch damals hatte Salome zwischendurch kleine Schwächeanfälle gehabt, war dann aber wieder zu Kräften gekommen. *Sicherlich ist es auch diesmal so*, hatte sie gedacht, aber Jung-Stilling schien etwas aufgefallen zu sein, was ihr entgangen war.

Als er Salomes Bauch abgetastet hatte, war auch ihm alle Farbe aus dem Gesicht gewichen. Er war aufgestanden und hektisch im Zimmer auf- und abspaziert, bis Elise ihm in den Weg getreten war und ihn an den Schultern festgehalten hatte. Sie hatten sich einen Augenblick lang direkt angesehen, und in seinem Blick hatte sie eine Mischung aus Angst, Panik, Trauer und so etwas wie Schuld erkannt. Auch wenn er Arzt war, so schien er, wenn es um seine Lieben ging, nicht mehr so selbstsicher zu sein. Doch dann war er plötzlich tätig geworden, hatte Baldinger holen lassen, dazu mehrere Laken und Tücher und sein Operationsbesteck.

Kurz darauf war der dicke Leibarzt des Landgrafen laut schnaufend ins Zimmer getreten und hatte Elise unwirsch zu den anderen Frauen auf den Flur hinausgeschickt.

Alle drei waren sie nicht in der Lage gewesen, miteinander zu reden. Jeden Moment hatten sie gehofft, Salomes Stimme oder das Baby schreien zu hören, aber hinter der verschlossenen Tür war es eigentümlich still geblieben. Lediglich ab und zu hatte man die Männer leise miteinander reden hören, aber den Inhalt des Gesagten hatten sie nicht verstehen können. Also hatten sie stumm an ihren Kleidern hinabgeschaut oder auf die kahlen Wände des Flures gestarrt, auf dem nur ein paar Kleiderschränke standen.

Elise war bis zu diesem Moment nie aufgefallen, wie trostlos dieser Flur war. Zeit ihres Lebens hatte sie ihn durchschritten, immer unterwegs von einem Zimmer ins nächste, aber nie hatte sie sich länger dort aufgehalten. Nie war ihr aufgefallen, wie dunkel und vernachlässigt dieser Verbindungstunnel zwischen den Zimmern war. In ihrer Schlafkammer, in der nun Salome lag, hingen wenigstens ein paar getrocknete Blumen, ein Kupferstich und ein Bibelspruch neben den Möbeln, aber hier war nichts, nicht einmal ein Fenster.

Als sie nach mehreren Stunden bangen Wartens endlich wieder den Raum betreten durften, drang ihnen durch die von Baldinger geöffnete Tür ein beißender Gestank entgegen. Raschen Schrittes trat Elise zum Erker und öffnete gleich alle drei Fenster, damit der faulige Geruch nach draußen entschwinden konnte. Das Fenster über dem Bett auf der anderen Seite des Raumes ließ sie aber wohlweislich geschlossen. Salome war immer noch nicht wieder erwacht und lag umringt von Stofffetzen und Laken, die mit tiefrotem, fast braunem Blut vollgesogen waren, reglos da.

„Ich kam nicht heran“, erklärte Baldinger kopfschüttelnd. „Ich musste sie aufschneiden. Das Kind hatte sich nicht gedreht, es ist an der Nabelschnur erstickt", sagte er und deutete mit einer Kopfbewegung auf ein Bündel, das neben dem Bett lag.

Daneben stand Jung-Stilling und zitterte. Hannchen rannte auf ihn zu und warf sich in seine Arme, aber er erwiderte ihre Umarmung nicht und ließ die Arme leblos herabhängen – ganz so, als sei er in einer anderen Welt. Kaum hörbar sagte er: „Er war so schön, aber er war schon tot."

Hannchen trat verstört zurück und schien erst jetzt all das Blut um sich herum zu bemerken. Geschäftig ergriff nun Mutter Coing alle Laken, die sie auf ein Mal tragen konnte, und brachte sie ohne Rücksicht auf ihr Kleid eng an den Körper gepresst aus dem Zimmer. Draußen auf dem Flur rief sie lautstark nach der Magd.

Elise schaute von Heinrich zu seiner Tochter. Hannchen schien jetzt genauso in eine Starre verfallen zu sein wie ihr Vater. Also fragte Elise den einzig Lebenden im Raum, Doktor Baldinger: „Ist sie", ihre Stimme brach, „ist Salome … lebt sie noch?"

Baldinger nickte und winkte sie zu sich heran. „Elise, ich brauche jetzt Ihre Hilfe. Jemand muss sich um das tote Kind kümmern. Und danach brauche ich Sie hier. Falls Salome aufwacht – nein: *wenn* Salome aufwacht, braucht sie einen starken Menschen neben sich." Baldinger deutete auf Jung-Stilling, der derzeit alles andere als stark war.

Obwohl die Luft übel roch, schloss Elise für einen Moment die Augen und atmete tief ein. Dann trat sie an das Bündel heran, hob es vorsichtig vom Boden auf und holte erneut tief Luft, bevor sie das oberste Tuch beiseite zog.

In ihren Armen hielt sie das tote Kind. Wäre die Gesichtsfarbe nicht gewesen, hätte sie gedacht, es würde bloß schlafen. Behutsam berührte sie mit einer Hand die Haut des Kindes. Sie war eiskalt. Elise blickte das Baby dennoch liebevoll an und strich sachte über die kleine Nase und den kleinen Mund.

„Gott segne dich, mein Kleines", flüsterte sie, „mögest du gut bei ihm aufgehoben sein." Dann bedeckte sie das Gesicht des Kindes wieder mit dem Laken. Anschließend trug sie es aus dem Raum und übergab es im Flur der erneut herbeigeeilten Hebamme.

Dann setzte sie sich wieder zu Baldinger und begann nach seinen Anweisungen, Salome zu versorgen.

Kurze Zeit später wurde Hannchen dann von Mutter Coing aus dem Zimmer gebracht, und auch Baldinger verabschiedete sich bald.

„Jung-Stilling, hören Sie mich? Ihre Frau wird das überleben. Ich kann jetzt nichts weiter tun, aber ich komme morgen wieder und sehe nach ihr. Außerdem wissen ja auch Sie, wie sie jetzt weiter gepflegt werden muss. Jung-Stilling. Hören Sie mich?" Baldinger winkte ab und sagte im Gehen zu Elise: „Passen Sie auf ihn auf – und schicken Sie um Himmels willen die Amme weg."

Elise war jetzt also allein mit Jung-Stilling und Salome im Zimmer. Nachdem eine Weile verstrichen war und Elise sich vergewissert hatte, dass Salome ruhig atmete, trat sie bedächtig an Jung-Stilling heran und legte ihm eine Decke um die Schultern.

„Auch wenn Sie zittern – ich weiß, dass Ihnen nicht kalt ist. Aber vielleicht hilft Ihnen die Decke. Stellen Sie sich einfach vor, Sie wären eben erst erwacht und schlügen die Bettdecke beiseite, um den neuen Tag zu begrüßen", sagte Elise und nahm Jung-Stilling bei der Hand, da dieser sich immer noch nicht rührte. Seine Handfläche war im Gegensatz zu der Haut von Salome und der des toten Kindes warm und weich.

„Bitte setzen Sie sich doch", sprach Elise ruhig weiter und führte ihn zu einem Stuhl nahe des Erkers. Dort stand ein einfacher Tisch und darauf eine Vase mit halb verwelkten gelben Lilien.

Jung-Stilling setzte sich und starrte aus dem Fenster in den unpassend lebendigen Maitag hinaus.

Elise hockte sich ihm gegenüber an den Tisch und sah ihn verzweifelt an. Nachdem sie einige Zeit so dagesessen hatten und nichts passiert war, platzte es plötzlich aus ihr heraus.

„Ach Heinrich, mir tut es so leid!" Elise brach in Tränen aus. „Es tut mir so leid um das arme Kind. Nein, das tut es eigentlich nicht, es ist ja jetzt beim Herrn, aber Heinrich, es tut mir so leid, dass Sie es verloren haben und dass es Salome so schlecht geht, obwohl ich dem Herrn danke, dass sie überlebt hat, aber, ach, wie schwach sie jetzt ist, meine Freundin – und Sie, mein lieber Freund, ich war neulich so gemein zu Ihnen – seien Sie gewiss, Sie sind nur einer törichten, verblendeten, neidischen, dummen Frau zum Opfer gefallen, die rein gar nichts vom Leben weiß – Heinrich, glauben Sie mir, Sie trifft bestimmt keine Schuld an dem, was geschehen ist. Gott schenkt und nimmt das Leben, und wenn Sie Ihre Frau lieben, so sollen Sie sie auch ganz lieben dürfen, mit Haut und Haar, und wenn dabei ein Kind entsteht, dann soll es so sein und das Kleine soll gefälligst am Leben bleiben, aber nicht sterben. Kinder sollten leben und nicht sterben!" Nach dieser Tirade war es ganz um Elise geschehen. Sie legte die Arme und ihren Kopf auf den Tisch und begann so hemmungslos zu weinen, dass ihr ganzer Körper bebte.

Plötzlich spürte sie eine Hand auf ihrem Ellenbogen. „Elise", sprach Jung-Stilling ihren Namen aus, „Elise, ich danke Ihnen."

Erstaunt sah sie auf und musterte ihn durch den Tränenschleier, der ihr die Sicht vernebelte. „Wofür denn?", fragte sie schluchzend.

Jung-Stillings fahles Gesicht erhellte sich zumindest ein wenig, als sich ein Mundwinkel zu einem mageren Lächeln hob. „Zum einen danke ich Ihnen, dass Sie es immer wieder schaffen, mich aus meiner Betäubung zu holen. Das wollte ich Ihnen schon lange einmal sagen."

Elise setzte sich auf und zog fragend die Augenbrauen zusammen.

„Zum anderen", fuhr Jung-Stilling fort, „danke ich Ihnen für Ihre Tränen. Sie machen mir Mut, meinem Schmerz ebenfalls Ausdruck zu verleihen. Darüber hinaus zeigt mir die Tatsache, dass Sie in meiner Gegenwart weinen, dass Sie mir vertrauen. Vielen Dank."

Elise wollte gerade einwenden, dass das gar nichts mit Vertrauen, sondern vielmehr mit Trauer oder sogar mit fehlender Selbstdisziplin zu tun hatte, als er weitersprach: „Und, Elise, ich möchte Ihnen danken, dass Sie mich Heinrich nennen."

In diesem Augenblick wurde Salome wach und begann unter Schmerzen zu stöhnen. Elise sprang auf und eilte sofort zu ihr. Jung-Stilling aber blieb noch einen Moment sitzen. Und während Elise beruhigend auf Salome einsprach, sah sie aus den Augenwinkeln, dass Jung-Stilling den Kopf in die Hände gelegt und zu weinen begonnen hatte. Hinter ihm an der Wand hing der Bibelspruch, der Elise schon lange begleitete: „Wo der Herr das Haus nicht baut, ist die Arbeit umsonst.“

10

Ein Jauchzen durchfuhr die kleine Gesellschaft bei Baldinger. Der Doktor hatte zu einer Tanzveranstaltung in seinem Salon am Markt 15 geladen, hauptsächlich, um Hannchen etwas aufzumuntern. Seit der Totgeburt von Salome vor wenigen Wochen war die junge Frau in sich gekehrt und betrübt gewesen. Heute Abend aber taute sie wieder richtig auf.

Heinrich stand zusammen mit Baldinger am Rand und schaute froh und gleichzeitig erstaunt zu, wie Hannchen von den Herren beim Tanzen umhergewirbelt wurde. Es war nicht zu übersehen, die Marburger Burschen machten seiner Tochter schöne Augen. Für Heinrich war das eine ganz neue Situation. Einerseits wollte er sein Hannchen jetzt ganz bestimmt noch nicht loslassen, weshalb er genau aufpasste, wie sich die Herren ihr gegenüber verhielten, andererseits war er stolz darauf, dass Hannchen solch ein lebensfroher, kultivierter und ausgeglichener Mensch geworden war – eben so ganz anders als ihr Vater und ihre verstorbene Mutter, die wie er ihr Leben lang mit ihren Charaktereigenarten zu kämpfen gehabt hatte.

Eigentlich musste er sich um Hannchen keine Sorgen machen, das sah er jetzt. Sie wusste, wie man mit den jungen Männern umging. Sie war höflich und freundlich, machte aber keinem Hoffnungen. Doch auch die Burschen waren trotz aller Ausgelassenheit sittsam, ganz so, wie er es bisher von den Marburgern kannte. Sie waren vielleicht nicht so gebildet wie etwa die Heidelberger, aber dafür großmütiger und liebenswürdiger als die Bürger von manch anderen Universitätsstädten. Ja, Heinrich spürte beim Anblick der tanzenden jungen Leute aufs Neue, dass er hier zu Hause war.

„Und, Heinrich?“, sprach ihn eine Frau aus der Tanzgesellschaft an, während sie an ihm vorbeigeschwenkt wurde. Es war Elise, die nach der nächsten Drehung wieder in seine Nähe kam und die Unterhaltung weiterführte, als stünde sie neben ihm.

„Wie geht es mit Ihrem Roman voran?“, rief sie über die Schulter ihres Tanzpartners hinweg, der sie nun wieder in die andere Richtung drehte, sodass Heinrich ihr nicht antworten konnte.

Heinrich schmunzelte. Auch wenn Salomes Totgeburt ein tiefer Schlag gewesen war, hatte das Leid die beiden befreundeten Familien einander näher gebracht – zumindest ihn und Elise. Ihre Freundschaft hatte an Tiefe gewonnen. Sie nannten sich jetzt beim Vornamen und vertrauten sich hin und wieder auch etwas an.

Bei der Beerdigung seines kleinen Jungen etwa wäre er mit Sicherheit zusammengebrochen, hätte Elise ihn nicht getröstet und abgelenkt. Salome war noch zu schwach gewesen; sie hatte sogar bis jetzt das Grab ihres Kindes noch nicht besuchen können. Heinrich konnte sich nicht mehr erinnern, warum er davon angefangen hatte, aber er hatte Elise von seiner ersten Frau erzählt und von den Tot- und Frühgeburten, durch die er bereits einige seiner Kinder verloren hatte – und auch von seinen Schuldgefühlen den Frauen gegenüber. Elise hatte ihn nicht verurteilt, das Geschehene aber auch nicht beschönigt oder abgetan. Sie hatte schlicht vorgeschlagen, er solle seine Trauer und Belastung Gott anvertrauen und zu Papier bringen. „Wir warten ohnehin schon seit Jahren auf eine Fortsetzung von Stillings Leben", hatte sie ihn ermuntert, und seitdem hatte er angefangen, über seine erste Ehe mit Christine zu schreiben.

„Wie weit sind Sie denn?", fragte Elise nun wieder, als sie erneut in seine Nähe kam. Mittlerweile spielten die Musiker ein langsameres Stück, sodass Heinrich ihr auch antworten konnte.

„Ich weiß zumindest den Titel", rief er ihr nach.

Elise lächelte ihm aufmunternd zu. „Das ist hervorragend!", rief sie ihm über die Köpfe der anderen Tänzer hinweg zu und reckte dabei den Hals, um ihn überhaupt sehen zu können.

Heinrich betrachtete einen Moment lang fasziniert Elises erhitztes Gesicht. Ihre Augen und Lippen glänzten im Lichterschein, und einzelne kleine Haarlocken hatten sich aus ihrer Frisur gelöst und bewegten sich nun im Takt mit.

Lächelnd wandte er sich ab und schlenderte auf die angrenzende Bibliothek zu. Der Geruch des alten Papiers drang ihm bereits entgegen, doch Heinrich musste sich noch ein letztes Mal zu Elise umdrehen.

Diese war indessen von dem jungen Mediziner Michaelis zum Tanz aufgefordert worden. Er war ein fast ebenso angesehener Arzt wie Baldinger, wenn auch lange nicht so unterhaltsam. Der Hausherr tanzte in diesem Moment ungeniert mit einigen jungen Damen und trank nebenbei eindeutig zu viel Wein, wie Heinrich missbilligend feststellte.

Baldingers Alkoholkonsum war in den letzten Monaten stetig gestiegen, sodass Heinrich sich vor Salomes Niederkunft nicht sicher gewesen war, ob Baldinger wohl nüchtern oder betrunken sein würde, wenn er ihn bräuchte. Zum Glück hatte der Mediziner aber an diesem Tag eine wichtige Vorlesung gehabt, und daher noch nichts getrunken. Sein Wissensdurst schien, Gott sei es gedankt, immer noch größer zu sein als der Durst nach billigem Wein.

Immerhin war es Baldinger zu verdanken, dass die heruntergekommene medizinische Fakultät wieder neu zu blühen begann, ähnlich wie die Kameralistik durch ihn selbst. Baldinger war zudem der Erste gewesen, mit dem Jung-Stilling über die Idee gesprochen hatte, ein staatswissenschaftliches Institut an der Philippina zu gründen. Er wüsste nicht, ob er sich derart für diesen Vorschlag eingesetzt hätte, wenn er Baldingers moralische Unterstützung nicht gehabt hätte. Schon in diesem Herbst sollte das Institut eröffnet werden.

Außerdem schätzten sie beide die Schriften Immanuel Kants, auch wenn man dies kaum öffentlich sagen durfte – sie waren an der Marburger Universität verboten. Das war wohl auch ein Grund, warum die Studenten Baldinger derart schätzten. In seinem Privathaus diskutierte er dennoch Kants Philosophie, und seine große Bibliothek stand allen Wissbegierigen jederzeit offen.

Auch Heinrich betrat jetzt den großen, dunklen, mit allerlei Büchern vollgestopften Raum und betrachtete wie schon so oft die Buchrücken. Es war ein wunderbares Refugium – immer gab es etwas Neues zu entdecken. Baldinger besaß neben unzähligen medizinischen und theologischen Schriften auch kostbare Bibeln und abenteuerliche Geschichten und Romane. Auch Heinrichs Buch „Henrich Stillings Jugend“ befand sich darunter.

„Da wird sich Sophie von La Roche aber freuen, wenn sie das hier sieht“, sagte plötzlich eine Frau, die unbemerkt hinter Heinrich in den halbdunklen Raum getreten war und ebenfalls beeindruckt den Buchbestand betrachtete.

„Sie müssen Herr Professor Jung sein“, mutmaßte sie und trat nun näher an Jung-Stilling heran, sodass er sie besser in Augenschein nehmen konnte.

„Oh, verzeihen Sie, ich habe vergessen, mich vorzustellen. Ich bin eine neue Bekannte Ihrer Freundin Elise. Mein Name ist Caroline Böhmer. Ich bin die Schwester von Christian Friedrich Michaelis und erst vor einigen Tagen mit meinen Kindern hier angekommen“, stellte sich die junge Frau vor.

Heinrich nickte und lächelte vorsichtig zurück. Um ihren kleinen Mund hatte diese Caroline einen etwas spöttischen Zug, der Heinrich zur Vorsicht mahnte. Aber ihr wachsamer, offener Blick machte ihn auch neugierig und erinnerte ihn spontan an seinen Freund Goethe.

„Sie kennen Sophie von La Roche?“, nahm Heinrich den Faden wieder auf.

„Nicht persönlich“, antwortete Frau Böhmer und sah ihn prüfend an. „Aber ich habe erfahren, dass sie Marburg in den nächsten Wochen einen Besuch abstatten wird. Bin ich da richtig informiert?“

Heinrich versuchte jetzt ein vertrauensvolles Lächeln. „Ja, das stimmt. Aber woher wissen Sie, dass ich darüber informiert bin?“

Jetzt lächelte auch Caroline ganz offen, sie lachte fast. „Geehrter Herr Jung, zum einen nahm ich an, dass zwei berühmte Schriftsteller wie Sie und Frau von La Roche einander kennen, und zum anderen hat mir Elise davon berichtet.“

„Elise?“, fragte Heinrich verwundert zurück. Er hatte wohl gewusst, dass die Schwester von Michaelis in der Stadt war, aber dass die zwei Frauen so schnell vertraut miteinander geworden waren, hatte er nicht geahnt. Ohne es zu hinterfragen, hatte er törichterweise angenommen, Elise interessiere sich hauptsächlich für Salome und seine Familie. Jedenfalls war ihm bisher nie aufgefallen, dass Elise noch andere Vertraute in dieser Stadt hatte. Sie lebte doch eher zurückgezogen.

„Ist sie nicht eine wunderbare Person? Ich wünschte, sie wäre eine Verwandte von mir“, redete Caroline weiter und nahm ihn vertrauensvoll am Arm. „Aber vielleicht habe ich ja Glück, und sie wird es tatsächlich noch“, fuhr sie fort, während sie mit Heinrich wieder zurück in den Salon trat. „Nun sehen Sie doch, wie perfekt die zwei zusammenpassen“, sagte sie und deutete auf Elise, die immer noch mit Michaelis auf der Tanzfläche war.

Heinrich sah kurz nach, ob es Hannchen gut ging, die sich momentan abseits der Tanzenden auf einem Stuhl eine Verschnaufpause gönnte, dann beobachtete er wieder Elise. Runde um Runde tanzten Michaelis und sie durch den Raum. Tanz um Tanz sahen sie sich vergnügt in die Augen.

„Michaelis also“, murmelte Heinrich und ging zu seinem Freund Baldinger, der mit einem Glas Wein in der Hand auf einem Sofa saß.

Aber natürlich. Michaelis war der perfekte Ehemann für Elise. Sie und er waren etwa im selben Alter, und er würde auch gut für sie sorgen können. Nur wenige Monate vor ihm war der junge Mediziner von Kassel aus als Professor nach Marburg berufen worden. In den letzten drei Jahren hatte der Chirurg an der medizinischen Fakultät für allerlei frischen Wind gesorgt. Baldinger schätzte ihn deswegen sehr.

Es hatte für Elise bisher nur noch keine Gelegenheit gegeben, Michaelis kennenzulernen. Solch gesellige Abende wie der heutige wurden ihr sonst von ihrem Vater verwehrt; auch diesmal hatte sie nur als Hannchens Begleitung mitgehen dürfen. Doch ab jetzt würde sicherlich Caroline Böhmer als Verbindungsglied zwischen den beiden fungieren. Aber was machte er sich darüber Gedanken! Er sollte sich lieber um seine Frau sorgen.

Trotzdem konnte Heinrich seinen Blick einfach nicht von der tanzenden Elise abwenden.

Elise Michaelis. Das war ein guter Name. Außerdem passte der junge Mediziner auch optisch zu ihr. Ebenso schlank wie Elise und einen halben Kopf größer hielt der stattliche Mann mit dem dichten schwarzen Haar seinen Blick auf Elise geheftet, während er sie mit unbändiger Energie über die Tanzfläche führte.

Mit einem Mal fühlte Heinrich sich ganz elend. Allein der Gedanke, dass Elise sich ernsthaft für diesen Mann interessieren könnte, verursachte ihm Magenschmerzen. Er konnte es einfach nicht mehr mit ansehen. Elise und Michaelis.

„Stellen Sie sich einmal vor, wie Henri wohl in Ihrem Alter war, meine liebe Elise. Er ist gerade dreißig Jahre alt geworden, da geschieht plötzlich eine Menge in seinem Leben.

Zum einen verlobt er sich mit der Tochter eines befreundeten Kaufmanns, die fast zehn Jahre jünger ist als er selbst. Es mag die Gemeinsamkeit der einsamen Kindheit sein, die Henri dazu animiert. Christine lebt bis zum Zusammentreffen mit Henri sehr zurückgezogen und ist deshalb im Umgang mit Fremden ziemlich unsicher. Auch ist das Mädchen oft krank und hat nie viel vom Leben gesehen. Gelernt hat sie nichts, außer lesen und schreiben, ein wenig rechnen und christliche Lehre.

Insgeheim bestätigt Henri mit der Verlobung, ohne es zu merken, den irren Singsang des liebeskranken Mädchens von damals. Christine ist eine Frau, für die er ganz allein die Verantwortung trägt – eine Bürde, die später schwer auf ihm lasten wird. Doch bevor er das einfache Mädchen zur Frau nimmt, geht er noch einmal hinaus in eine neue Welt und beginnt sein Studium der Medizin in Straßburg, was auf sein Leben einen nachhaltigen Einfluss haben wird.

Dort, in einer Schankstube in der Knoblauchgasse, trifft er eines Tages auf einige Menschen, deren Gedankengut und Persönlichkeit Henri zu einem anderen Mann reifen lassen, ihn aber auch bis heute verunsichern. Er sitzt also mit rund zwanzig anderen Studenten an einem Mittagstisch, als ein junger Student zur Tischgesellschaft hinzustößt und sich genau gegenüber von Henri niedersetzt.

Vom ersten Augenblick an ist Henri von dem fast zehn Jahre jüngeren Mann eingenommen. Ihm fällt auf, dass der Herr, der sich als Johann Wolfgang Goethe vorstellt, trotz seiner Jugend eine Sicherheit ausstrahlt, die, ohne dass Goethe es beabsichtigt, schnell die Aufmerksamkeit aller auf sich zieht. Wenige Tage später werden sie bei einer ähnlichen Tischgesellschaft Freunde, als Goethe Henri gegenüber einem Spötter verteidigt, der sich sowohl über Henris Frömmigkeit als auch seine Perücke lustig macht.

Über Goethe lernt Henri eine völlig neue Welt kennen; er trifft den Dichter Johann Gottfried Herder und andere Literaten, und beginnt unter dem Einfluss der jungen Autorengilde bald auch selbst zu schreiben. Trotz des Altersunterschiedes bleibt Goethe immer eine Art Gönner von Henri, was meinem lieben Mann aber wohl bis heute nicht richtig bewusst ist.

Nun ist es nicht so, dass Goethe Henri nicht schätzen würde; er findet ihn unterhaltsam und anregend, vor allem seinen tiefen Glauben, den Goethe zwar respektiert, aber hinterfragt. Es lässt sich jedoch nicht leugnen, dass sie aus unterschiedlichen gesellschaftlichen Schichten stammen, und das merkt man, trotz Henris Studium, bis heute. Er ist und bleibt eben letztlich ein einfacher Christenmensch. Dennoch imponiert es Goethe, dass Henri sich nicht wie viele andere Christen von ihm oder den anderen aufgeklärten Gelehrten distanziert, sondern sich ebenfalls mit der Philosophie beschäftigt.

Gerne greift Goethe Henri immer wieder unter die Arme. Ein Jahr später trifft es Henri schwer, als er einen Brief erhält, in dem er davon unterrichtet wird, dass seine Verlobte totkrank ist und sich wohl nicht mehr erholen wird. Henri verzweifelt fast an seiner Lage, denn er hat kein Geld, um Straßburg zu verlassen – doch Goethe hilft ihm ganz praktisch und organisiert die Reise für ihn. Als Henri dann endlich seine Christine erreicht, heiratet er sie vom Krankenbett weg, bevor sie ihm wegsterben kann. Doch eine Art Wunder geschieht, und Christine überlebt.

Nun ist es nicht so, dass Henri darüber nicht froh wäre, im Gegenteil, er ist sehr glücklich – nur hätte er sie vermutlich erst später geehelicht, wäre sie nicht so krank gewesen. Ich persönlich, liebe Elise, frage mich ja auch, ob er sie überhaupt geheiratet hätte. Denn durch seine Zeit in Straßburg ist er erst recht ein gelehrter Mann geworden, während Christine das schwache, einfache Ding geblieben ist. Vermutlich aber hätte er sie aus Ehrgefühl dennoch zur Frau genommen. Henri besitzt zuweilen zu viel davon.

Goethe und Henri verlieren sich in der folgenden Zeit etwas aus den Augen. Zwei Jahre später aber wird Henri, der mittlerweile als niedergelassener Arzt in Elberfeld arbeitet, zu einem Reisenden ans Krankenbett gerufen. Er betritt nun also mit seinem Arztkoffer ein Gasthaus, um besagten Patienten zu besuchen, als sich herausstellt, dass es sich dabei um Goethe handelt, der sich mit dieser Überraschung einen kleinen Scherz erlaubt hat. Goethe geht es im Gegensatz zu Henri sehr gut – doch dazu ein anderes Mal mehr – und fragt ihn auch nach seinem Manuskript.

Schon in Straßburg hatte Goethe Henris unterhaltsame Geschichten aus seiner Kinder- und Jugendzeit geschätzt, die eben so völlig anders verlaufen war als die des Frankfurter Stadtkindes Goethe, und so hatte Goethe Henri darin bestärkt, diese in Romanform niederzuschreiben. Dies hat Henri in der Zwischenzeit geflissentlich getan, und so kann er seinem Freund das Manuskript nun zur Lektüre überreichen.

Was Henri nicht ahnt, ist, dass Goethe sein Manuskript nicht nur liest, sondern es auch kürzt – zu seinem Bedauern entnimmt Goethe mehr als die Hälfte der frommen Passagen – und es ohne sein Wissen anonym verlegen lässt. Sieben Jahre nach seinem Studium in Straßburg erscheint ‚Henrich Stillings Jugend' und wird, wie Sie ja wissen, sehr beliebt und erfolgreich in mehrere Sprachen übersetzt.

Und so ist der Schneider und Lehrer Johann Heinrich Jung nach seinem dreißigsten Geburtstag innerhalb von zehn Jahren nicht nur zum Mediziner, sondern auch zum bekannten Schriftsteller geworden. Durch das halbherzige Pseudonym hängt ihm fortan der Name

‚Stilling' an, genauso wie eine ständig kranke Frau und ein unüberwindbarer Berg Schulden. Aber dazu ein anderes Mal mehr, meine liebe Elise. Ich bin so müde, so müde."

An solch einem herrlichen Junitag wie diesem hielten sich die Marburger Bürger eigentlich am liebsten außerhalb der Stadtmauern oder in ihren Gärten auf, aber heute versammelten sie sich alle freiwillig in einem dunklen, stickigen Gebäude. Die Bibliothek von Baldinger beherbergte jetzt beinahe so viele Menschen wie Bücher. Seitdem Sophie von La Roche bei ihm zu Besuch war, herrschte in dem Haus am Marktbrunnen Ausnahmezustand. Nie hatten die drei Stufen vor dem Eingang ihre Ruhe; es war ein ständiges Kommen und Gehen.

Elise hatte zusammen mit Caroline Böhmer und Heinrich an einem der runden Tische im Salon Platz genommen, um auf Sophie von La Roche zu warten. Elise hatte die berühmte Schriftstellerin erst einmal kurz gesehen, als diese bei ihrer Ankunft zunächst Salome und Heinrich im „Haus Engel" einen Besuch abgestattet hatte, bevor sie ihr Quartier bei Professor Baldinger bezogen hatte. Die 56-Jährige war eine enge Freundin von Baldingers Frau gewesen und nun nach Marburg gekommen, um ihren Sohn Franz zu besuchen und um zu sehen, wie es ihrer Bekannten Salome nach ihrer letzten Totgeburt ging.

Auch Sophie von La Roche musste unweigerlich festgestellt haben, dass Salome sich noch nicht davon erholt hatte. Ihre körperlichen Wunden verheilten zwar, und auch ihr seelischer Zustand war erstaunlich frohgemut, aber sie war immer noch totenbleich und schlief sehr viel; an Spaziergänge war kaum zu denken, sodass der Umzug von der Hofstatt zurück in ihre eigenen Wohnräume eine wahre Tortur für sie gewesen war. Elise stand ihrer Freundin zwar weiterhin fest zur Seite, litt aber darunter, dass Salomes Geisteszustand immer mehr zu wünschen übrig ließ.

Es gab kein Zusammentreffen mehr, bei dem Salome Elise nicht eine Begebenheit aus Heinrichs Leben erzählte. Die Geschichten wurden von Mal zu Mal unzusammenhängender und machten zudem immer größere zeitliche Sprünge. Salome gab ihren bedächtigen Erzählstil zunehmend auf, fast als wollte sie sich beeilen, noch möglichst viele Informationen an Elise weiterzugeben. Beinahe immer, wenn Elise von ihrer Freundin nach Hause zurückkehrte, war sie niedergeschlagen und traurig. Salome war verändert, und Elise musste sich wohl oder übel daran gewöhnen.

Eine willkommene Ablenkung war daher ihre neue Bekannte Caroline Böhmer. Die junge Mutter und Witwe hatte einen Lebenswillen, der Elise imponierte und anspornte. Carolines Lust am Fabulieren und Hinterfragen tat ihr richtig gut. Noch nie hatte sie eine Frau in ihrem Alter kennengelernt, die so deutlich die Zeichen der Zeit erkannte und deutete. Bisweilen war sie zwar ein wenig ironisch und lästerte gern, aber Elise fand dies bis jetzt recht amüsant.

„La Roche wird heute wahrlich wieder umschwärmt wie eine Honigbiene von ihrem hirnlosen Volk“, sagte Caroline nun auch wieder abschätzig, da sie bereits seit zwei Stunden in dem stickigen Salon darauf warteten, dass die Schriftstellerin wie verabredet zu ihnen an den Tisch kam. Aber es war nichts zu machen, sowohl Studenten als auch Frauen aller Altersklassen mischten sich um die schlanke, elegant gekleidete Künstlerin.

Auch Elise fand den Trubel um Frau von La Roche übertrieben. „Ihr Roman war zuvor nun wahrlich für die Frauen ein Durchbruch in der Literatur, aber glauben Sie mir, ich kenne viele der Weibsbilder, die sich jetzt um sie scharen. Mehr als die Hälfte hat ihr Buch niemals gelesen, weil sie des Lesens gar nicht mächtig sind. Sie haben bloß erfahren, dass sie berühmt ist und hoffen nun instinktiv, dass auch sie etwas von dem Glanz abbekommen, damit ihr Leben zumindest für einen kurzen Augenblick davon erhellt wird“, pflichtete Elise ihrer Bekannten bei.

„In der Tat“, murmelte Heinrich, „es ist eine Neugierde, die gar keinen Wert hat.“

„Nicht nur keinen Wert, liebster Jung-Stilling, es ist ein wahrer

Fluch, diese Zelebrität. Schauen Sie sich La Roche doch an – sie ist ja nicht mehr in der Lage, unbemerkt einige Schritte durch die Straßen zu gehen", verbessere Caroline ihn, während sie unaufhörlich an einer ihrer schwarzen langen Locken herumnestelte. „Vielleicht hätte sie besser darauf verzichten sollen, nach ihren Romanen nun auch noch diese unsägliche Zeitschrift herauszubringen."

Elise sah ihre neue Freundin fragend an. „Aber *Pomona* ist doch eine Art Revolution, finden Sie nicht auch? Sie unterstützt damit die Bildung der Frauen – und soweit ich weiß, hat sogar die Zarin, Katharina die Große, das Magazin abonniert."

Nun zeigte Caroline wieder den spöttischen Blick, den Elise bereits bestens von ihr kannte. Carolines Mund zog sich spitz zusammen, während ihre Mundwinkel ein leichtes Lächeln andeuteten. „Diese sogenannte Zeitschrift für Deutschlands Töchter enthält doch nichts weiter als oberflächliche Betrachtungen zur Mode und wie man sein Schlafzimmer dekoriert – und das am besten noch für den Ehegatten. Ich persönlich schätze ja die neuen Ideen für unsere Häkelstunden, aber das Magazin ist doch sehr einseitig."

Zu Elises Überraschung schaltete sich nun auch Heinrich in die Unterhaltung ein. „Das ist so nicht ganz richtig, verehrte Frau Böhmer. Erst kürzlich hielt ich eine Sonderausgabe über Italien in der Hand, deren Lektüre auch mir viel Neues beigebracht hat."

Obgleich es Heinrich zugutezuhalten war, dass ihn das Gespräch über Frauenthemen nicht langweilte, störte sich Elise dennoch an seiner Aussage.

„Auch Ihnen hat das Magazin etwas beigebracht? Wollen Sie damit sagen, dass das, was Frau von La Roche den Frauen in ihren Veröffentlichungen nahebringt, eigentlich unter dem Niveau eines Mannes liegt?", fragte Elise und sah Heinrich durchdringend an.

Dieser lächelte unbeholfen und schien zu überlegen, was er antworten sollte. Caroline lehnte sich derweil genüsslich zurück, um sich fortan aus dem Gespräch herauszuhalten.

„So würde ich es nicht ausdrücken, Elise", sagte Heinrich galant, „die Leserbriefe etwa sind sehr interessant, weil man auf diese Weise auch als Mann einmal erfährt, was das weibliche Geschlecht zu bestimmten Themen zu sagen hat. Aber vieles, was in den Rubriken Ernährung, Medizin und Kunst zu lesen ist, ist mir leider schon bekannt."

Elise setzte sich mit einem Ruck aufrecht hin und bohrte weiter. „Meinen Sie nicht, dass dies anders wäre, wenn Frauen auch die Möglichkeit hätten zu studieren?"

Auch Heinrich setzte sich nun aufrecht hin, und beide schauten sich abwägend an.

„Elise, ich begrüße es sehr, wenn eine scharfsinnige Frau wie Sie ihren Geist schult, aber welch ein Durcheinander würde das geben, wären Frauen an den Instituten zugelassen? Man stelle sich nur einmal die Lautstärke vor!"

Elise blieb vor Staunen der Mund offen stehen. „Die Lautstärke?", stotterte sie.

Heinrich deutete auf den überfüllten Raum. „Nun hören Sie sich doch an, welch ein Geplapper das hier ist."

Elise schnappte nach Luft, als wäre sie zu lange unter Wasser gewesen. Das durfte doch nicht wahr sein! Dachte Heinrich tatsächlich so über Frauen?

„Aber Heinrich", sagte sie nun fast verzweifelt, „ich dachte, auch Sie treten für die Bildung der Frauen ein. In Ihrem Buch schreiben Sie doch selbst, dass auch Mädchen unbedingt den Umgang mit Zahlen und Wörtern erlernen sollten."

„Aber sicherlich sollen sie das", entgegnete er jetzt fast gönnerhaft, „aber es reicht doch, wenn eine Frau rechnen und schreiben kann. Sie hat doch mit der Haushaltsführung und der Kindererziehung wahrlich genug Verantwortung zu tragen."

Nun schaltete sich Caroline doch wieder in die Unterhaltung ein. „Elise – man schätzt ein Frauenzimmer eben nur nach dem, was sie als Frauenzimmer ist. Glauben Sie mir, ich weiß, wovon ich rede. Wenn eine Frau versucht, aus den Zwängen, die ihr auferlegt werden, auszubrechen, so ist sie zwar von diesen befreit, aber sie ist zugleich sehr einsam, weil ihr dann meistens eine eigene Familie verwehrt bleibt", sagte sie nüchtern.

„Aber Caroline, Sie haben doch bereits drei Kinder und sind dennoch eine unabhängige Person“, wandte Elise ein.

„Ich habe wohl Kinder, aber mir fehlt ein Gegenüber, ein Partner, ein Mensch, mit dem ich mich austauschen kann und der mich und meine Kinder liebt. Zudem: Sehen Sie sich an, was aus den Frauen wird, die sich aufmachen, das weibliche Geschlecht zu stärken.“ Caroline deutete auf Sophie von La Roche, die immer noch nicht abkömmlich war.

„Sie sind seltene Exemplare, die unabhängigen Frauen, und sie müssen dafür entweder den Preis bezahlen, keine Familie und keinen Mann zu haben, oder wie ein exotischer Vogel in einen goldenen Käfig gesteckt zu werden. Unabhängigkeit ist für die Frauen in unserer Gesellschaft nicht möglich – außer es tritt irgendwann einmal der Fall ein, dass auch der Mann sich aus den gesellschaftlichen Zwängen befreien will und seiner Frau das gleiche Recht zugesteht“, erklärte Caroline.

Obwohl Elise wusste, dass auch Caroline sich nach Freiheit sehnte, fühlte sie sich plötzlich ganz alleingelassen.

„Sprachen Sie vielleicht soeben von meiner Mutter?“, fragte ein alter Bekannter und mischte sich dreist in das Gespräch. Der Student Franz von La Roche setzte sich neben Heinrich und schüttete ihm ungeniert sein Herz aus. „Da sitzt sie nun, meine Mutter, und hat doch keine Minute Zeit für mich. Denn keiner glaubt weggehen zu können, weil er sich einbildet, der Wichtigste zu sein.“

Elise waren diese eitlen Männer zuwider. „Sie, Franz, sind immerhin in der Lage zu studieren“, wies Elise ihn scharf zurecht. *Genauso wie mein Bruder Justus,* fügte sie in Gedanken frustriert hinzu. Er durfte das Land bereisen und so viel Wissen in sich anhäufen, wie er wollte, während ihr nichts anderes übrig blieb, als heimlich bei den Vorlesungen ihres Vaters zu lauschen.

„Ja, Sie haben Recht, ich sollte mich glücklich schätzen, dass meine Mutter mir neben meinen zwei älteren Brüdern überhaupt das Studium ermöglicht und mich auch noch hier besucht. Ich bin wohl ihr Lieblingskind“, missverstand der junge Mann Elises Bemerkung. „Es ist aber auch zu schade um meine zwei älteren Schwestern. Besonders Luise tut mir leid. Zehn Jahre ist sie jetzt schon mit diesem Säufer Hofrat Möhn verheiratet und das nur, weil er so reich ist. Mutter besucht sie gar nicht gerne, wohingegen sie sich bei Maximiliane doch ab und an aufhält, aber die vielen Kinder – zwölf sind es jetzt an der Zahl – sind eben doch etwas zu viel für ihre sensiblen Nerven“, berichtete Franz in vertrautem Ton. „Nun ja, immerhin hat auch Maximilianes Gatte, Anton Brentano, viel Geld, sodass sie gut abgesichert ist. Nur ich muss mir wohl erst noch mein Hab und Gut verdienen“, seufzte der Junge.

Elise warf Heinrich einen vielsagenden Blick zu. „Da haben wir das Dilemma – Sie sehen es direkt vor sich“, sagte Elise traurig und erbittert zugleich und nahm sich vor, unbedingt mit Sophie von La Roche zu sprechen.

Dennoch erklärte sie: „Meinen Sie nicht auch, dass wir jetzt lange genug gewartet haben, Caroline? Diese Luft ist wahrlich unerträglich. Lassen Sie uns hinaus ins Freie gehen und den Sommer genießen, solange wir noch die Freiheit dazu haben. Außerdem wartet sicher auch die Kinderwärterin mit Ihren drei Kleinen auf Sie.“

Gemeinsam mit Caroline verließ sie Baldingers Haus, ohne noch einmal zurückzublicken. Hätte sie sich umgedreht, hätte sie vielleicht gesehen, wie nachdenklich und vor allem zerknirscht Heinrich ihr nachblickte, während Franz von La Roche ungerührt weiter auf ihn einredete.

11

Heinrich kam sich vor wie ein Dieb. Nur bestahl er nicht jemanden – aber er sah etwas, das nicht ihm gehörte. Zwar gehörte sie auch noch keinem anderen, aber dass er sie heimlich betrachtete, war Grund genug, sich schlecht zu fühlen.

Sie wird selbst, wenn sie verheiratet ist, nicht ihrem Mann gehören, wies Heinrich sich selbst zurecht.

Er hatte lange über das Gespräch mit den zwei Frauen in Baldingers Salon nachgedacht und musste ihnen in gewisser Weise recht geben. Frauenzimmer hatten in der Tat nicht die gleichen Freiheiten wie Männer. Aber lag dies nicht auch hauptsächlich an der ihnen von Gott auferlegten Bürde, die Kinder zu bekommen? Wie gerne hätte Heinrich seiner Salome diese Qual, aber sicherlich auch Freude, abgenommen – aber er war nun einmal ein Mann. Und als solcher hatte er in der Ehe schließlich eine andere Aufgabe. Es war an ihm, die Frau zu beschützen und sie zu ernähren. Was aber tat man mit einer Frau wie Elise, die sich wohl am liebsten selbst ernähren würde?

Heinrich war von seinem Gebetsspaziergang nach Hause zurückgekehrt und hatte Salome wieder einmal, wie so oft in letzter Zeit, schlafend auf ihrem Sofa vorgefunden. Daher war er auf Zehenspitzen in den kleinen Innenhof hinuntergegangen, um noch ein wenig von der Wärme in sich aufzunehmen.

Der Sommer hatte sich in den letzten Tagen noch einmal von ihnen verabschiedet. Es war zwar noch immer mild, aber auch windig und bisweilen sogar stürmig. Mit den Böen waren dicke Wolkenfelder gekommen, die jetzt nur noch wenige Sonnenstrahlen in die geduckte Stadt am Berg durchdringen ließen. Eine dieser Kostbarkeiten leuchtete direkt auf die kleine Holzbank im Hinterhof, sodass Heinrich es sich gestattete, wenigstens für eine Weile dort Platz zu nehmen. Er wollte gerade seine Pfeife stopfen, als er jemanden am Nebengebäude klopfen hörte.

Als nach mehrmaligem Klopfen immer noch keine der Mägde

herbeieilte, sprang Heinrich auf und öffnete die Tür zum Vorderhaus. Doch im Zwischentrakt stand nun bereits Elise und sprach an der geöffneten Holztür mit dem Seifensieder, der regelmäßig Talg- und Unschlittlichter an Jung-Stilling und seine Familie verkaufte. Heute aber schickte Elise den guten Mann freundlich wieder weg, nachdem sie lediglich einige wenige gelbe Wachskerzen in Empfang genommen hatte.

Bestimmt waren diese für Salomes bevorstehenden Geburtstag gedacht, mutmaßte Heinrich, wunderte sich aber, warum Elise den übrigen Bestand nicht auffüllte. Sicherlich, es war Sommer und man brauchte weniger Lichter als im Winter – aber dennoch wollte er nachts nicht aufs Geradewohl ohne Lampe von seinem Studierzimmer in seine Schlafkammer gehen. Gerade als er Elise darauf ansprechen wollte, ließ ihn eine Bewegung der großen, aber zierlichen Frau innehalten.

Nachdem Elise das schmale Holztor ins Schloss hatte fallen lassen, war es in dem hohen Raum dunkel und still geworden. Nur durch den Türspalt fielen dünne Lichtstrahlen in den Zwischentrakt, in denen man den Staub wabern sehen konnte. Durch diese tanzenden Staubkörner hindurch sah Heinrich, wie Elise seufzend ihr Rückgrat durchstreckte. Es war eine alltägliche Bewegung, nichts besonderes, Heinrich wusste auch nicht, warum er nicht trotzdem einfach auf sie zuging und sie wegen des Seifensieders befragte, aber er war wie gebannt von ihrer Gestalt, die sich im Halbdunkel so schemenhaft bewegte wie eine Elfe durch Nebelschwaden.

Es war ähnlich wie damals bei dem Nachhauseritt von Ruttershausen, als Elise an dem ewigen Baum gestanden hatte. Auch jetzt hatte Heinrich wieder das Gefühl, dass er ein Gemälde betrachtete, das sich vor seinen Augen bewegte. Und genau in diesem Moment bekam er das Gefühl, ein Dieb zu sein.

Sollte nicht Elises zukünftiger Mann solch einen Anblick für sich allein beanspruchen, auch wenn es letztlich nur seine eigenen Gefühle waren, die diesen Anblick zu etwas Besonderem machten? Er wusste nicht, war Elise nun eigentlich schon mit Fritz Michaelis verlobt?

Seit ihrem letzten Gespräch über das Studium von Frauen war Elise ihm gegenüber wieder reservierter geworden und antwortete nur noch einsilbig, wenn er versuchte, ein Gespräch mit ihr zu beginnen. *Sie ist aber auch ein Querkopf*, ärgerte Heinrich sich plötzlich und beschloss, sich abzuwenden. Doch zu seiner Überraschung bemerkte er nun, dass Elise schon längst wieder aus diesem Bild verschwunden war; nur der Rahmen war geblieben.

Als er wieder in den Hinterhof trat, stellte er zu seinem Missfallen fest, dass die Sonne wieder einmal hinter einer dicken Schicht dunkler Wolken verschwunden war. Verärgert steckte er seine Pfeife in die Tasche seines Fracks und ging ins Haus, um nach Salome zu sehen.

Diese war in der Zwischenzeit erwacht und lächelte ihn milde an, doch anstatt sich darüber zu freuen, fragte Heinrich griesgrämig: „Kannst du mir den Grund nennen, warum Elise den Seifensieder wieder weggeschickt hat, ohne Lichter zu kaufen? Was macht diese Person nur immer für einen Unfug!"

Salomes Lächeln vertiefte sich, und sie klopfte neben sich auf das Sofa. „Setz dich, mein lieber Mann, ich will es dir erklären."

Heinrich tat wie geheißen und ließ sich zwanglos auf dem Sitzmöbel nieder.

Salome griff nach seiner Hand und erklärte mit ihrer sanften Stimme: „Mein lieber Henri, Elise spart Geld für uns ein. Sie wird bei der nächsten Schlachtung selbst die Kerzen aus dem Tierfett ziehen. Ich habe Elise nämlich einen Teil unserer Haushaltsführung übertragen, solange ich geschwächt bin. Und das werde ich wohl für den Rest meines Lebens sein."

Heinrich blickte irritiert auf die blasse Hand seiner Frau und betrachtete die blauen Adern auf der Handrückenseite und die hervortretenden Sehnen. „Aber Liebes, was sagst du denn da?", meinte er. „Du wirst bald wieder zu Kräften kommen, soviel ist gewiss."

Salome tätschelte seine Hand und lächelte ihn weiter versonnen an. „Lieber Mann, jetzt höre mich ganz ruhig an und werde nicht traurig. Ich weiß gewiss, dass ich in meinem nächsten Kindbett sterben werde."

Heinrich starrte seine Frau an und sah sie mit einem Mal vor seinem Inneren wie einen Geist verschwinden. „Nein, Salome, das wirst du nicht!“, sagte er laut und fast im Befehlston.

„Doch, das werde ich“, erwiderte sie ungewohnt willensstark.

Heinrich seufzte. „Mein Liebes, das glaubst du nur, weil du dich von deinem letzten Kindbett immer noch nicht erholt hast und es dich damals fast das Leben gekostet hätte. Ich verstehe gut, dass dich das ängstigt. Aber dann werden wir nun einfach schauen, dass du kein Kind mehr bekommst“, argumentierte Heinrich möglichst sachlich.

Salome jedoch blieb seltsam standhaft, wenn auch wie immer sanft. Sie schüttelte den Kopf. „Henri, ich weiß schon lange, dass ich dich nicht bis zu deinem Tode begleiten werde. Wozu mich Gott berufen hat, das habe ich beinahe erfüllt. In Zukunft aber werde nicht mehr ich an deiner Seite durchs Leben gehen.“

Heinrich wurde eigentümlich kalt ums Herz, als umklammere es jemand mit einer Eisenfaust und drücke es erbarmungslos zusammen. Er schluckte und beteuerte immer wieder, dass sie auf keinen Fall sterben werde, auch Baldinger sage ja, sie werde sich wieder erholen, und er werde einfach dafür sorgen, dass kein Kind mehr in ihr heranwüchse, und dann werde sie doch sicherlich nicht sterben und – immer rasender wurde Heinrich in seinen Argumenten, um Salome von ihrer irrsinnigen Überzeugung abzubringen.

Aber Salome blieb einfach weiter entspannt wie ein Engel in ihrem einfachen, weißen Rüschenkleid auf dem Sofa sitzen und sah ihn mitleidig an, sodass Heinrich schließlich das Gefühl bekam, er sei übergeschnappt und nicht sie.

Sie ließ ihn ausreden, aber nur, um dann anzufügen: „Wenn du willst, dass ich die mir verbleibende Zeit ruhig lebe und dann freudig sterbe, musst du mir etwas versprechen.“

Heinrich blickte in ihre tiefblauen Augen und sah darin nichts weiter als eine tiefe Überzeugung, die über seinen Verstand hinausging. „Was soll ich tun?“, fragte er also mit brüchiger Stimme.

Salome drückte wieder seine Hand. „Henri, ich bitte dich, dass du nach meinem Tod meine Freundin Elise heiratest.“

Heinrich sah sie fassungslos an. Sein Kopf war wie leergefegt. Es war unglaublich. Das hatte er noch nie erlebt. Nichts, rein gar nichts konnte er in diesem Augenblick denken, in seinem Kopf herrschte absolute Leere.

„Sie passt schon jetzt besser zu dir als ich, und ich weiß, dass sie dir eine gute Gattin und meinen Kindern eine gute Mutter sein wird – sie lieben sie ja jetzt schon wie eine zweite Mutter“, fuhr Salome fort.

Beschwörend sah sie ihn an. „Und nun setz dich einmal über das, was man Anstand nennt, hinweg und versprich es mir. Henri, mein Liebster – tust du es?“ Sie warf ihm einen flehenden Blick zu, aber Heinrich musste seinen Blick abwenden.

Dieses Versprechen konnte er ihr unmöglich geben. Er liebte sie doch! Sie war seine Frau. Das Ganze war einfach verrückt! Sie würde nicht sterben. Und falls doch, dann würde er sich nicht wieder verheiraten. Und falls doch, dann sicher nicht mit Elise, allein schon aus Schuldgefühlen und dem Anstand heraus nicht. Er schätzte sie ja jetzt schon und empfand viel für sie – vielleicht sogar zu viel – da konnte er doch unmöglich planen, sie auch noch zu ehelichen, sobald seine Frau tot war! Das war ja fast so, als würde er den Tod seiner Gattin planen.

Die kalte Eisenkralle hatte nun nicht nur Heinrichs Herz eng umschlossen, sondern auch seinen Oberbauch. Mit aller Wucht drückte sie seinen Magen zusammen, sodass er das Gefühl hatte, sich jeden Augenblick übergeben zu müssen.

Gekrümmt stürzte er aus dem Zimmer, nur fort, weg von dieser Schreckensvision des Todes, von dieser abstrusen Hysterie seiner Frau.

Na wunderbar, dachte er zynisch – dabei schätzte er Sarkasmus und Zynismus sonst wirklich nicht –, *jetzt bin ich innerhalb eines Tages vom bloßen Dieb zum Mörder geworden.*

„Stellen Sie sich einmal vor, meine liebe Elise, dem jung verheirateten Paar geht es in Elberfeld gar nicht gut. Denn ganz genauso war es.

Von Anfang an haben Henri und Christine Schulden. Das kommt zum einen daher, dass der frischgebackene Arzt viele Leiden kostenlos behandelt und nicht willens genug ist, zahlungsunwillige Patienten zu bedrängen – zum anderen kann aber auch keiner von beiden richtig mit Geld umgehen. Christine etwa kann nur einfachste Rechenaufgaben bewältigen und ist eigentlich nicht in der Lage, die Haushaltsbücher zu führen. Nun ist es nicht so, dass Henri nicht zählen könnte, immerhin hat er sich während seiner Zeit als Lehrer in einer Kaufmannsfamilie sogar kaufmännische Kenntnisse angeeignet, aber er hat von jeher eine Schwäche für schöne Dinge und Schwierigkeiten zu unterscheiden, was im Leben wichtig ist und was nicht.

So lebt das Paar in einem zugigen Haus mit einem Tisch, sechs einfach gezimmerten Stühlen, an denen man sich bei jeder Berührung Splitter einfängt, einem gemeinsamen Bett und in der Küche nichts anderem als sechs Tellern, Besteck und zwei Töpfen. Obwohl sie kaum mehr Kleidung besitzen, als sie am Leib tragen, stellen sie eine Magd ein und geben ihre letzten Reichstaler für ein Bett aus, in dem diese schlafen kann.

Henri lebt in diesem Haus und dieser Ehe im beständigen Gebet und im Vertrauen auf den Herrn, darauf, dass dieser sie irgendwie durch dieses finstere Tal hindurchführen wird. Gott tut dies später tatsächlich, aber ich frage mich doch, Elise, ob Henri es mit der Vorsehung in diesem Fall nicht etwas zu gut gemeint hat. Es ist nämlich so, dass er Christine nicht unbedingt deshalb am Krankenbett ehelicht, weil er sie so gern hat – nein, er schreibt sogar selbst, dass sie weder Reize noch den Willen zu irgendwelchen Reizen hatte. Das habe ich erst neulich in seinem Manuskript gelesen. Er ehelicht Christine vielmehr, weil er meint, dass es Gottes Wille ist.

Nun frage ich Sie, Elise, was denken Sie als Tochter eines Theologieprofessors?

War es denn wirklich des Herrn Fügung, dass Henri am Bett der kranken Christine sitzt – einzig als Besucher, der der Fabrikantenfamilie für die Übernachtungsmöglichkeit dankbar ist – und sie ihm in dem einen kurzen Augenblick, in dem die beiden unbeobachtet sind, andeutet, sie hätte einen Eindruck über ihre Zukunft gewonnen. Oder hat Christine schlicht einen Mann an ihrer Seite gewollt, von dem sie wusste, dass er großherzig genug sein würde, sich um sie zu kümmern?

Heinrich jedenfalls meint sofort, dass dies Fügung sein müsse, und empfindet Stolz darüber, dass Gott sich ihm durch die kranke Christine offenbart, und verspricht ihr daraufhin die Ehe. Mag sein, dass sie ihn an seine Mutter erinnert, die er selbst nie kennengelernt hat und die in seinen Erinnerungen wie ein Geist lebt. Mag sein, dass er sich in die Vorstellung verliebt, Christine sei ihm vielleicht eine ähnlich innig zugetane Ehefrau wie das Dortchen einst seinem Vater.

Wie auch immer. Ich habe den Faden verloren. Ach ja, richtig. Die Ehe der zweien gestaltet sich schwierig: Sie halten immerzu Ausschau nach Gottes Vorsehung, was ja an sich nicht schlecht ist, aber bei ihnen führt es dazu, dass sie sich kaum noch getrauen, selbst zu entscheiden und Dinge in die Hand zu nehmen. Infolgedessen wachsen die Schulden immer weiter, und die Last auf Henri wird immer größer, weil Christine zudem ständig krank ist und er sich andauernd um sie sorgt, während sie sich um nichts kümmern kann.

Ohne Vorwarnung fängt die junge Frau immer wieder an zu zappeln und zu geifern und verfällt entweder in hysterische Zustände oder in Ohnmacht – es ist ein Graus, für sie und für Henri. Wie, frage ich Sie, liebe Elise, soll er also heute leben, wenn ich in ähnlicher Weise krank werde? Und wie soll er den Unterschied erkennen, wenn Gott wirklich einmal eine Botschaft und eine Fügung für ihn hat, wo er doch in seinem Leben schon so oft seinen eigenen Vorstellungen von Gottes Willen verfallen ist? Wie, liebe Elise, wie?“

Elise saß satt und zufrieden auf dem Sofa und betrachtete wohlgelaunt die Menschen um sich herum. Salome feierte ihren dreißigsten Geburtstag, und ihr zu Ehren hatten die Coings bei sich im feinen Erkerzimmer zu einer kleinen Gesellschaft geladen.

Am Klavier saßen herausgeputzt und mit Kränzen im Haar die Kinder Lisette, Karoline und Hannchen und spielten, zwar mit einigen schiefen Tönen dazwischen, aber insgesamt doch recht ordentlich, ein Lied für ihre Mutter. Neben ihnen stand Elises Mutter zusammen mit Caroline Böhmer, die zwei ihrer drei Kinder mitgebracht hatte. Die dreijährige Gustel und das zweijährige Röschen, wie Caroline die Kleine liebevoll nannte, saßen mitten im Raum auf dem Teppich, wo Elises Vater extra für diesen Anlass eine große Puppenstube hatte aufbauen lassen. Eigentlich war diese eher zum Betrachten als für tollpatschige Kinderhände gedacht, aber Malchen und Miegchen achteten darauf, dass die Kinder Freude hatten, und das kostbare Spielhaus dennoch intakt blieb. Carolines Säugling war mit seiner Amme zu Hause in Michaelis verziertem Fachwerkhaus in der Reitgasse geblieben. Michaelis selbst war ebenfalls zugegen und unterhielt sich angeregt mit Franz von La Roche und Vater Coing, während Sophie von La Roche leise mit Jung-Stilling sprach und sich dabei immer wieder zu Elise umdrehte.

Elise nannte Heinrich jetzt wieder Jung-Stilling, um ganz bewusst auf Abstand zu ihm zu gehen. Mittlerweile war ihr überhaupt nicht mehr klar, warum sie gedacht hatte, sie sei in ihn verliebt. Nach Salomes Totgeburt waren sie sich zwar so nahe gewesen wie noch nie, aber ihre Gefühle waren freundschaftlicher Natur gewesen, da war sich Elise sicher. Nach ihrem letzten Gespräch jedoch war ihr jäh bewusst geworden, dass sie eine Freundschaft zu einem Mann aufgebaut hatte, die dieser nicht zu schätzen wusste. Er verstand ihren Drang nach Freiheit und Wissen nicht.

Diese Erkenntnis war ernüchternd – obwohl sie alle Menschen, die sich in diesem Zimmer befanden, sehr mochte, war doch niemand darunter, der sie tatsächlich kannte und um ihre geheimsten Sehnsüchte und Wünsche wusste. Außer vielleicht ein wenig Salome und Baldinger, die lachend miteinander tanzten – Baldinger wohl infolge des Weines und Bieres, welches heute großzügig ausgeschenkt wurde, und Salome aus Freude über diesen besonderen Abend.

Lange hatte Elise mit ihrer Familie an den Vorbereitungen gefeilt und mit der Magd das Essen vorbereitet. Das Erkerzimmer war mit teuren Kerzen ausstaffiert und aus allen Ecken hell erleuchtet, feine Spitzendecken und frisch gepflückte Blumen zierten die Tische und das Klavier. Sie hatten mit feinstem Besteck und vom besten Geschirr gespeist, und als Höhepunkt des üppigen Essens hatte es einen fetten Braten gegeben, den Vater Coing zum Vergnügen aller am Tisch tranchiert hatte.

Nun war Elises Bauch bis zum Bersten gefüllt. Wohlweislich hatte sie ihr Korsett aber heute nicht zu eng geschnürt, sodass sie in Ruhe atmen und das Essen und die Gesellschaft genießen konnte.

Als die Kinder ihr Stück am Klavier beendet hatten, räusperte sich Jung-Stilling und stellte sich neben die Puppenstube in die Mitte des Zimmers. „Meine liebste Salome“, sagte er feierlich, „dir zu Ehren habe ich eine Rede vorbereitet, die ich jetzt gerne vortragen möchte.“

„Hört! Hört!“, rief Baldinger äußerst vergnügt. Der Wein schien ihm zu Kopf gestiegen zu sein. Mit geröteter Nase und glasigem Blick stützte er sich auf einer Kommode ab, neben der sich Salome nach ihrem Tanz auf einem Stuhl niedergelassen hatte.

Sie sah immer noch schwach aus, das wurde nun in dem hellen Lichterschein erst recht offensichtlich. Die einst runde, wohlgeformte Frau war im Gesicht und um die Hüften sehr schmal geworden. Einzig ihr kleines Doppelkinn verriet noch, dass sie einmal eine gutgenährte, lebenslustige Frau gewesen war. Doch sie lächelte froh und tapfer. Immerhin ging es ihr wieder so gut, dass sie einer Gesellschaft beiwohnen konnte. Dennoch – Elise fand, sie sah seltsam weiß um die Nase herum aus, und ihre Augen waren außergewöhnlich geweitet, obwohl sie bestimmt keinen Tropfen Alkohol getrunken hatte. Gegessen hatte sie im Gegensatz zu Elise auch kaum etwas; das war Elise nicht entgangen.

„Die Rede trägt den Titel: Über den Wert der Leiden". Jung-Stilling ließ sich nicht von Baldingers Zwischenrufen beirren und sprach weiter. „Der Mensch tritt in dieses Leben wie ein Keim, der in der Erde dem Samenkorn entsprosst, klein, zart, unscheinbar, tausend Gefahren ausgesetzt; aber in ihm ruht eine ganze Welt voll unentwickelter Kräfte ..."

Elise setzte sich etwas aufrechter hin und betrachtete den Professor genauer. Sprach er von seinem verstorbenen Sohn? Es war immerhin noch nicht allzu lange her. *Er ist wohl noch immer in Trauer über die Totgeburt,* dachte Elise mitfühlend und wurde selbst melancholisch, als sie an das hübsche Gesicht des Knaben dachte.

„... Alles, alles ist ewige Natur ... da sind diamantene Gesetze, die kein Gott ändern kann ..."

Kein Gott kann die Natur ändern? Was redet er da?, fragte sich Elise. Gott war doch schließlich der Schöpfer der Natur.

„... Siehst du nicht, dass alles, was geschieht, Kind einer Mutter, Wirkung einer Ursache ist?"

Da war er wieder, der gute alte Jung-Stilling – er hatte nur auf Gottes Größe und Wirkung aufmerksam machen wollen. *Was für ein Spitzbube,* dachte Elise und bemerkte gar nicht, dass sie lächelte.

„... Jede Familie hat ihr Archiv, ihre Geschichte; große Dinge gehen da im Stillen vor, große Pläne werden in jedem Bette, abends hinter der Gardine, entworfen ... Und Gott soll sich um Kleinigkeiten nicht kümmern? Er, der alles Große aus Atomen, die schon die Anlagen jeder Größe in sich enthalten, zusammengeordnet hat!"

Und nun fing Jung-Stilling erst richtig an, in seiner besonderen, ausfabulierten Art zu predigen. Elise fielen unter der Wirkung des Essens und Jung-Stillings pathetischer Rede bisweilen die Augen zu, das musste sie leider zugeben. Nur ab und an hörte sie bestimmte Schlagworte heraus.

„Der wahre Künstler wirkt nach den Regeln der Natur, der Stümper aber will's gegen ihre Gesetze erzwingen."

Das war doch hoffentlich keine Anspielung auf ihr Gespräch von neulich? Elise sah Jung-Stilling skeptisch an. Dieser jedoch sprach unbeirrt weiter und ließ seinen Blick über alle Anwesenden schweifen. Nein, er meinte damit sicherlich nicht sie. Oder?

Jetzt sah Jung-Stilling ihr für den Bruchteil einer Sekunde in die Augen, während er sagte: „Wie tief blickte Christus in die geheimsten Triebe der moralischen Welt, als er Wachen und Beten befahl und als er sagte, dass der Mensch von jedem unnützen Wort Rechenschaft geben müsse." Nun erhob sich Jung-Stillings Stimme. „Jawohl! Denn unnütze Worte können Höllen anzünden ..."

Sein treuer Blick und sein niedergedrückter Gesichtsausdruck berührten Elise doch immer wieder. Aber mit dem eben Gesagten knüpfte er sehr wohl an ihr Gespräch von neulich an, oder etwa nicht? Waren das wirklich unnütze Worte gewesen? Musste sie vor Gott Rechenschaft dafür ablegen, dass sie sich wünschte, studieren zu können? War das gegen seinen Willen? Sie konnte es sich nicht vorstellen. So erlebte sie Gott nicht.

„... jetzt Freunde! Jetzt bin ich auf dem Standpunkt, wohin ich uns in dieser, mir und meiner Lebensfreundin so feierlichen Stunde, führen wollte. Unsere Seelen haben nun die Stimmung, die mir zu meinem Zweck nötig war."

Erleichtert atmete Elise aus. Wie konnte sie auch nur einen Moment lang annehmen, dass Jung-Stilling Salomes Geburtstagsrede dazu benutzen würde, ihr weitere Argumente entgegenzuwerfen, ohne dass sie sich wehren konnte. Jung-Stilling war doch ein durch und durch ehrenhafter Mensch und nicht so launisch wie sie selbst. Ach, sie war einfach zu müde geworden, sie konnte der Rede inhaltlich nicht mehr richtig folgen. Zudem versuchte sie ständig zu interpretieren, was er sagte. Konnte es nicht einfach sein, dass er wie sonst auch schlicht eine Rede hielt, die von Christus erzählte?

Zu gerne hätte Elise Heinrichs Worte aufgeschrieben und später noch einmal gelesen, um sie und ihn besser zu verstehen, aber seine Sätze verschwanden genauso schnell in der sommerlichen Abenddämmerung wie der Wein aus Doktor Baldingers Glas in dessen Kehle.

Nach und nach erloschen immer mehr Lichter im Zimmer, aber

niemand schickte sich an, sie wieder neu zu entfachen. Jung-Stilling sprach immer weiter und weiter, bis seine Stimme in Elises Kopf zu einem leisen Singsang wurde, der sich immer weiter entfernte und schließlich fast ganz verschwunden wäre, hätte nicht Baldinger aus Versehen sein Glas fallen gelassen. Das helle Klirren weckte Elise, die zu ihrem eigenen Erstaunen tatsächlich auf dem Sofa eingenickt war.

Elise sah sich um, aber in der Zwischenzeit war es im Zimmer so schummerig geworden, dass man die Gesichter der anderen nur noch schemenhaft erkennen konnte. Es hatte wohl kaum jemand bemerkt, dass sie eingeschlafen war.

Jung-Stilling beendete derweil nach sicherlich mindestens einer Stunde seine Rede mit einem herzerwärmenden Lobgesang auf Salome.

Elise gähnte und sah sich um. Die Kinder waren allesamt auf dem Boden zu Jung-Stillings Füßen eingeschlafen, und auch Salome wirkte sehr müde, als sie Jung-Stilling dankbar einen Kuss gab. Sie brachte nur ein schwaches Lächeln zustande und verabschiedete sich kurz darauf, um zu Bett zu gehen. Die Familie würde heute hier bei ihnen nächtigen.

Als auch Elise sich zurückziehen wollte, nahm Jung-Stilling sie beiseite und flüsterte: „Elise, ich möchte mich bei Ihnen entschuldigen für unser letztes Gespräch. Ich versichere Ihnen, ich schätze unsere Freundschaft sehr und aus Gründen, die ich Ihnen noch nicht nennen kann, ist es unentbehrlich, dass wir uns gut verstehen, denn …"

Elise sah Jung-Stilling aus müden Augen an und tat seine Bemühung mit einem kurzen Wink ab. „Ist gut, Heinrich. Wir bleiben Freunde. Ich verstehe schon, wie Ihr Leben sich gestaltet. Sie suchen sich schwache Frauen zum Heiraten aus, damit Sie sich stärker fühlen. Da ist es doch nur zu natürlich, dass Sie mit einer wie mir ständig aneinandergeraten. Aber seien Sie gewiss: Ich werde Ihnen Ihre Salome nicht verderben und auch versuchen, mein Mundwerk zu zügeln, damit ich meine Worte und Taten und Gedanken nicht mehr so oft vor Gott rechtfertigen muss. Gute Nacht", faselte Elise gedankenverloren und ging schlaftrunken hinauf in ihre Kammer.

12

Als die letzten Rosen des Jahres im kleinen Garten der Coings ihre Knospen öffneten, hatte Heinrich Geburtstag. Anstatt aber wegen der bevorstehenden Feier aufgeregt zu sein oder weiter an seiner Rede zu feilen, saß Heinrich wie gewohnt an seinem Schreibpult und schrieb an den letzten Seiten von „Stillings häusliches Leben".

„Jetzt lebt Stilling nun also in Marburg vollkommen glücklich und im Segen", hatte er eben zu Papier gebracht und fühlte sich dabei so gar nicht glücklich und gesegnet. Freilich, seitdem er in Marburg lebte, waren zum allerersten Mal seine finanziellen Probleme so gut wie ausgelöscht. Zum ersten Mal in seinem Leben schätzte man sowohl seine Vorschläge als auch ihn als Person. Er war ein Sohn Marburgs geworden, und er mochte diese Stadt, wie kaum eine zuvor.

Aber er mochte eben auch Elise wie kaum eine andere Frau zuvor, das war ihm mittlerweile bitter bewusst, und das brachte sein Gemüt seit Wochen in einen so aufgewühlten Zustand, dass er vor Magendrücken kaum noch etwas essen konnte. Auch jetzt erfüllte ein blähendes Gurgeln seinen Bauch, als er an Salome dachte und weiter schrieb: „Seine Ehe ist eine tägliche Quelle des erhabensten Vergnügens, das sich auf Erden denken lässt."

Und diese Quelle wollte er um keinen Preis verlieren!

„Salome liebt ihn von ganzer Seele, ihr ganzes Herz wallt ihm unaufhörlich entgegen", brachte seine Feder zu Papier.

Salomes Herz kümmerte sich gar so um ihn, dass sie bereits jetzt eine neue Frau für ihn ausgesucht hatte, obwohl sie selbst noch lebte. Seidem sie ihm verkündet hatte, dass sie bald sterben werde, waren Wochen vergangen, und ihre Gesundheit war zwar schwach, aber stabil. Dennoch bestand sie weiterhin darauf, dass sie nicht mehr lange leben werde.

Bisweilen hatte Heinrich sich gefragt, ob Salome diese absurde Bitte nur geäußert hatte, weil sie ahnte, dass er für Elise fast genauso viel empfand wie für sie. Aber war dem überhaupt so? Hatten seine Gefühle für Elise nicht eher etwas Schwärmerisches? Etwas Sinnliches, das nichts mit der tiefen Bindung in einer Ehe gemein hatte?

„Denn Salomes ganzes Bestreben geht dahin, ihn aufzuheitern, wenn er immer wieder etwas befürchtet, da ihn seine vielen, langwierigen Leiden ängstlich gemacht haben." Nachdenklich legte Heinrich den Federkiel auf ein Löschtuch neben dem Papierbogen. War das wirklich so? War es nicht immer Elise gewesen, die ihn aus seiner Angststarre befreit hatte?

Unbeirrt tauchte er den Kiel wieder in die Tinte und fuhr fort: „Sie hat in allen Sachen, auch in solchen, die eben nicht geradezu weiblich sind, einen ruhig forschenden Blick und immer ein reifes, entscheidendes Urteil, sodass ihr Mann sie oft zurate zieht, wenn sein rascher Geist parteilich ist."

Heinrich kam wieder ins Stocken. War seine Salome so? Hatte er nicht, ohne es zu merken, wieder eher über Elise geschrieben?

Eine Stimme ließ ihn plötzlich zusammenfahren. „Und jetzt solltest du schreiben: Er folgt ihr und fährt damit immer gut", schlug Salome lächelnd vor, die leise von hinten an ihn herangetreten war und nun ihre Hände auf seine Schultern legte.

„Ach Salome!" Heinrich seufzte und griff seinerseits mit der linken Hand nach ihrer, während er weiterschrieb: „Ich könnte noch mehr sagen, allein ich bändige meine Feder."

Salome beugte sich zu ihm herunter und gab ihm einen Kuss auf die kahle Stirn. „Henri, was tust du denn da? Bitte nutze doch dein Buch nicht für die Lobhudelei meiner Person, sondern vielmehr, um Gott zu ehren. Außerdem bin ich nun bald ohnehin nicht mehr in dieser Welt zugegen."

Heinrich drückte Salomes Hand und schwieg, während er weiterschrieb: „Mehr wollte ich von dem edlen Weib nicht sagen – sie hat alles Vorhergehende gelesen und mir Vorwürfe gemacht, dass ich sie gelobt habe."

„Henri!", erboste sich Salome zum Spaß und kniff ihm sachte in den Nacken.

Doch Heinrich blieb weiter ernst und sagte bloß traurig: „So bist du für immer hier in diesem Wort lebendig, auch wenn du mich irgendwann verlässt."

„Aber Henri", Salome trat um seinen Stuhl herum und sah ihn direkt an. „Ich verlasse dich doch nicht; ich gehe nur einen Schritt voraus."

Heinrich betrachtete ihre kleine Gestalt und ihr blasses Gesicht, das von dunkelbraunen, kleinen Locken umrahmt wurde. Hatte er diese Worte eben etwa tatsächlich schon zum Abschied geschrieben? Glaubte er ihrer Todesahnung?

Es war zumindest schwer, unbekümmert neben ihr zu leben. Ständig quälte ihn die Angst, was sie sagte, könnte wahr sein. Immer, wenn er nicht in ihrer Nähe war, befürchtete er, sie bei seiner Heimkehr entschlafen in ihrem Zimmer vorzufinden. Was waren die Reisen zu den Star-Operationen in den letzten Wochen für eine Tortur gewesen! Jeden Tag hatte er bange eine Mitteilung erwartet, dass seine Frau gestorben sei. Stattdessen aber hatte er sie jedes Mal schlafend, aber eben doch atmend auf ihrem Sofa wiedergefunden.

Etwas Gutes aber hatte er den Reisen dennoch abgewinnen können – sie lenkten ihn von Elise ab.

Heinrich wusste nicht, was er tun sollte. Die Zeiten waren schon schlimm genug. In Frankreich war eine Revolution im Gange. In den letzten Wochen und Monaten hatte das Volk die Regierung gestürzt – wer wusste, wie es weitergehen würde. Er sollte sich lieber über die politischen Ereignisse anstatt über die Frauenzimmer in seinem Leben Gedanken machen. „Herr, bitte hilf mir aus dieser Verlegenheit", betete Heinrich inbrünstig.

Und wenige Augenblicke später betrat Sophie von La Roche sein Zimmer.

„Mein lieber Jung, wie immer fleißig am Werke?", fragte seine alte Freundin.

Heinrich küsste die behandschuhte Hand der Schriftstellerin und lud sie ein, sich zu setzen. Salome entschuldigte sich indes, sie habe noch einiges für seine Geburtstagsfeier vorzubereiten.

„Woran arbeiten Sie? Wieder ein Lehrbuch?", fragte die elegant gekleidete Frau von La Roche. Als sie sich in einen Sessel nahe des

Schreibtisches setzte, raschelten die Rüschen ihres hochmodernen, aber nicht überladenen Kleides.

„Diesmal nicht, meine Gute. Es ist eine Fortsetzung von Stillings Lebensgeschichte, und stellen Sie sich vor, darin kommt auch eine gewisse Persönlichkeit namens von La Roche vor", offenbarte er ihr. „Da ich es nur Ihnen zu verdanken habe, dass ich meine Salome seit nun fast zehn Jahren an meiner Seite weiß, wäre es zu tadeln, wenn ich Sie nicht erwähnen würde", erklärte Heinrich weiter.

„Ich fühle mich geehrt, Professor Jung", sagte die ehemalige Hofdame und nickte ihm galant zu. „Aber ich war wohl nur ein zweitrangiges Bindungsglied zwischen Ihnen und Ihrer Gattin. Salome hat es von Beginn an als Fügung gesehen, Ihre Ehefrau zu werden."

„Und jetzt sieht sie es als Fügung an, mich wieder zu verlassen", platzte Heinrich zu seiner eigenen Verwunderung heraus. Bisher hatte er mit niemandem über Salomes Todesahnung gesprochen; es erschien ihm einfach zu absurd.

Doch Sophie von La Roche sah ihn mit ihren klugen, weiten Augen an und animierte ihn durch ihren offenen Blick, weiterzusprechen.

Also berichtete Heinrich unter der eindringlichen Bitte, Stillschweigen darüber zu bewahren, von Salomes Überzeugung, sterben zu müssen und auch von ihrem unmöglichen Begehr, er möge Elise heiraten.

Anstatt verwundert zu reagieren, blieb die Grande Dame der Literatur ganz gelassen und sagte nach einigen Überlegungen: „Mein geschätzter Jung. Ich kenne Sie und Salome gut. Nun weiß ich nicht, ob Salomes Wahrnehmung nicht vielleicht doch von der erlittenen Totgeburt getrübt wird – möglich wäre dies – aber ich weiß sehr wohl, dass Frauen einen Instinkt haben können, der ihnen in seltenen Fällen tatsächlich deutlich macht, dass ihr Leben geschwächt ist. Ohne aber nun zu viel zu spekulieren, möchte ich Sie fragen: Kann es nicht möglich sein, dass Salome tatsächlich von der Totgeburt derart entkräftet ist, dass sie sich davon nicht erholen wird, und dass sie aus Liebe zu Ihnen nach dem Besten für Ihre Zukunft sucht, wie sie es ihre gesamte Ehe hindurch getan hat?"

Bevor Heinrich antworten konnte, holte sie weiter aus, ganz so, wie sie es in ihren Reden in ihrem literarischen Salon tat: „Doch falls Sie mich nicht nur ins Vertrauen ziehen, sondern auch wieder meinen Rat als Kupplerin hören wollen, möchte ich Ihnen gerne etwas dazu sagen.

Ich habe besagte Elise kennen und darüber hinaus auch schätzen gelernt. Stellen Sie sich vor, ich habe durch sie vieles neu verstanden. In einem Zwiegespräch hat sie mir neulich die Augen darüber geöffnet, dass zwischen dem, was man schreibt, und dem, wie man sich verhält, kein Unterschied bestehen sollte. Und damit hat sie recht.

Ich für meinen Teil veröffentliche jeden Monat eine Zeitschrift für Frauen, damit sie sich weiterbilden und sich selbst zu entfalten lernen, aber meine eigenen Töchter habe ich nur des Geldes wegen an reiche Männer verheiratet, die sie weder lieben noch schätzen. Die eine ist nur zum Gebären geschaffen, so scheint es – auch wenn ich meine Enkel liebe, vor allem die kleine Bettine Brentano – und die andere quält sich mit einem Säufer herum. Ich habe es nur Elise Coing zu verdanken, dass mir diese Unstimmigkeit zwischen meinem Leben und meinen Lehren deutlich geworden ist. Ich kann das Geschehene nicht rückgängig machen, aber ich werde Gott und meine Töchter um Vergebung bitten und vor allem meine Luise, die ich in die Ehe mit dem trunksüchtigen Hofrat gezwungen habe, endlich erlösen und ihr die Scheidung erlauben. Und Maximiliane hätte damals wohl doch besser zu unserem gemeinsamen Freund Goethe gepasst. Er muss wohl sehr in sie verliebt gewesen sein, dass er die Hauptperson Lotte in seinem Roman „Die Leiden des jungen Werther" nach ihr gestrickt hat – nun ja, zumindest hat sie ihre schwarzen Augen." Frau La Roche zwinkerte Heinrich verschwörerisch zu und fuhr fort:

„Diese Elise jedenfalls, mein Freund, ist eine kostbare Person, die lieber allein leben als sich einem Mann unterjochen würde. Aber wer würde besser zu ihr passen als ein Mann von ihrem Schlag, der Frauen respektiert und schützt? Nur müssten Sie ihr Freiräume lassen, ihren Wissensdrang fördern und sie auf Reisen mitnehmen –

so würde sie sicherlich mit Freuden die Frau an Ihrer Seite sein. Genau dies hat Salome erkannt, und genau dies scheint sie an ihrer Freundin auch zu lieben. Bliebe nur die Frage, ob Sie sie auch lieben können", beendete Sophie von La Roche ihren Vortrag und sah Heinrich prüfend an.

Dieser senkte den Blick und betrachtete eingehend seinen tintenverschmierten Daumen und Zeigefinger.

„Noch, mein lieber Jung, lebt aber Ihre Frau, sodass Sie sich darüber nicht weiter den Kopf zerbrechen müssen", versuchte Sophie von La Roche ihn in einem munteren Tonfall aufzuheitern. „Jetzt ist ohnehin keine Zeit für derartige Überlegungen. Ihre Gäste warten auf Ihr Kommen. Ich wollte mich nur vorher persönlich von Ihnen verabschieden, bevor Sie und ich von den Menschen um uns herum wieder ungefragt in Beschlag genommen werden", sagte die Schriftstellerin lächelnd. „Ich werde aber bestimmt bei Gelegenheit noch einmal nach Marburg zurückkehren", versicherte sie.

Gemeinsam erhoben sie sich und sahen sich freundschaftlich an. Die große, schmale Frau beeindruckte Heinrich immer wieder. Ihren klaren Verstand, der trotz des Erfolges nicht von Überheblichkeit getrübt wurde, wollte sich Heinrich zum Vorbild nehmen. Auch er würde sich in Zukunft nicht mehr so sehr von seinen Gefühlen leiten lassen, sondern eher sachliche Überlegungen anstellen, nahm er sich vor.

Dieser Vorsatz hielt aber nur so lange an, bis er den Festsaal des „Haus Engel" betreten hatte. Dort standen sie alle fein herausgeputzt: Familie, Freunde, Professorenkollegen und ein befreundeter Graf, den er auf seiner letzten Operationsreise kennengelernt hatte. Das also war die Überraschung, die Salome ihm heute Morgen versprochen hatte – sie hatte extra den Adligen zu seinem Festtag eingeladen.

Als Salome aber kurz darauf das Glas erhob und Heinrich zu seinem Geburtstag gratulierte, wurde ihm schlagartig bewusst, dass sie vielleicht noch eine andere Überraschung für ihn hatte. Strahlend beendete sie ihre kurze Ansprache: „Und so ist dieser Ehrentag nicht nur ein Rückblick auf Vergangenes, sondern auch der Beginn eines neuen Lebensabschnitts. Lieber Henri, ich darf dich doppelt beglückwünschen: Du wirst bald erneut Vater."

Alle applaudierten, aber Heinrich erstarrte unmittelbar zu einem Eiszapfen – und das Anfang September, wo die letzten Rosen blühten und der Geruch des Winters noch in weiter Ferne lag. Doch eines war gewiss: Der Winter mit seiner Kälte und seinem Verfall würde kommen, und niemand und nichts konnte ihn aufhalten.

„Stellen Sie sich einmal vor, meine liebe Elise, schon die Geburt von Henris erstem Kind ist für ihn eine schwere Prüfung. Die junge Christine übersteht zwar trotz ihrer Krankheit die Schwangerschaft und sogar die Entbindung erstaunlich gut, bekommt aber direkt nach der Geburt von Hannchen, als ihr die Milch in die Brust schießt, wieder einen dieser furchtbaren Anfälle. Über sechs Stunden lang wirft sie sich im Bett hin und her.

Ein Jahr später wird das nächste Kind geboren. Es ist Jakob.

Elise, Sie haben ihn noch nicht kennengelernt; er wächst seit dem Tod von Christine bei Verwandten auf. Aber sicher wird auch er bald nach Marburg kommen, schließlich ist er bald ein junger Mann, der studieren kann. Dennoch wird er hier und da eine mütterliche Führung brauchen, aber das werden Sie schon besorgen, nicht wahr? Aber ich komme ab. Wie geht es weiter? Ja. Hier.

Die Not und Bedrängnis in Elberfeld nimmt nicht ab. Zur Armut kommt jetzt auch noch Verleumdung hinzu; die Leute sind neidisch auf sein Können und hängen Henri Geschichten an, die gar nicht der Wahrheit entsprechen. So verbreiten sie etwa auch die absurde Behauptung, er wäre eigentlich reich und täte nur so, als ob er nichts besäße. Doch ich komme wieder ab.

Henri jedenfalls sucht trotz der Schwäche und Anfälle seiner Frau immer wieder deren Trost und Nähe, sodass sie kurze Zeit später wieder schwanger ist. Unter unerträglichen Leiden und immer wiederkehrenden Krämpfen bringt sie einen gesunden Jungen zur Welt. Doch nach einigen Wochen stirbt der Säugling unvermittelt, und zu der Trauer über den Tod des Kleinen kommt bei Christine auch noch ein körperlicher Schmerz im Unterleib, der sie wochenlang ans Bett fesselt und sie dahindämmern lässt, als wäre sie bereits tot.

In dieser Zeit leidet Henri Qualen, zum einen weil er sein Leben als Arzt weiterführen muss und dabei den permanenten Lästereien der Bevölkerung ausgesetzt ist, zum anderen weil er sich Vorwürfe macht, dass er sich nicht besser im Zaume gehalten hat. Er glaubt, das Kind sei nur gestorben, weil Christine durch die vielen Schwangerschaften keine Lebenskraft mehr für den Jungen übrig hatte.

Christine scheint diese Vorwürfe zu bestätigen, denn als es ihr besser geht, bittet sie Henri, sie ab sofort in Ruhe zu lassen; sie wolle keine Kinder mehr.

‚Du als Arzt wirst es einsehen', argumentiert sie, ohne es sich aber nehmen zu lassen, die Zukunft ihres Gatten zu planen – darin sind wir uns ähnlich. Sie offenbart ihm: ‚Du bist ein gesunder, junger Mann; ich habe also Gott sehnlichst gebeten, er möchte mich doch zu sich nehmen, damit du eine Frau heiraten kannst, die sich besser für dich schickt als ich.'

Christine bekommt also von da an keine Kinder mehr, aber wie Sie und ich ja wissen, stirbt sie dennoch, und Henri heiratet mich. Gott aber hat einen weitaus größeren, einen undurchschaubaren und tiefsinnigen Plan. Durch die kranke Christine hat er damals schon verlauten lassen, dass Henri eine Frau an seine Seite bekommen soll, die ihm auf gleicher Augenhöhe begegnen kann. Und liebe Elise, ich versichere Ihnen, damit bin nicht ich gemeint."

Auch wenn sie den gleichen Namen wie das Gebäude trug, Elise mochte die mächtige Sandsteinkirche mit den spitzen Türmen nicht besonders, obwohl sie die Heilige Elisabeth von Thüringen verehrte – oder zumindest das, was sie getan hatte.

Sie hatte sich immer um die Armen und Kranken gekümmert und zudem vor rund 550 Jahren etwas außerhalb von Marburg ein Hospital gegründet. Ihre Gebeine wurden in dem riesigen Kirchenkomplex aufbewahrt – mit allerhand anderen Reliquien, die gern von Pilgern und Wanderern besehen wurden.

So wollte auch Caroline Böhmer mit ihren zwei Mädchen – der kleine Junge war wie so oft zu Hause bei der Amme geblieben – endlich einmal das historische Bauwerk besichtigen.

„Man munkelt, dass die Elisabethkirche das erste hochgotische Kirchengebäude in Deutschland war“, leierte Elise nicht sehr interessiert die Fakten herunter, die sie von klein auf von ihrem Vater kannte.

Caroline aber zeigte sich erstaunt über Elises Wissen. „Ich finde es bemerkenswert, was für Dinge Sie im Kopf behalten“, flüsterte sie ehrfurchtsvoll, obwohl sie sich noch gar nicht im Inneren der Kirche befanden. Doch die über und über verzierten Eingangstüren des Westportals und die Fresken im Sandstein schienen Caroline bereits jetzt den Atem verschlagen zu haben.

„Ach was!“, winkte Elise ab. „Wenn man etwas allzu oft hört, bleibt es einem im Gedächtnis – ob man will oder nicht. An andere Dinge, die ich mir gerne gemerkt hätte, kann ich mich dagegen partout nicht erinnern. So sehr ich mich auch anstrenge, sie sind davongetragen worden wie ein Blatt vom Wind.“

Wie zur Untermalung des Gesagten fegte eine Windböe das erste gefallene Laub auf die Frauen zu. Beide zuckten überrascht zusammen, und Caroline hielt instinktiv ihre hochgesteckten Locken fest.

„Nun sollten wir schleunigst das über fünfhundert Jahre alte Ding betreten, bevor auch wir vom Wind hinweggetragen werden und in Vergessenheit geraten“, scherzte Caroline und schob sachte das zweijährige Röschen und die vierjährige Gustel in das hallende Kirchengebäude.

Elise folgte ihnen lächelnd und schloss hinter sich eine der zwei schweren Türen, die durch eine Sandsteinsäule voneinander getrennt waren. In Elises Gedächtnis tauchte plötzlich eine Erinnerung daran auf, wie sie sich als Kind einen Spaß daraus gemacht hatte, die Kirche durch die eine Tür zu betreten, um sie gleich darauf wieder durch die andere Tür zu verlassen.

Schon damals war ihr die Pracht der Kirche verschwenderisch

vorgekommen. Über hundert Jahre hatte einst der Bau der drei Kirchenschiffe gedauert, und unzählige Künstler hatten an allen Ecken und Enden ihre Spuren hinterlassen. Elises Meinung nach glich der Gottesraum eher einem Museum als einem Anbetungsraum.

Aber vielleicht täuschte sie ihr Gefühl auch, dachte Elise, vielleicht waren einige der Besucher tatsächlich zum Beten hier; sie jedenfalls würde die Gelegenheit nutzen – auch wenn sie der Meinung war, dass man nicht unbedingt eine Kirche brauchte, um mit Gott zu reden. Sie sprach mit ihm überall, aber in einer Kirche war es doch immer etwas Besonderes. Schließlich kam hier im Laufe der Jahre eine Vielzahl an Menschen zusammen, um Gott anzubeten. Man konnte innerlich fast spüren, dass hier viele Leute, ob arm oder reich, in den vergangenen Jahrhunderten ihre geistlichen Spuren hinterlassen hatten.

Bereits als Kind hatte sie sich nach ihrem Spiel mit der Tür einfach nur mit baumelnden Beinen in eine Bank im Mittelschiff der Kirche gesetzt und sich vorgestellt, welches Leben wohl jeder einzelne Gläubige geführt haben mochte, der diese Kirche betreten hatte. Wo waren sie hergekommen und wo waren sie hingegangen? Hatten sie Gott gedankt für eine gute Ernte, ihre Gesundheit, ihr Ansehen oder ihr täglich Brot? Oder hatten sie geklagt und gefleht und Gott um Hilfe gebeten?

Und wofür mochte Caroline jetzt beten – falls sie es überhaupt tat? Elise wusste, dass Caroline eine Anhängerin der Aufklärung war und die Unruhen in Frankreich begrüßte. Hieß das aber zugleich, dass sie nicht gläubig war?

Sie besah sich gerade die berühmten Fensterbilder im Hohen Chor, die in bunten Farben sowohl Szenen aus der Bibel als auch ganz rechts das Leben der Heiligen Elisabeth darstellten.

Elise trat zu ihr und flüsterte: „Gefallen Ihnen die Glaswerke?"

„Sie sind sehr kunstvoll", bedeutete Caroline.

„Aber?", fragte Elise. Sie wusste, Caroline war ein kritischer Mensch mit einem sympathischen Hang zum Sarkasmus.

Doch diesmal sah die Freundin sie ernst an. „Wie ich sagte: Sie sind sehr kunstvoll." Seufzend drehte sie sich zu Elise um. „Wissen Sie, ich habe Kitsch erwartet, aber diese Fensterbilder, diese ganze Malerei und Schnitzerei", sie machte eine ausladende Armbewegung, „zeigen mir einmal mehr, wie sehr die Menschen Gott verehren und ihr Können und ihre Kunst für ihn einsetzen. Aber ..."

„Also doch ein ‚aber'", unterbrach Elise ihre Bekannte schmunzelnd, doch diese blieb ernsthaft.

„Aber", fuhr sie fort, „verstehen Sie mich nicht falsch – es ist großartig, dass die Handwerker für diese einmaligen Gebilde ihren Lohn erhalten haben und damit ihre Familien ernähren konnten. Doch ist es nicht grotesk, dass Unmengen an Geld hierfür gezahlt wurden, während Menschen hierher kommen, um Gott anzuflehen, sie nicht verhungern zu lassen? Auch wenn ich eine kokette Person bin, Elise, so betrübt mich das Leid der Menschheit zu manchen Zeiten doch derart tief, dass ich nicht weiterweiß."

Elise nahm ihre Freundin am Arm und führte sie zu einer der Kirchenbänke.

Beide blickten sie nach oben und betrachteten den viele, viele Meter entfernten Himmel des Gebäudes.

Elise überlegte und strich dabei gedankenverloren über den teuren Stoff ihres Kleides. Dann sagte sie: „Manchmal ist all das Leid tatsächlich kaum zu ertragen. Mir hilft es dann, mir ins Bewusstsein zu rufen, dass Gott alle Menschen liebt. Und das ist etwas, woran wir uns – ob arm oder reich – festhalten können, egal wie finster die Welt ist und was auch passieren mag. Denn unsere Standesunterschiede hat nicht Gott erfunden, und auch die Kriege zetteln wir Menschen ganz allein an. Aber ich verstehe sehr gut, was Sie meinen. Ich fühle mich oft schuldig, weil ich in ein privilegiertes Haus hineingeboren wurde. Meine Kindheitsfreundinnen hatten dieses Glück nicht. Denken Sie nur: Wir hatten dieselben Grundlagen, als wir Kinder waren, und doch hatten sie nicht die Möglichkeit, sich ein Leben außerhalb ihres Standes zu schaffen. Wer arm geboren wird, der wird auch arm sterben."

„Das stimmt so nicht ganz", wandte Caroline ein, und über ihr Gesicht huschte nun doch wieder ein kleines Grinsen. „Es gibt ein bedeutendes Beispiel dafür, dass man als Kind eines einfachen Witwers zum gefragten Professor und Schriftsteller werden kann – Johann Heinrich Jung-Stilling."

Elise ächzte. „Das konnte er aber nur, weil er ein Mann ist. Eine Frau hätte diese Möglichkeit nicht gehabt."

Caroline tätschelte beruhigend Elises Hand. „Noch nicht, Elise. Vielleicht wird das eines Tages zumindest unseren Töchtern möglich sein. Die Erklärung der Menschen- und Bürgerrechte ist vielleicht schon ein erster Schritt in diese Richtung – falls diese Erklärung diese turbulente Zeit, in der wir uns jetzt befinden, überlebt. Aber wie Jung-Stilling in seiner Rede zu Salomes Geburtstag letztens sagte: Ein einziger Flügelschlag eines Schmetterlings kann die gesamte Geschichte verändern."

Elise sah Caroline fragend an und musste nun unweigerlich zugeben: „Dies ist eines der Dinge, die mein Kopf nun wirklich nicht behalten konnte. Ich muss gestehen, dass ich an jenem Abend eingenickt bin und kaum noch weiß, was Jung-Stilling gesagt haben mag. Am stärksten ist mir wohl in Erinnerung geblieben, dass mein Vater zu später Stunde noch einmal das Haus verlassen musste, um Doktor Baldinger aus dem Brunnen zu helfen."

Caroline und Elise mussten unweigerlich losprusten. Hastig taten sie so, als würden sie in ihre Taschentücher niesen, damit niemandem ihr Lachen auffiel.

„Er hat wahrlich zu viel getrunken an diesem Abend", sagte Caroline kopfschüttelnd, „aber wie er es geschafft hat, auf dem Nachhauseweg die Stufen zu seinem Haus mit den Stufen des Brunnens zu verwechseln, ist mir ein Rätsel. Wir haben sein Geschrei jedenfalls bis zu uns in die Reitgasse hinunter gehört."

„Der Arme hat tatsächlich gedacht, er stünde vor dem letzten Gericht und müsste als Strafe für seinen Weingenuss nun die Ewigkeit schwimmend in Alkohol verbringen", kicherte Elise.

Doch wenn sie genauer darüber nachdachte, war es überhaupt nicht komisch, sondern zutiefst traurig. Der arme Mann grämte sich so sehr über den Tod seiner Frau, dass er dem Alkohol immer mehr verfiel. Sie selbst, dachte Elise, hatte doch wahrlich keinen

Grund, Gott etwas vorzujammern. Sie hatte genügend zu essen, eine gesunde Familie, niemand war gestorben – und dass sie nicht verheiratet war, damit würde sie sich auch noch abfinden, dachte sie.

Als hätte sie Elises Gedanken gehört, sagte Caroline wenig später, als sie die Kirche, diesmal durch das Südportal, wieder verlassen hatten, in ihrer herrlich offenen Art: „Elise, ich hätte Sie wirklich gerne als meine Verwandte. Was halten Sie denn eigentlich von meinem Bruder?"

Elise stockte und sah Caroline entgeistert an, während diese sie neckisch ansah.

„Caroline, also, wirklich, ich ...", stammelte Elise und musste dann lachen. „Auf diesen Einfall bin ich nun wahrlich noch nicht gekommen. Darüber müsste ich mir erst einmal Gedanken machen. In diesem Augenblick aber kann ich Ihnen nur sagen, dass ich Ihren Bruder zwar sehr achte – er ist ja außerdem auch sehr ansehnlich", Elise lachte wieder, „aber wo ich nun schon so alt geworden bin, so glaube ich, dass ich nur noch jemanden heiraten will, den ich liebe."

Elise war selbst vollkommen überrascht. Hatte sie das jetzt wirklich gesagt? War dies ihre Überzeugung?

Doch bevor sie ihre Gefühle und Gedanken näher ergründen konnte, sagte Caroline erstaunlich einsichtig: „Das verstehe ich gut", und hakte sich freundschaftlich bei Elise unter. „Ich muss Ihnen gestehen, dass ich ihn, wäre ich Sie, auch nicht heiraten würde. Er mag nun einmal keine wissbegierigen Frauen; das lässt er mich immer wieder deutlich spüren. Viele Männer, die hier schon um mich angehalten haben, tun das nicht. Und dabei bin ich nur hierher gekommen, weil ich mich eben nicht erneut gegen meinen Willen verheiraten lassen wollte. Meinen nächsten Mann suche ich mir selbst aus, meine Liebe. Tun Sie also ruhig dasselbe. Falls Sie aber feststellen, dass Sie doch meinen Bruder mögen, so wäre das sehr trefflich."

Grinsend zogen die zwei Frauen weiter ihres Weges.

Doch die Windböe, die vom Berg herabwehte und ihr das Haar

zerzauste, machte Elise schmerzlich bewusst: Mit dem Herbst war wieder ein Jahr zu Ende, in dem sie älter geworden und dennoch allein geblieben war.

13

Der November hatte die Gassen mit Eis überzogen. Feinste Kristalle hatten sich an den Stämmen und Ästen der Bäume gebildet und glänzten im Licht der Sonne, die schwach durch das Grau des Himmels trat. Über Nacht war er plötzlich da gewesen, der Winter.

Heinrich war auf dem Nachhauseweg von der Philippina, zu der er sich am frühen Morgen durchgekämpft hatte, um den Zeitungsartikel vorzustellen, den er über das neu gegründete Staatswissenschaftliche Institut geschrieben hatte. Der Landgraf hatte ihn vor einigen Monaten um ein Gutachten über die zukünftige Stellung der Staatswirtschaft in Marburg gebeten.

Die Staatswissenschaft war ein noch sehr junges Gebiet, und es machte Heinrich Freude, sie neu zu definieren und ihren Bereich abzustecken. Im September war dann das Staatswissenschaftliche Institut eröffnet worden. Heinrich konnte sich glücklich schätzen, beruflich so erfolgreich zu sein – im Privatleben dagegen war von Freude und Harmonie wenig zu spüren. Sorgen und Schuldgefühle hielten ihn umfangen wie das Eis die Steine, auf denen er jetzt nach Hause schlitterte.

Der Hinweg war schon sehr beschwerlich gewesen, doch immerhin war das Eis in den frühen Tagesstunden noch von Raureif überzogen gewesen, sodass er seine Schritte auf halbwegs sichere Stellen hatte setzen können. In der Zwischenzeit jedoch war das Eis zunächst getaut und dann wieder gefroren, sodass sich Marburgs Gassen in eine einzige Rutschbahn verwandelt hatten.

Heinrich überlegte, welcher Weg der sicherste wäre. Doch es war wohl einerlei, er musste den Berg irgendwie erklimmen, komme, was wolle. Warum also nicht den erstbesten Weg wählen, dachte er sich und bog rutschend in den Hirschberg ein, wo ihm jedoch unterhalb des Rathauses auf einmal kreischend eine Magd entgegengerutscht kam – auf dem Hosenboden.

Flugs versuchte er die Frau aufzufangen, doch diese machte eine hektische Geste und schrie: „Herr Professor, das ist wahrlich ehrenhaft, aber seien Sie gewiss, ich muss noch weiter hinunter, und da gibt es keinen anderen Weg als diesen."

Halb besorgt und halb belustigt sah Heinrich dabei zu, wie die Frau langsam, aber kontrolliert auf der anderen Seite der Gasse auf Kniehöhe an ihm vorbeirutschte, Kleid und Schürze wie ein Paar Hosen zwischen die Beine geklemmt. Als sie fast am unteren Ende der Gasse angekommen war, rief sie ihm hinterher: „Herr Professor, meiden Sie am besten den Marktplatz, dort sind schon mehrere gestürzt und haben sich wohl die Knochen gebrochen."

Heinrich hob die Hand zum Gruß, nickte und nahm den Rat der erfahrenen Marburgerin an. Langsam kämpfte er sich weiter den Berg hinauf und bog dann in eine der unbeliebten, weil schmalen und schmutzigen, Nebengassen ein, um den Marktplatz zu umgehen. Hier in der engen Häuserschlucht ging Heinrich schneller – die Abfälle und anderen Überreste, die die Bewohner aus den Fenstern hinunterwarfen, bildeten nun gefroren einen einigermaßen sicheren Untergrund. Es knirschte unter Heinrichs Sohlen, und er musste einige Ausfallschritte machen, um nicht in allzu schlimme Hinterlassenschaften zu treten, aber er kam heilen Fußes hindurch.

In der letzten Biegung raschelte es in einem gefrorenen Laubhaufen, und Heinrich sah zwei Ratten flüchten, die aber ebenfalls nicht so schnell von der Stelle kamen wie sonst. Ihre Beine rutschten auf dem eisigen Untergrund weg und drehten durch wie die Wagenräder einer Kutsche.

Fast schienen sie Heinrich ein Symbol für die Französische Revolution zu sein. Die Menschen wollten auf einmal ganz viel, ganz schnell alles verändern. Die Gründe, wie die Armut und den Hunger, konnte er gut verstehen – aber der Weg zum Ziel war ähnlich verschlagen wie die Ratten. Nachdem das Volk in seiner rasenden Wut das Pariser Gefängnis, die Bastille, erobert hatte – wobei es die meisten Wärter geköpft und ihre Schädel triumphierend auf Spießen durch die Straßen getragen hatte – hatte der Pöbel auch auf dem Land um sich gegriffen. Die Bauern hatten die Schlösser der Adligen überfallen und Urkunden verbrannt, damit sie von nun an ihr eigenes Land bewirtschaften konnten. Viele Menschen waren bei den Tumulten gestorben. Heinrich glaubte kaum, dass ein Land nach derartig rasanten Umwälzungen schnell stabil werden konnte. Es würde ihnen ergehen wie den Ratten – sie würden ihr Ziel irgendwann erreichen, aber bis dahin würden sie noch oft auf dem glatten Untergrund der Gewalt ausrutschen und sich von den Abfällen anderer ernähren müssen. Wenn sie aber auch ebenso klug waren wie Ratten, würden sie das wahrscheinlich überleben und vielleicht sogar widerstandsfähiger werden, als man es jetzt noch für möglich hielt. Was aber bedeutete das für das deutsche Volk? Sollte es auch aufbegehren gegen die Ständegesellschaft, sich ebenso erheben? Während sich Heinrich darüber Gedanken machte, erklomm er wackelig und mühsam die Hofstatt. Noch wenige Meter hinauf zur Barfüßergasse, dann hätte er es geschafft.

Tatsächlich erreichte er ohne auch nur einmal zu stürzen die Barfüßergasse und kurz darauf das „Haus Engel".

„Vater!", schallte es ihm entgegen, als er den Hausflur betrat. „Vater, ich bin so froh, dich zu sehen!", rief Hannchen und rannte ihm entgegen.

Sie war wieder für einige Wochen bei ihren Verwandten gewesen und hatte noch etwas länger fortbleiben müssen, weil sie plötzlich erkrankt war. Um welche Erkrankung es sich gehandelt hatte, sah Heinrich aber erst jetzt im diffusen Schein der Talglichter. Eine offene, eitrige Wunde zierte die Wange seiner geliebten Tochter, die beschämt wegsah.

„Vater, ich weiß, ich bin verändert", sagte sie leise, „aber ich bin keine Gefahr mehr für Mutter und das heranwachsende Baby. Ich bin nicht mehr ansteckend."

Mit schmerzerfüllter Miene betrachtete Heinrich die Stelle in Hannchens Gesicht genauer. Feine, rötliche Linien hatten sich in Hannchens Haut gegraben, die Wunde war mit getrockneten Bläschen übersät.

„Hat es sehr weh getan?", fragte Heinrich mit belegter Stimme.

„Anfangs hat es nur gejuckt, aber dann wurde das Kribbeln immer schlimmer, vor allem nachts, und irgendwann musste ich mich einfach immer kratzen, ich konnte gar nicht anders, bis es anfing zu bluten – und dann wurde es noch schlimmer. Die Wunde vergrößerte sich und fing an zu riechen und zu eitern, und dann hat es schon sehr weh getan,“ berichtete Hannchen und verzog ihr Gesicht vor Ekel.

„Hatten noch andere diese Milben in der Haut?“, fragte Heinrich weiter.

„Ja, alle. Die Tante und auch die Kinder. Aber ein Doktor hat dann herausgefunden, dass es die Krätze ist, und hat uns die Haut aufgeschnitten, um die Tiere mit einem Löffel herauszuschaben.“ Hannchen schluckte. Tränen traten in ihre Augen. „Das war eigentlich das Schlimmste. Dieser Schmerz, als er mir in die Haut bohrte und ich alles aus nächster Nähe sehen konnte. Diese Tierchen, Vater, sie waren so klein und hässlich und haben mich jetzt ebenfalls hässlich gemacht. Ich bin ganz entstellt!“, klagte sie verzweifelt und fiel ihrem Vater weinend in die Arme. Ihr Körper begann unter ihrem Schluchzen zu beben.

„Was soll ich jetzt nur tun?“, flüsterte sie. „Elise hat zwar schon all meine Kleidung, die ich wieder mitgebracht habe, der Wäscherin gegeben, damit sie diese auskocht, aber was wird aus mir und meiner Zukunft? Wer will mich denn so noch, wie ich jetzt bin?“

Heinrich hob mit der Hand Hannchens Kinn und sah ihr fest in die Augen. „Eine Frau, Hannchen“, sagte er aus innigster Überzeugung heraus, „ist nicht nur dazu da, einem Mann zu gefallen.“

„Und auch wenn die Haut auf deiner Wange vernarbt ist“, fügte Elise sachte an, die unbemerkt hinzugetreten war, „so hast du immer noch eine andere, unverwundete Seite im Gesicht. Es wird sicherlich in Zukunft viele Männer geben, die beide Seiten an dir schätzen werden.“ Bei diesem letzten Satz sah Elise nicht mehr Hannchen, sondern Heinrich an. „Außerdem bist du mehr als dein Gesicht. Du bist Hannchen, Tochter von Johann Heinrich Jung-Stilling, eine famose Sängerin und Tänzerin, wegen ihres freundlichen Wesens immer sofort bei jedermann beliebt.“

Hannchen lächelte Elise zaghaft an, wobei die Wunde auf ihrer Wange sich zu einem Zwillingslächeln erhob.

Heinrich erschien es wie eine böse Fratze, dennoch lächelte er zunächst Hannchen und dann Elise an, die den Blick nicht abwandte und sein Lächeln erwiderte.

„Stellen Sie sich einmal vor, meine liebe Elise, wie es wohl ist, wenn ein junger Arzt seinen Patienten verschandelt, anstatt ihm zu helfen.

In einem ähnlich kalten Winter wie dem Unsrigen bekommt der junge Arzt Besuch von einem blinden Kaufmann aus Frankfurt, der nur deshalb angereist ist, damit Henri ihm seine Augen operiert. Doch als Henri sich den Blinden genauer besieht, erkennt er sehr schnell, dass bei dem Mann die Ursache für das fehlende Augenlicht nicht allein der graue Star ist. Hauptursache des Übels ist der beginnende schwarze Star, das begreift Henri und teilt es auch dem Reisenden und seinen Freunden mit.

Diese aber bitten Henri, das Verfahren dennoch anzuwenden. Ihr Freund sei ja ohnehin blind, was könne da noch großartig geschehen, das die Lage verschlimmern würde? Also tut Henri wie geheißen und setzt, wie er es gelernt hatte, entlang der Hornhaut einen halbkreisförmigen Schnitt, um daraufhin die Linse mit einer Schere auszuziehen.

In diesem Fall aber misslingt alles. Die Augen beginnen zu eitern und zu vernarben, sodass sie für den Betrachter noch schlimmer aussehen als zuvor. Das Antlitz des Patienten ist furchtbar entstellt und Henri zu Tode betrübt, dass er diesen Schritt überhaupt unternommen hat, obwohl ihm doch bewusst gewesen war, dass die Operation sehr wahrscheinlich nicht gut ausgehen würde.

So ist der liebe Henri seitdem sehr vorsichtig, wenn er Patienten untersucht, und operiert nicht jeden, der ihn darum bittet, sondern schreitet nur zu Werke, wenn er am Auge und an den beklagten Symptomen erkennt, dass er den Hilfesuchenden auch wahrlich helfen kann.

Wissen Sie, Elise, wie es ist, wenn man den grauen Star im Auge hat? Eine Frau, die mein Henri operiert hat, hat es mir erzählt. Stellen Sie sich vor, Sie sehen langsam immer weniger, aber nicht so, als würde alles plötzlich dunkel. Vielmehr verschwimmt das Bild vor Ihren Augen und wird milchig, sodass es Ihnen erscheint, als wäre Ihre Umgebung ständig von Nebel umgeben. Ähnlich ist es auch, wenn Sie in ein Licht sehen – es scheint wie von einem Nebelkranz umfangen. Nach einiger Zeit fällt es Ihnen schwer, sich zu orientieren. Die Entfernungen können Sie immer schlechter abschätzen, bis Sie irgendwann insgesamt schlechter sehen und sich Ihr Blickfeld langsam aber sicher verdunkelt, bis Sie irgendwann in völliger Dunkelheit leben.

Können Sie sich hineinfühlen, wie es ist, in Dunkelheit zu leben? Die Sinne werden anders geschult, Sie nehmen mehr mit dem Ohr und der Nase wahr und erleben Ihre Umgebung als eine ganz andere Welt. So ähnlich ergeht es auch Henri.

Die Welt ist für ihn fast immer dunkel; er spürt immer schneller das Schlechte und das Elend als das Gute, das dahintersteckt. Er ist hilflos und ohnmächtig gegenüber den Gewalten, die um ihn herum herrschen. Und darum braucht auch er einen Doktor, der ihn sehend macht. Jemanden, der ihm die Augen öffnet für die Liebe Gottes, die höher ist als alle Blindheit und über den Tod hinausgeht.

Wenn Henri also wieder einmal nur Patienten begegnet, denen er nicht helfen kann, und ihrem Elend hilflos zusehen muss, weil er nichts dagegen tun kann, dann öffnen Sie ihm die Augen für das Wesentliche. Bitte, Elise. Seien Sie in Zukunft seine Augen."

Es war schwer, bei all dem Jammer den Kopf nicht hängen zu lassen und den Himmel unter all der tiefgrauen Masse zu erkennen. Heute war der Tag der Heiligen Elisabeth von Thüringen, Elises Namenstag und wieder einmal hatte der Tod in Marburg Einzug gehalten.

Elise war in letzter Zeit kaum noch zu Hause in der Hofstatt gewesen, ständig half sie bei ihren Freunden, den Jung-Stillings und Michaelis' aus. Sie tat das gern; sie fühlte sich dann wie ein Teil dieser Familien – auch wenn Salomes Bitte an sie, die Augen ihres Mannes zu sein, viel zu weit ging. Je größer Salomes Bauch wurde, desto weniger blieb von ihr übrig, sowohl körperlich als auch geistig. Elise konnte so manche der Gedankengänge ihrer Freundin überhaupt nicht mehr nachvollziehen. Zudem wurde sie auf unnatürliche Weise immer strahlender, je näher der Geburtstermin rückte. Elise machte sich große Sorgen um sie, genau wie um ihre andere Freundin, Caroline Böhmer, der es auch nicht gut ging.

Diese litt zwar nur unter einem Fieber, aber ihre Kinder waren schwer krank. Besonders schlecht ging es dem kleinen Röschen. Der Körper der Kleinen war über und über mit roten Pusteln überzogen. Zum Glück hatten sie mit Fritz Michaelis einen Arzt direkt im Haus, aber Elise unterstützte ihre Freundin dennoch, und wenn sie ihr nur wie heute Gesellschaft leistete.

Die beiden Frauen saßen schweigend in zwei Lehnstühlen und bestickten Leinentücher, die später vernäht und mit Gänsedaunen zu Kissen verarbeitet werden sollten. Für diese sonst gesellige Arbeit, bei der immer gerne und viel geredet wurde, war in diesem Fall wegen der Plattstickerei höchste Konzentration vonnöten. Die feinen Fäden mussten exakt in den Stoff gefädelt werden, ohne dass das Leinen einen falsch gesetzten Stich abbekam – denn diesen Fehler sah man sofort, und er war nicht mehr rückgängig zu machen.

Caroline schien dankbar für diese Art der Ablenkung zu sein. Seit Tagen schon war sie ständig auf den Beinen, um sich um eines ihrer Kinder zu kümmern und hustete dabei selbst auffällig viel. Die Arbeit an dem Leinentuch machte ihr sichtlich Mühe, ihr Gesicht war gerötet, und ihre hohe Stirn zeigte feinste Schweißperlen, aber „besser das, als wieder nur darauf zu warten, dass eines der Kinder weint", hatte die junge Witwe gesagt, bevor sie in aller Stille in die Arbeit versunken waren.

Gott sei es gedankt, ging es der vierjährigen Auguste schon wieder besser; der Ausschlag war verschwunden und auch das Fieber war gesunken. Erschöpft und schweigsam betrat sie jetzt das Zimmer und setzte sich zu den Füßen ihrer Mutter.

„Gustel, was ist denn?“, frage Caroline zärtlich und legte den Stickrahmen auf ihren Schoß, um ihrer Tochter über das kaum zu bändigende, lockige Haar zu streicheln.

Diese zuckte mit den Schultern und sagte beiläufig: „Onkel Fritz ist wieder bei der Therese, die Träume haben sie wohl wieder eingeholt.“

Erschrocken stand Caroline auf. Ihre Stickarbeit fiel unbeachtet zu Boden, während sie ohne ein weiteres Wort in die Schlafkammer lief. Dort nächtigte Caroline mit allen drei Kindern – Michaelis war zwar ein angesehener Arzt, hatte in dem Haus in der Reitgasse aber auch nur eine Etage bezogen und war eigentlich für längere Besuche wie den von Caroline nicht gerüstet. Dieser hatte es bis dato nichts ausgemacht, auf engem Raum mit ihren Kleinen zu leben; sie hatte sich das Schlafgemach mit allerlei Bildern von Verwandten über ihrem Bett verschönert. Ansonsten aber passten nur die vier Betten hinein; die Kleidung wurde in den Schränken auf dem Flur aufbewahrt.

So war es in der Schlafkammer um Röschen herum sehr eng. Neben Fritz Michaelis war nur noch Platz für Caroline selbst, sodass Elise vom Türrahmen aus mit ansehen musste, wie das kleine Kind litt.

Im Fieberwahn streckte Röschen ihre Ärmchen aus und reckte sich, als wollte sie nach etwas greifen. Tatsächlich bekam sie dabei eine von Carolines langen Haarsträhnen zu fassen, die sie sofort fest umklammerte und brüsk zu sich hinzog, sodass Caroline vor Überraschung und Schmerz kurz aufschrie. Vorsichtig versuchte sie, die starren Finger des Mädchens zu lösen, um ihr Haar wieder freizubekommen, aber dies wurde erst möglich, als Therese zu krampfen begann.

Elise drehte sich weg, doch es war zu spät; das Bild hatte sich fest in ihr Gedächtnis eingegraben. Zuckend und sich aufbäumend kämpfte der kleine Körper gegen das Fieber an; das Mädchen war nicht mehr Herr über seine Bewegungen.

„Röschen, mein Schatz", sprach Caroline behutsam auf das Mädchen ein, „kannst du mich hören?"

Die Kleine nickte unter den Krämpfen.

„Gut. Ich will dir etwas Schönes sagen. Bald ist ja Weihnachten, und da hat die Großmutter versprochen zu kommen. Freust du dich?"

Ein kaum hörbares „Ja" kam über die kleinen, vom Fieber ausgetrockneten Lippen des Mädchens.

„Wir sollten ihr ein warmes Bad einlassen, das wird ihr wohltun", empfahl der Onkel der Kleinen mit seiner tiefen Stimme, woraufhin Caroline hektisch begann, Wasser aufzusetzen. Elise half ihr dabei, so gut sie konnte, doch hatte sie den Eindruck, dass Caroline sie gar nicht wahrnahm. Vielleicht sollte sie besser gehen? Sie störte ja eigentlich nur.

„Elise, ich brauche Ihre Hilfe", brachte Caroline jedoch kurz darauf keuchend hervor, ohne Elise anzusehen. „Bitte helfen Sie mir, das Kind in die Wanne zu tragen."

Elise tat wie geheißen, und gemeinsam trugen die zwei Frauen den leichten, aber heißen Körper des Kindes vorsichtig aus dem engen Zimmer über den Flur in die Stube und legten es in den Badezuber.

Sofort veränderte sich der Gesichtsausdruck der Kleinen, und die Krämpfe schienen aufzuhören. „Ja", sagte sie zufrieden, „Gut. Gut", und versank fast in dem Wasser. Elise konnte sie gerade noch rechtzeitig festhalten. Erschrocken betrachtete sie das nackte, kleine Mädchen. Ihr ganzer Körper von den roten Flecken befallen, auch ihr Gesicht, sodass es aussah, als wäre das Kind am ganzen Körper verbrannt.

Zitternd ließ Caroline sich wieder in dem Lehnsessel nieder und trat dabei aus Versehen auf die Stickerei, die noch auf dem Boden lag. Doch das war jetzt egal, das Einzige was zählte, war Röschen. Kaum einer sprach ein Wort, und allein durch dieses Schweigen war jedem der Ernst der Lage bewusst.

Nach dem Bad legten sie das Kind auf das Kanapee unter dem Fenster, wickelten es warm ein und ließen frische, kalte Luft hinein. Draußen war es dunkel geworden, vereinzelt hörte man noch das Geschnatter von Gänsen, aber ansonsten wurde es jetzt auch in der Stadt eigentümlich still, als würden alle Bewohner gleichzeitig die Luft anhalten.

Röschen schlief mittlerweile, und Gustel war ebenfalls zu Bett gegangen, aber Elise wagte nicht, ihre Freundin jetzt allein zu lassen. Notfalls würde sie hier nächtigen, auch wenn vielleicht die Gefahr bestand, dass sie sich dadurch bei der Familie ansteckte. Sie hatte nichts zu verlieren außer ihrer Gesundheit – für Caroline stand hingegen viel mehr auf dem Spiel.

Ihre Freundin, die entkräftet in den Lehnstuhl gesunken war, das Haar offen und unfrisiert, das Kleid nass vom Bad ihrer Tochter, war gerade dabei einzunicken, als Röschen unter heftigen Zuckungen mit dem Oberkörper auffuhr und versuchte zu schlucken und zu atmen. Schnell verabreichte Michaelis dem Kind etwas Moschus, doch Elise sah in seinen Augen, dass auch er aufgegeben hatte.

Innerlich machte Elise sich bereit, wieder ein Kind sterben zu sehen, als die Zuckungen Röschens kleinen Körper endlich verließen, sodass Arme und Beine sich noch ein letztes Mal streckten und dann – von jetzt auf gleich – starr liegen blieben.

Reglos blieb auch Caroline in ihrem Sessel sitzen, während Michaelis die Atmung und den Puls des zweijährigen Mädchens überprüfte und daraufhin gefasst den Kopf schüttelte.

Caroline biss sich mit schmerzverzerrtem Gesichtsausdruck auf die Lippen und bedeutete ihrem Bruder mit einem Nicken, dass sie verstanden hatte. Röschen war nicht mehr; die Rose war endgültig verblüht.

Als Elise wenig später den Heimweg antrat, war es so dunkel, dass sie sich nur auf ihren Orientierungssinn verlassen konnte. Eigentlich ging eine Frau zu solch später Stunde nicht mehr allein durch die Gassen, aber Elise wollte einfach nicht mit dem toten Kind unter einem Dach bleiben. Außerdem gehörte sie nicht zur Familie, die jetzt Totenwache hielt, auch wenn Caroline sich das vielleicht wünschte.

Elise hatte Michaelis in den letzten Wochen wohlwollend beobachtet, in sich aber keine Gefühle für ihn entdecken können außer Achtung und Freundschaftlichkeit. Er war wahrlich ein angesehener und schön gewachsener Mann mit einer wundervollen Stimme, die einem sicherlich angenehme Worte ins Ohr flüstern konnte, aber Elise wollte ihn nicht. Es war seltsam. Fast so, als würde sie eigentlich einem anderen gehören.

Sanft segelten nun feine Schneeflocken vom Himmel und erhellten nach und nach die Silhouette der Stadt. Die besinnliche Umgebung schien so gar nicht zu dem grausamen Tod des Kindes zu passen. *Es ist, als wolle der Schnee einfach eine Decke des Vergessens über die Dunkelheit legen,* dachte Elise und sah zu ihrem Erstaunen mitten auf dem Marktplatz einen Fischreiher landen. Stolz reckte er den Hals und blieb wie zu einer Statue verhärtet stehen.

Stumm beobachteten sich Elise und der graue, große Vogel mit dem langen Schnabel und den wachsamen Augen. Seine gebeugte Haltung und die graue Farbe seines Federkleides erinnerten sie an jemanden, aber Elise wusste nicht, an wen. *Eine eigentümliche Begegnung,* fand Elise und setzte ihren Heimweg fort. Der Reiher aber blieb wie angewurzelt stehen und sah ihr nach, während der Mondschein durch die düstere Wolkendecke drang und alles in silbernes Licht tauchte. Elise fiel indessen der Spruch ein, der an diesem Namenstag der Heiligen Elisabeth von Thüringen im Bauernkalender stand: „Sankt Elisabeth zeigt an, was der Winter für ein Mann.“ Was würde der kommende Schnee wohl noch alles unter sich begraben?

14

Früher Morgen. Es war noch dunkel, als Heinrich erwachte und müde die Schemen seiner Umgebung wahrnahm. Schlaftrunken setzte er sich auf und sah direkt in die Mündung eines Gewehrs.

Seine Schlafkammer war voller bewaffneter Männer und Frauen, die mit Bajonetten und Pistolen in den Händen gierig auf ihn herabsahen. Ihre Gesichter waren verrußt, ihre Kleidung verdreckt und löchrig, manch einem fehlten die Zähne in der grotesk lachenden Fratze. „Wir sind gekommen, um zu holen, was uns gebührt", krächzte eine besonders hässliche Frau mit einer übergroßen eitrigen Wunde im Gesicht. Der Gestank ihres Atems ließ ihn beinahe in Ohnmacht fallen. Es waren französische Bauern, das konnte er jetzt sehen. Einer trug die Tricolore, eine Fahne aus blau-weiß-rotem Stoff. Zu Tode erschrocken fuhr Heinrich zusammen und krabbelte rückwärts zum Kopfteil seines Bettes, wobei ihm die Schlafmütze vom Kopf fiel.

Eine Schlafmütze?, dachte Heinrich erstaunt. *So etwas besitze ich doch gar nicht.*

Mit einem Mal wurde ihm klar, dass die Menschen in seinem Zimmer nicht real sein konnten. Es musste sich um einen Traum handeln. Entschlossen kniff er die Augen zusammen und nahm sich vor, jetzt wirklich zu erwachen.

Als er vorsichtig die Augen öffnete, sah er sein Zimmer so vor sich, wie es vor dem Zubettgehen ausgesehen hatte. Dort an dem Haken hing sein Gehrock, dort drüben neben der Waschschüssel lagen seine zwei Perücken – die ältere mit den weißen Locken und die neuere mit dem Zopf. Und neben ihm, neben dem Bett, mussten seine Pantoffeln stehen. Heinrich beugte sich vor und warf einen Blick neben die Matratze, aber seine Schuhe waren nirgendwo zu sehen.

„Suchst du diese hier?", fragte Salome, die mit seinen Pantoffeln an den Füßen am Fußende des Bettes saß und provozierend ihr Bein hob, damit er die Schuhe auch sehen konnte.

Irgendetwas stimmte nicht. Seine Frau und er schliefen jetzt schon seit Längerem nicht mehr in einem Zimmer – seitdem Salome der Meinung war, sie müsse sich sittlich auf ihren Tod vorbereiten, und sie sei ja nun ohnehin bald nicht mehr seine Gemahlin.

Heinrich verzog das Gesicht und rieb sich gähnend die Augen. „Salome, was machst du hier? Geht es dir nicht gut? Brauchst du mich?"

Salome lachte hohl. „Ich dich brauchen? Nein, mein lieber Henri, ich brauche dich nicht mehr. Ich bin jetzt tot. Siehst du?" Und schon erhob sie sich, um in ihrem weißen Nachtgewand wenige Zentimeter über dem Boden in Richtung Tür zu schweben. Ihre Silhouette wurde dabei immer schwächer, sodass es so wirkte, als entschlüpfte sie durch die Wand.

„Salome? Saaalomeee!", rief Heinrich ihr verzweifelt nach, nur um festzustellen, dass er immer noch geträumt hatte.

Jetzt nämlich saß er wirklich wach und kerzengerade auf seiner Matratze und sah das vom Mondlicht erhellte Zimmer ganz klar vor sich. Seine Pantoffeln standen wie erwartet neben seinem Schlaflager, und er entdeckte weit und breit weder eine Schlafmütze noch seine Ehefrau.

Erleichtert atmete Heinrich aus und wischte sich die wenigen, zerzausten Haarsträhnen aus der Stirn, die vor Angstschweiß ganz kühl und feucht war. Zitternd vor Furcht, aber auch vor Kälte zündete er den Docht einer Kerze an, die mit ihrem flackernden, warmen Lichtschein die beunruhigenden Träume langsam vertrieb.

Heinrich schüttelte den Kopf und versuchte, die Schreckensvisionen loszuwerden. Doch die Nachwirkungen des Traumes sollte er noch viele Stunden in den Tag hinein spüren. Jetzt aber nahm er seine Bibel vom Nachtschrank und begann seine morgendliche Andachts- und Gebetszeit.

Als Heinrich mit der Kerze in der Hand seine Kammer verließ, schlotterte er am ganzen Körper. Das Haus war ebenso ausgekühlt wie seine Gefühle. Schnell warf er einen Blick in Salomes Zimmer, um sicherzustellen, dass sie noch lebte. Sie schlief, und ihr Atem ging gleichmäßig und ruhig, sodass Heinrich zumindest diese Angst für den heutigen Morgen hinter sich lassen konnte.

Dankbar wärmte er sich am Feuer in der Küche, als plötzlich

Elise durch den Hintereingang hineintrat. Stöhnend klopfte sie ihre Füße ab. Ihre Schuhe waren voller Schnee und Eis, aber auch ihr Mantel und der Schal, den sie sich um den Kopf gewickelt hatte, waren mit weißem Puderschnee bedeckt.

„Heinrich", murmelte sie durch den Wollstoff vor ihrem Mund. „So früh schon auf den Beinen?"

„Das könnte ich auch Sie fragen. Was machen Sie zu so früher Stunde hier?"

Umständlich zog Elise den Schal von ihrem Gesicht und schälte sich aus dem mit Feuchtigkeit vollgesogenen Mantel.

„Salome hat mich gebeten, die Schlachtung heute zu beaufsichtigen", erklärte Elise und ließ sich ächzend neben ihn auf die Bank hinter dem Ofen fallen. „Sie glauben ja gar nicht, wie viel es heute Nacht wieder geschneit hat. Es ist fast kein Durchkommen auf den Straßen. Die Leute kommen mit dem Schneeschippen nicht hinterher – und wie ich gehört habe, sind sogar zwei Scheunendächer unter der Last des Neuschnees zusammengebrochen. Dabei sind die Dächer erst im Sommer erneuert worden, samt Balken!", berichtete Elise redselig und hielt ihre steif gefrorenen Finger in Richtung Ofen. „Hoffentlich kommt der Schlachter mit seinem Fuhrwagen überhaupt bis zu uns hoch. Sonst müssen wir das wohl oder übel allein erledigen."

Heinrich sah sie erstaunt an. „Elise, Sie sind immer wieder für eine Überraschung gut", sagte er lächelnd. „Ich wusste gar nicht, dass Sie schlachten können."

„Ich weiß nicht, ob ich es kann", erwiderte sie mit einem Achselzucken, „aber ich habe so oft dabei zugesehen, dass ich denke, mit der Hilfe des Knechtes könnten wir es notfalls auch allein schaffen. Aber Heinrich", sprach sie weiter und warf ihm einen belustigten Blick zu, „Sie sind auch immer wieder für eine Überraschung gut."

„Ich? Wieso?", fragte Heinrich. Als er ihrem Blick folgte, der ihn amüsiert musterte, wurde ihm aber schnell bewusst, was sie meinte. Er saß hier immer noch in Nachtgewand und Pantoffeln.

Er räusperte sich und wusste nicht, ob er über sich lachen oder versuchen sollte, möglichst normal zu wirken. Lächerlich war die

Situation ohnehin schon. Also entschied er sich für ein peinlich berührtes Grinsen und murmelte: „Ich hatte heute Nacht einige Albträume, die wohl meinen Realitätssinn getrübt haben. Sie haben recht, ich sollte jetzt wohl zunächst einmal meine Morgentoilette besorgen.“ – Was er dann auch schleunigst tat.

Während er sich ankleidete, dachte er über seine Träume und deren Bedeutung nach. Warum hatte er wohl von der Französischen Revolution geträumt? Ja, er musste zugeben, dass ihn die Brutalität, mit der in Frankreich vorgegangen wurde, ängstigte. Sie war für ihn besonders in seiner jetzigen Situation ein Anlass zur Verzweiflung. Sein Familienleben war durch die Todesahnungen von Salome bedroht, und auch alle äußeren Umstände konnten sich von jetzt auf gleich ändern – das hatte das französische Volk dieses Jahr bewiesen. Und Deutschland war wegen der vielen zerstrittenen Fürstentümer nicht eben ein stabiles Fleckchen Erde. Jetzt, wo sein Leben zum ersten Mal in Ordnung schien, hatte Heinrich schlichtweg Angst, alles was er liebte und schätzte, wieder zu verlieren.

Als Heinrich sich im Spiegel besah und sein spräliches Haar ordnete, wurde ihm bei einem prüfenden Blick in seine grauen Augen aber auch jäh bewusst, dass die Träume noch etwas anderes zeigten: Er hatte nicht nur Angst, er fühlte sich auch schuldig und suchte insgeheim nach einem Richter, der ihn verurteilte. Er liebte zwei Frauen und konnte nicht aus seiner Haut, egal, wie sehr er auch betete und fastete und flehte und versuchte, seine Gefühle zu unterdrücken. Sie kamen immer wieder. Und Salomes Forderung machte es nicht eben besser. Dennoch. Heinrich musterte seine hohen Wangenknochen und die traurigen Augen. Er würde hinunter in die Küche gehen und Elise alles beichten. Dann würde sie urteilen und für ihn die ermessene Strafe erdenken. Salome konnte er in ihrem jetzigen ohnehin schon verwirrten Zustand nicht auch noch damit behelligen. Vielleicht würde er sie mit seinem Geständnis sogar noch in ihrem Todeswunsch bestärken.

Energisch schritt Heinrich also aus, um Elise in der Küche in die tiefsten Abgründe seiner Seele einzuweihen.

Er fand sie in der Scheune, das blonde Haar mit einer Haube

zurückgebunden, die umgehängte Schürze voller Blut. Es roch nach Urin und rohem Fleisch, Dampfschwaden von noch warmem Blut waberten über der gefrorenen Erde. Vor Elise hing an einem Haken ein aufgeschlitzter Schweinetorso, und sie hielt das scharfe Messer in der Hand, an dem das bereits geronnene Blut klebte. Als sie Heinrich sah, überreichte sie dem Schlachter das Messer und sah interessiert dabei zu, wie er die Eingeweide aus dem Tierkörper hervorholte. Nach und nach klatschten Darm und Leber und Niere auf den gefrorenen Scheunenboden, und die noch warmen Innereien ließen das Eis auf der Erde verdunsten.

„Wissen Sie, Heinrich", erklärte Elise gelassen, „auch wenn der Metzger jetzt da ist, so wollte ich doch gern sein Handwerk verstehen, sofern wir doch einmal darauf angewiesen sind, selbst zu schlachten." Als sie sprach, bildete sich Hauch in der Luft und vermischte sich mit den Dämpfen aus dem getöteten Tierkörper.

An den Schlachtmeister gewandt sagte sie: „Nicht wahr? Sie geben mir doch Bescheid, sobald ich das Fett für meine Kerzen bekommen kann?" Resolut wischte sie sich das Schweineblut von den Händen und verabschiedete sich per Handschlag von dem robusten Mann, um Heinrich in die Küche zu folgen.

Ihm war indessen beim Anblick all des Blutes jetzt doch nicht mehr nach einer Liebeserklärung zumute. Nun war es nicht so, dass er noch nie eine Schlachtung gesehen hatte – auch seine Großeltern hatten jeden Winter Schweine geschlachtet und gewurstet, aber Elise, diese zarte Gestalt mit dem Messer in der Hand – das erinnerte ihn doch zu sehr an den Traum von letzter Nacht. Vor seinem Inneren legten sich beide Vorstellungen übereinander, und so sah er Elise mit dem blutigen Messer zusammen mit den rasenden französischen Massen in sein Haus einbrechen, um ihm nicht nur den Kopf abzuschlagen, sondern auch auszuweiden.

Vielleicht war dies die Strafe, die er verdiente, dachte Heinrich, aber an Elise gewandt, sagte er: „Ich danke Ihnen liebe Freundin, dass Sie sich so um uns und unseren Haushalt bemühen. Ich werde nun meinen Teil dazu beitragen und im Wald für jede unserer Familien einen Lichtbaum für das Weihnachtsfest besorgen."

Und so stakste er ohne ein weiteres Wort und auch ohne Axt hinaus in den Schnee, nur um weder von Elise, noch von Salome, noch von Hannchen oder sonst einer Frau etwas zu sehen. Seine Augen suchten Entspannung von den Schreckensszenarien. Nur Weiß, helles, strahlendes Weiß des Schnees war jetzt in der Lage, sein Gemüt zu beruhigen.

„Stellen Sie sich vor, meine liebe Elise, ich habe Ihnen heute kaum etwas zu erzählen. Ich muss meine Gedanken ordnen, mir bleibt nur noch wenig Zeit. Demnächst werde ich Ihnen gerne weitererzählen, wie es Henri erging. Da gibt es noch so vieles zu berichten.

Doch mir scheint, ich habe mein Ziel schon erreicht. Sie verstehen und sehen ihn jetzt, und das ist das Wichtigste. Aber, Elise, das ist noch nicht das Ende. Nicht umsonst heißt es, dass der Weg bis zum Ende lange währt und jedes Ende einen Anfang hat. Wir stehen erst am Anfang des Endes, aber von diesen zwei Welten, die sich nun bald begegnen, davon berichte ich Ihnen ein anderes Mal.

Ich bin so müde, so müde, Elise. Ich brauche all die Kraft für das Leben, das nach mir bleiben soll. Also gehen Sie dahin und begegnen Sie Ihrem neuen Leben. Fangen Sie an, die Welten miteinander zu verbinden. Wagen Sie diesen Schritt. Bitte.“

Vorsichtig berührte Elise mit dem Zeigefinger die Eisblumen an ihrem Fenster und zog die Umrisse der filigranen Kristalle nach. Draußen auf dem kleinen Platz vor der Hofstatt spielten die Kinder aus der Nachbarschaft wild im Schnee. Durch das aufgewirbelte Pulver hindurch konnte Elise auch die Mützen von Karoline und Lisette erkennen. Hannchen, Miegchen und Malchen passten gemeinsam vom Hauseingang aus auf, dass die Kleinen nicht ganz von den Schneemassen erdrückt wurden. Doch sie mussten sich keine Sorgen machen. Die älteren Kinder achteten ohnehin auf die

Jüngeren, während sie gemeinsam selbstvergessen Höhlen in die weiße Pracht bauten.

So war es schon zu Elises Kinderzeit gewesen, und sie freute sich zu sehen, dass auch die Jung-Stilling-Kinder hier erlebten, wie es war, ohne Rücksicht auf irgendwelche Standesunterschiede mit Kindern von Handwerkern, Kaufleuten und Bediensteten zu spielen. Gerne wäre auch sie noch einmal in diese ganz spezielle Welt, das „Eisdorf" gezogen, wie sie die Burgen einst genannt hatten, aber sie unterdrückte den Impuls. Auch die Kinder würden früh genug lernen, dass diese zweite Welt, in der sie jetzt lebten, vergänglich war. Schon bald würden die Überreste des Schnees nur noch grau und matschig in den Häuserecken liegen und das Schmelzwasser hinunter zur Lahn fließen. Man konnte nur hoffen, dass nach der Schmelze dieser ungewöhnlich vielen Schneemassen der Fluss nicht über die Ufer trat.

Doch darüber wollte sich Elise heute keine Gedanken machen. Auch sie wollte den Schnee genießen, jedoch auf ihre Weise. Schnell wandte sie sich vom Fenster ab und zog sich lange Wollsocken und dicke Stiefel an die Füße und über Unterkleid und Oberkleid einen warmen Mantel. Um den Kopf wickelte sie sich in Ermangelung einer warmen Mütze ihren langen, selbst gestrickten Schal. Allein deshalb liebte sie die Winterzeit – man achtete nicht mehr so sehr auf die Kleidung, die Hauptsache war, man hielt sich warm. Und da sie heute ohnehin nicht vorhatte, jemanden zu besuchen, tat es auch ihr einfaches wollenes Kleid. Auf ein Korsett verzichtete sie ebenfalls. Sie zog lieber ein gefüttertes Wams über das Unterkleid, das einmal ihrer Großmutter gehört hatte.

So ausstaffiert stiefelte Elise los, über die zum Teil schon freigeschaufelten Wege hinauf zum Schloss. Von dort hatte man bei einem Wetter wie diesem eine atemberaubende Sicht auf das weiß bezuckerte Marburg. Die Sonne strahlte von einem wolkenlosen Himmel aus direkt auf das weiße Land und ließ es kaleidoskopartig leuchten. Von hier oben wirkte die verschneite Stadt wie ein verzaubertes Märchenland. *Was sich wohl jetzt gerade unter den einzelnen dieser Dächer tut?*, fragte sich Elise. Ganz in der Ferne konnte sie jedenfalls anhand einiger sich bewegender Punkte erkennen, dass sich wohl einige Menschen auf die gefrorene Lahn getraut hatten. Ob ihnen dort genauso kalt war wie ihr hier oben? Hier an der langen, meterdicken Mauer, wehte ihr der Wind zwar nur mäßig ins Gesicht, aber ihre Augen begannen dennoch zu tränen.

„Sie werden doch wohl nicht weinen?“, unterbrach eine Männerstimme Elises Betrachtungen ihrer Heimat.

Elise sah nach unten und sah eine vermummte Männergestalt die Landgraf-Philipp-Straße hinaufkommen. Langsam und sichtlich außer Atem näherte sich ihr der Mann, den Elise schon an seiner Haltung erkannte. Es war Heinrich Jung-Stilling.

„Also ich muss schon sagen“, sagte Elise erfreut, „wir begegnen uns in letzter Zeit doch recht oft, ohne es geplant zu haben.“

Durch den Schal, der Heinrichs Hals und Kopf vermummte, antwortete er mit dumpfer Stimme: „Na, wenn das keine Vorsehung ist.“

Elise lächelte, war aber etwas verunsichert. „Bitte sagen Sie das nicht“, bat sie, „Salome spricht in der letzten Zeit so oft davon, und mir wird das langsam etwas unheimlich.“

Heinrich lockerte seinen Schal, sodass er besser sprechen konnte. Elise sah jetzt auch seine Augen. Sie wirkten traurig und bedrückt.

„Hat Salome Ihnen etwa auch von ihrer Ahnung berichtet?“, fragte Heinrich erschrocken.

Elise schüttelte den Kopf. „Ich weiß nicht, was sie meint zu ahnen, aber ich finde, dass die Schwangerschaft sie verwirrt. Sie ist oft sehr erschöpft, und wenn sie mir etwas erzählt, verliert sie oft den Faden oder beginnt in Metaphern zu sprechen, die ich nicht verstehe“, erklärte Elise und lehnte sich mit der Hüfte gegen die Mauer, um Heinrich mit dem Sonnenlicht im Rücken besser sehen zu können.

Dieser wirkte jetzt seltsam erleichtert, aber seine Miene sah trotzdem sorgenvoll aus.

„Heinrich“, fragte sie prüfend, „gibt es da etwas, das Sie bedrückt?“

Heinrich wandte den Blick ab und schaute ins Tal hinunter. „Ich liebe diesen Ausblick“, sagte er und blieb ihr eine Antwort auf ihre Frage schuldig. „Sie nicht auch?“

Doch so schnell ließ sich Elise nicht abwimmeln. „Ja, deshalb bin ich heute hierhergekommen. Aber wie steht es mit Ihnen? Was treibt Sie hier hoch? Was sorgt Sie?“ Elise beugte sich vor, um ihm erneut in die Augen zu sehen.

Heinrich aber schloss seine Augen rasch und hielt sein blasses Gesicht in die Wintersonne. Nur die Nase war durch die Kälte etwas gerötet. „Wenn, Elise, dann sorge ich mich um Sie – ich hoffe, die Tränen waren nur ein Produkt der Kälte?“

Elise winkte ab. Wenn er sich ihr nicht anvertrauen wollte, auch schön. Sie schlug sich ohnehin schon mit genügend fremden Lasten herum. Caroline etwa ging es seit dem Tod ihrer Tochter gar nicht gut. Ihr Gesundheitszustand hatte sich rapide verschlechtert. Wie ihre Kinder hatte nun auch sie zu ihrem Fieber einen roten Rachen bekommen, aber ihre Haut war von Pusteln verschont geblieben. Mittlerweile befand sie sich zwar schon auf dem Weg der Besserung, aber Gustel wollte so gar nicht verstehen, dass ihr Schwesterchen nicht mehr da war, und auch Caroline hatte hart damit zu kämpfen, den Tod ihrer Tochter zu akzeptieren. Zu allem Übel war nun auch noch ihr kleiner Sohn krank geworden. Die Einzigen, die sich trotz aller Nähe nicht mit den Masern angesteckt hatten, waren der Doktor Michaelis und Elise, und dafür war sie Gott sehr dankbar.

Wenn sie hier oben auf dem weitläufigen Gelände des alten Schlosses war, nutzte sie oft die Gelegenheit, in Ruhe mit Gott zu sprechen. Also verabschiedete sie sich von Heinrich – sie hatte sowieso schon zu lange an einer Stelle gestanden und war ganz durchgefroren – und drehte noch eine Runde durch den ehemaligen Lustgarten des Schlosses, bevor sie auf ihrem Lieblingsweg den Berg wieder hinunterstieg.

Dieser Pfad war nicht befestigt und führte über mehrere abgesetzte Terrassen entlang der westlichen Stadtmauer zu einem ihrer Lieblingsplätze, einem Turm der Stadtmauer. Hier hatte Elise als junges Mädchen gern gesessen und geträumt – von ihrem zukünftigen Leben an der Seite eines Professors, wie ihr Vater einer war, und mit drei Töchtern, wie sie, Amalie und Marie es waren. Heute belächelte Elise ihre simplen Wunschträume von damals, doch sie kam dennoch ab und zu gern hierher, um zu beten. Kaum ein Mensch nahm noch diesen Trampelpfad durch die privaten Gärten und das wuchernde Gestrüpp aus Brombeeren und wilden, stacheligen Rosensträuchern – schon gar nicht, wenn der steile Untergrund wie heute durch hohen Schnee kaum zu sehen war. Elise konnte also ganz ungestört mit sich und Gott sein.

Leise begann sie, ein Lied zu singen, passend zu dem Bibelspruch, der über ihrem Bett hing: „Wo der Herr das Haus nicht baut, ist die Arbeit umsonst." Sie dachte dabei an ihre Familie. Nur noch wenige Tage waren es bis Weihnachten. Sie freute sich auf das besinnliche Fest, und diesmal würde es sogar eine Neuerung geben – Heinrich Jung-Stilling wollte einen Lichterbaum besorgen, aber was das genau war, wusste sie nicht.

Ein seltsames Tier ließ Elise plötzlich in ihrem Gesang innehalten. Da war er wieder, der Fischreiher, den sie neulich auf dem Marktplatz gesehen hatte. Einige Meter entfernt hockte er mit seinen schmalen Beinen tief in den Schnee eingegraben und schüttelte sich das Gefieder, bis sich ein Schal löste.

Ein Schal? Elise sah genauer hin und erkannte nun, dass es kein Fischreiher, sondern Heinrich war, der wohl im Schnee eingesunken war und sich jetzt wieder befreite. Wie ein Fischreiher stakste er steif aus dem Schneehaufen heraus und pirschte sich langsam näher.

Elise kam ihm lachend entgegen, bis sie sich auf halber Hanghöhe wiedertrafen, beide bis zu den Knien im Schnee. Vor Anstrengung und Kälte schnaufend sahen sie sich in die Augen. Fragend blickte Elise Heinrich an, aber dieser schüttelte immer noch außer Atem den Kopf.

Schließlich sagte er keuchend: „Ich habe hier ein Wimmern gehört, und da wollte ich nachsehen, ob sich jemand verletzt hat."

„Ein Wimmern?" Entrüstet stemmte Elise die Hände in die Seiten. „Lieber Heinrich, das war ich. Ich habe gesungen."

„Oh." Heinrich verzog sichtlich peinlich berührt das Gesicht und rang nach Worten.

Doch Elise winkte ab. „Ach, das macht nichts. Ich kann ohnehin schlecht singen. Und es ist Ihnen ja hoch anzurechnen, dass Sie sich trotz des Schnees auf solch unsicheres Terrain begeben haben, nur um jemanden aus seiner Misslage zu befreien, auch wenn – zugegeben“, jetzt musste Elise doch grinsen, während sie an dem Mann hinabsah, dessen Kleidung über und über mit Schnee bedeckt war, „Sie sich daraufhin selbst in eine missliche Lage manövriert haben.“

Heinrich klopfte seinen Mantel aus und grinste ebenfalls. „Sie erinnern sich vielleicht nicht, aber ich hatte Ihnen schon einmal gesagt, dass ich Sie auffangen würde, falls Sie stürzen sollten.“

Elise erinnerte sich sehr wohl an die Begebenheit vor mehr als zwei Jahren, als sie sich noch nicht lange gekannt und sie Lisette vom Garten aus an der Mauer zu ihm hinuntergereicht hatte. Dass er sich auch daran erinnerte, irritierte sie.

„Hmm. Nun ja. Sie werden es nicht glauben, aber ich habe eben an Sie gedacht“, wechselte Elise das Gesprächsthema und fragte nach der eigentlichen Bedeutung dieses Lichterbaumes, den Heinrich für das Weihnachtsfest besorgen wollte.

„Ein Lichterbaum ist ein immergrüner Baum, wie zum Beispiel eine Tanne, der in vielen Teilen Deutschlands zur Weihnachtszeit in die Stube geholt wird, um an das ewige Leben in Jesus Christus zu erinnern, daran, dass er durch seine Geburt und später durch seinen Tod und seine Auferstehung für uns das ewige Leben vorbereitet hat“, erklärte der Professor in gewohnter Lehrermanier.

„Ach, ich habe davon gehört. Für die Kinder wird dann doch allerhand Zuckergebilde an die Zweige gehängt, als kleine Gabe, wie für das Jesuskind damals, nicht wahr?“, fragte Elise interessiert und blies in ihre Hände, um sie zu wärmen.

„Es gibt wohl mehrere Bräuche und Überlegungen. Manche hängen auch vergoldete Äpfel an den Baum, um an den Paradiesapfel von Adam und Eva zu erinnern. Wieder andere schmücken ihre grünen Bäume nur mit Lichtern, um an den Stern zu Bethlehem zu erinnern, der die Dunkelheit der Welt erhellt und auf die Heilsbotschaft des Sohnes Gottes hingewiesen hat.“

Elise nickte. „Deutet nicht auch das Grün an sich schon auf das Frische, Wachsende hin?“, fachsimpelte sie.

„Oder darauf, dass man jemandem nicht grün ist", scherzte Heinrich und fügte schnell an, um Missverständnissen vorzubeugen, „was wir natürlich nicht sind. Wir sind uns grün, versteht sich." Seltsam verlegen wechselte er das Thema. „Was haben Sie denn eben gesungen?", fragte er.

„Wo der Herr das Haus nicht baut, ist die Arbeit umsonst", sagte Elise und zupfte nun ihrerseits verlegen an ihrer Kleidung herum.

„Das ist ein wahres Wort", entgegnete Heinrich sichtlich nachdenklich.

Gedankenverloren reckte sich Elise zu ihm empor und strich ihm eine wirre Haarsträhne zurück in den Nacken, nur um sich daraufhin sofort zu entschuldigen. „Oh, Verzeihung. Ich weiß auch nicht, wieso, aber …" stotterte Elise und trat einen Schritt zurück, den Hang hinunter.

Von unten herab sah sie Heinrich an und stellte fest, dass er jetzt im Schnee noch ungleich attraktiver als sonst aussah, trotz oder vielleicht sogar wegen seines Alters. Die hohen Wangenknochen verliehen ihm ein fast aristokratisches Aussehen, die dichten Augenbrauen und das markante Kinn deuteten Willensstärke an, und seine Augen waren derart offen und verletzlich und traurig, dass Elise sich nur unter Einsatz all ihrer Willenskraft davon abhalten konnte, ihn in die Arme zu nehmen. Und so bekam sie kaum mit, dass Heinrich plötzlich sagte:

„Elise, ich weiß, das finden Sie jetzt seltsam. Aber ich liebe Sie."

Ohne seine Worte wirklich realisiert zu haben, winkte sie nur instinktiv ab und sagte lapidar: „Ach, das macht nichts, Heinrich, ich liebe Sie auch", woraufhin sie beide innehielten und sich entgeistert anstarrten.

Was, um Gottes Willen, hat er eben gesagt?, frage sich Elise, während sie ihre Augen nicht von seinen abwenden konnte. *Und was, um Gottes Willen, habe ich da eben gesagt? Kann das denn sein? Ich liebe einen Fischreiher? Und ein Fischreiher liebt mich? Das muss ein Traum sein.* Aber Elise wachte einfach nicht auf.

3. Teil

1790

„Wer nicht liebt, der bleibt im Tod."
1. Johannes 3,14

15

Die tief stehende Sonne ließ sein Studienzimmer golden leuchten und verlockte zu einem Spaziergang. Doch Heinrich saß konzentriert an seinem Schreibpult und arbeitete an seinem Lehrbuch über die Methoden, wie man den grauen Star ausziehen konnte. Sein Freund Baldinger hatte ihn bereits mehrfach dazu aufgefordert, sein Wissen und seine Erfahrungen niederzuschreiben.

„... dass mancher edle junge Mann durch diese Schrift besser belehrt wird, um den armen Blinden wahrhaftig zu dienen", schrieb Heinrich, doch seine Gedanken schweiften immer wieder ab.

Seit der Begegnung mit Elise im Schnee waren einige Wochen vergangen, und seitdem fühlte er sich, als führte er sein Leben wie in Trance. Eigentlich hatte er gar nicht vorgehabt, Elise seine Gefühle zu gestehen, aber der Wunsch, endlich für seine falschen Empfindungen zurechtgewiesen zu werden, war schließlich so groß geworden, dass sie einfach aus ihm herausgeplatzt waren, wie die Gedärme aus dem geschlachteten Schwein. Dass Elise, anstatt ihn zu verdammen, genauso empfand, hatte er ja nicht ahnen können! Da hatte er sich rein waschen wollen von aller Schuld und hatte dabei nur noch mehr auf sich geladen!

Vor Heinrichs Augen spielte sich die Sequenz immer und immer wieder ab. Er wusste gar nicht mehr, wie sie danach den steilen, verschneiten Berg hinuntergekommen waren. Er wusste nur noch, dass sie sich dabei oft an den Armen hatten halten müssen, um nicht zu stürzen, und diese Berührungen waren wegen des Dialoges zuvor mehr als pikant gewesen. Bis sie unten auf der Rittergasse angekommen waren, hatten sie kein Wort mehr miteinander gesprochen.

Dann aber waren sie sich schnell einig geworden: Diese Gefühle konnten nicht gut sein und entsprachen nicht Gottes Willen. Davon abgesehen versicherten beide, dass sie Salome genauso liebten und dass sie – besonders in ihrer momentanen Lage – Vorrang vor allen Täteleien, wie Elise es abtat, hatte. Sie nahmen sich vor, einander in Zukunft aus dem Weg zu gehen und möglichst nicht mehr zu sehen. Elise würde Salome nur noch in den Zeiten besuchen, in denen er unterrichtete, und er würde das Haus der Coings nur betreten, wenn es absolut nötig war – und falls sie sich doch treffen sollten, wollten sie einfach versuchen, an ihre frühere Freundschaft anzuknüpfen. Bis dahin aber würde jeder von ihnen sühnen und Gott anflehen, ihnen aus ihrer misslichen Lage zu helfen, und Elise wollte außerdem versuchen, sich anderweitig zu verlieben. Es sei wohl ohnehin nur eine Schwärmerei, das sei es von Anfang an gewesen, hatte sie leichthin alles entkräftet.

Für Heinrich aber war die Lage nun doppelt kompliziert. Elise schien von Salomes Wunsch nichts zu wissen, und seine Frau ließ seit Jahresbeginn kaum eine Gelegenheit verstreichen, ihn weiter um diesen Gefallen zu bitten. Es war furchtbar. Also hatte er begonnen, sich in seine Arbeit zu stürzen und seine Lehrstunden und Studien und Gebete noch verbissener zu verrichten als ohnehin schon.

Daneben blieb kaum Zeit für seine Kinder – aber jedes Mal, wenn er Karoline und Lisette traf, erzählten diese ihm ohnehin von ihren Abenteuern und Spielen mit Elise und davon, was diese ihnen jetzt wieder alles beigebracht hatte – und Hannchen war ebenfalls sehr von Elise angetan, weil diese sie in ihrem Selbstbewusstsein bestärkte und in die Öffentlichkeit begleitete, seitdem sie von der Krätze entstellt war. Sich von Elise fernzuhalten, war also schwerer als gedacht. Sie lebte jetzt wie ein Geist in seinen Gedanken, und dass sie ihn auch liebte, machte es ihm umso schwerer, nicht an sie zu denken.

Er legte den Federkiel neben den Papierbogen und klappte die Ledermappe zu. Die Sonne war nun ein Stück gewandert und blendete ihn von der Seite. Blinzelnd sah er zum Fenster hinaus. Über die Dächer der gegenüberliegenden Häuser hinweg schien die freundliche Lebensspenderin ihn beinahe dazu aufzufordern, ins Freie zu gehen.

Heinrich griff nach seiner kostbaren Taschenuhr, die er von einem befreundeten Fürsten für seine Tätigkeit als Star-Operateur geschenkt bekommen hatte, und stellte fest, dass Elise zu dieser

Zeit wohl kaum in der Umgebung unterwegs war. Es war beinahe Mittag, und sie half sicherlich in der Küche. Genau der passende Moment also, um endlich mal wieder aus dem staubigen Studierzimmer herauszukommen.

Mit Spazierstock, Gehrock, Pfeife und Schal machte er sich kurz darauf auf den Weg und lief in die Neustadt, Richtung Elisabethkirche. Je weiter er ausschritt, desto besser fühlte er sich, bemerkte Heinrich frohen Mutes. Zum ersten Mal seit langer Zeit empfand er so etwas wie Freiheit. Der Februar war angenehm mild, die Kälte biss einem nicht mehr ins Fleisch, und die Strahlen der Sonne wärmten mit dem Gesicht auch das Gemüt.

Über die Ketzerbach hinweg machte er sich schließlich durch den Wald wieder auf den Heimweg.

Er kam aber nicht weit. Im dichten Wald hörte er plötzlich einen spitzen Schrei, dessen Ursprung nicht weit entfernt sein konnte.

Abrupt blieb Heinrich stehen und lauschte auf weitere Geräusche. Alles blieb still, doch dort, vielleicht achtzig Meter entfernt hinter einer alten Buche, war ein Rascheln im Laub zu vernehmen. Es musste ein größeres Tier sein, ein Eber vielleicht. Möglicherweise hatte das Wild jemanden erschreckt?

Die tief stehende Sonne warf lange Schatten in den Wald hinein, sodass Heinrich wenig sehen konnte, aber dank des fehlenden Laubkleides konnte er hinter dem Stamm der Buche schließlich einen dunkelgrünen Stofffetzen ausmachen. Verbarg sich dort jemand?

Er wusste nicht: Sollte er jetzt dorthin eilen oder sich besser anschleichen, um zu sehen, wer oder was sich dort verbarg? Was, wenn es ein Räuber war? Konnte er überhaupt etwas ausrichten? Brachte er sich damit nicht auch in Gefahr?

Doch er sollte sich darüber keine Gedanken mehr machen müssen. Hinter der breiten Buche trat unerwartet ein Mann hervor und hob grinsend die Hand zum Gruß, während die andere samt seiner linken Körperhälfte hinter dem Stamm verborgen blieb.

„Gott zum Gruße“, überschlug sich die Stimme des jungen Burschen, der sich anscheinend im Stimmbruch befand.

Skeptisch nickte Heinrich zurück und beugte sich zur Seite, um den Mann besser in Augenschein nehmen zu können. Die Sonne ließ ihn nur seine Silhouette erkennen.

Doch mit einem Mal wurde die bizarre Szene lebendig. Eine zweite Gestalt, eine Frau – soviel konnte Heinrich an dem Kleid erkennen, das grün schimmerte – trat blitzartig aus dem Schatten des Baumes hervor und stieß dem Mann mit voller Wucht ihren Ellenbogen in die Seite, sodass dieser sich vor Schmerz krümmte. Er erholte sich aber schnell und versuchte, der Frau besitzergreifend seinen Arm um die Taille zu legen und ihr den Mund zuzuhalten. Sein Vorhaben gelang ihm zwar, doch sobald er die Frau ergriffen hatte, trat diese kräftig zu und bohrte den kurzen Absatz ihres Schuhs in seinen Fuß, sodass der Mann vor Schmerz laut aufschrie und die Frau losließ.

Diese raffte nun ihr Kleid und kam Heinrich entgegengerannt, nicht ohne um Hilfe zu rufen. Doch auf der Hälfte der Strecke blieb sie wie angewurzelt stehen und blickte sich mal zu ihm, mal zu ihrem Angreifer um. Heinrich konnte immer noch nicht sehen, ob es der Frau gut ging; das Licht stand zu tief und ließ ihr Gesicht im Dunkeln.

Urplötzlich lief sie auch vor ihm davon. Sie rannte zwar hastig und über Wurzeln stolpernd zurück auf den Weg, erreichte ihn allerdings an die zwanzig Meter weit von ihm entfernt, nahe der Lichtung, über die der Weg zum Landgrafenschloss führte.

Heinrich erwachte aus seiner Starre und begann tätig zu werden. Mutig schritt er auf den Mann zu, der sich mit schmerzerfüllter Miene den Fuß hielt – das konnte Heinrich jetzt sehen. Soviel war sicher, die Frau hatte gut getroffen – der Täter konnte schwerlich wegrennen. Jetzt trübte die Sonne nicht länger seine Sicht auf den Mann, sodass Heinrich ihn sich genauer ansehen konnte.

Er war tatsächlich noch jung, vermutlich keine zwanzig Jahre alt, aber seine schmutzige Haut und seine von Motten zerfressene Kleidung – er trug nur ein Paar lange Hosen und ein Hemd mit einer abgegriffenen Weste – ließen darauf schließen, dass er ein sehr ärmliches Leben führte.

Als Heinrich noch näher herantrat, sah er das Gesicht des Jungen.

Er war ungewöhnlich blass, und seine Haut glänzte, als würde er trotz der kalten Temperaturen schwitzen. Seine Haare hingen zerzaust und strähnig an seinem Kopf herunter. Seine Augen hatten etwas Tierartiges; sie starrten Heinrich ruhelos an, und sein Mund wurde durch ein spöttisches Grinsen entstellt. Die meiste Aufmerksamkeit zog jedoch das Gebilde neben seiner Nase auf sich: Eine große Warze zierte das Gesicht des Übeltäters.

Heinrich meinte, den Jungen von irgendwoher zu kennen, aber er konnte sich nicht erinnern, bis der Bursche vor ihm ausspuckte und abfällig sagte: „Ah, der Herr Professor. Immer zur rechten Zeit am rechten Ort, wie?"

Verwirrt sah Heinrich ihn an und warf dann schnell einen Blick zu der Frau hinüber. Unsicher stand diese auf dem Weg und beobachtete sie beide.

„Sie kennen mich?", fragte Heinrich und betrachtete den Jungen prüfend.

Der junge Kerl lachte blechern. „Oh ja, ich kenne Sie. Und Sie kannten meinen Vater und meine Mutter."

Heinrich war irritiert. Was wurde hier gespielt? Galt dieser Überfall ihm? War die Frau etwa die Komplizin des jungen Mannes? War der Übergriff nur inszeniert, um ihn zu ködern?

„Bitte, Heinrich, lass uns gehen!", rief die Frau ihm nun flehend zu.

Heinrich? Woher kannte die Frau ihn?

„Ich sehe schon, Sie erinnern sich nicht", zog der junge Mann Heinrichs Aufmerksamkeit wieder auf sich. „Aber wie sollten Sie auch. Sie haben meinen Vater schon damals kaum bemerkt", sagte der Unbekannte bitter und senkte den Kopf ein wenig.

Da tauchte mit einem Mal ein Gesicht aus der Vergangenheit vor Heinrichs innerem Auge auf, und ihm wurde plötzlich alles klar.

Ruhig sagte er: „Aber natürlich erinnere ich mich an Ihren Vater. Er war der beliebteste Stiefelputzer Marburgs, soviel ich weiß. Schade, dass ich ihn nicht mehr in meine Dienste nehmen konnte. Wie geht es denn Ihrer werten Frau Mutter?", erkundigte Heinrich sich möglichst freundlich. „Es hat mich sehr gefreut, sie in Ruttershausen wiederzusehen."

Wütend sah ihn der Junge an und spuckte abermals vor Heinrich auf den Boden. „Und kurz darauf ist sie gestorben. Sie Pfuscher haben sie auf dem Gewissen!“, schrie er und kam Heinrich dabei so nah, dass er den schlechten Atem des jungen Mannes riechen konnte.

Er schluckte, blieb aber stehen, wo er war, und erwiderte: „Mein Junge, wenn Ihre Mutter wahrlich gestorben ist, so bin ich außerordentlich traurig darüber. Aber glauben Sie mir, ihre Augen waren gut verheilt – daran kann es nicht gelegen haben.“

Der Junge trat einen Schritt zurück. „Ob Sie es nun letztendlich waren oder nicht, ist einerlei. Sie ist jedenfalls tot – an einem hohen Fieber gestorben“, sagte der Mann trotzig und betrachtete Heinrich abwartend. Als dieser nichts erwiderte und ihn nur interessiert anschaute, erzählte er weiter: „Seitdem versuche ich, mich und meine Geschwister durchzubringen. In dem Dorf gab es keine Arbeit mehr für mich, und meine kleinen Geschwister waren den Leuten zu viel Elend vor der Nase, also haben wir uns aufgemacht zurück nach Marburg, aber unterwegs musste ich die Hälfte meiner Geschwister zu Grabe tragen.“

Verzweifelt sah der Junge Heinrich mit großen Augen an und schrie fast: „Was sollte ich denn machen? Der Winter war so hart und eisig, und wir haben ständig Hunger! Da kam diese Frau des Weges, und sie trug ein Täschchen bei sich, und da dachte ich, vielleicht hat sie etwas Geld, und ich könnte ihr auch noch den Mantel nehmen, und dann verschwinde ich wieder.“

Nun traten auch Heinrich die Tränen in die Augen. Er überlegte hin und her und sagte schließlich: „Junger Mann, ich möchte nicht, dass Sie unter die Räuber gehen. Jeder Mensch hat die Möglichkeit, etwas aus sich zu machen. Sie könnten das Handwerk Ihres Vaters ergreifen und sein Erbe hier in Marburg antreten.“ Beherzt ergriff er mit beiden Händen die schmutzigen Hände seines Gegenübers, der daraufhin erschrocken zusammenzuckte. „Zuallererst aber sollten Sie zu Kräften kommen. Bitte kommen Sie mit Ihren Geschwistern in das Waisenhaus zur Armenspeisung. Dort wird man Ihnen auch etwas Warmes zum Anziehen und ein Bett zum Ausruhen geben. Ich werde Sie dann in den nächsten Tagen besuchen kommen und versuchen, Ihnen bei dem Start in ein neues Lebens behilflich zu sein – sofern Sie das wollen."

Der junge Mann sah Heinrich abwägend an, schluckte und nickte schließlich zaghaft.

Heinrich rang sich zu einem kleinen Lächeln durch. „Gut. Es muss Ihnen nicht peinlich sein, im Armenhaus anzufragen – besser dort um Hilfe bitten, als ein Dieb werden, glauben Sie mir. Und damit Sie mir glauben, dass ich Sie auch wirklich aufsuchen werde, gebe ich Ihnen ein Pfand."

Heinrich suchte in der Tasche seines Mantels nach seiner Taschenuhr und drückte sie dem Burschen in die zerfurchten, dreckigen Hände.

Dieser konnte es kaum glauben und begann unverständliche Wortfetzen zu faseln.

„Geben Sie gut darauf acht – sie ist nur ein Pfand, bis wir uns wiedersehen und ich sie gegen ein Set Bürsten und Putzmaterialien eintausche, damit Sie Ihr Handwerk beginnen können."

Dankbar schüttelte der heruntergekommene, vernachlässigte junge Mann mit der markanten Warze im Gesicht den Kopf und brachte außer einem leisen „Danke" keinen weiteren Ton heraus.

Er und Heinrich besiegelten ihre Vereinbarung mit einem Handschlag und gingen gemeinsam auf die Frau zu, die immer noch auf dem Waldweg wartete. Sie zuckte merklich zurück, als sie den Übeltäter näher treten sah.

„Ich glaube, mein Junge, bei dieser Dame müssen Sie sich entschuldigen. Vielleicht bieten Sie ihr als Erste Ihre Dienste als Schuhputzer an, kostenlos versteht sich, als Wiedergutmachung", sagte er laut, damit die Frau ihn ebenfalls hören konnte. „Dann ist sie womöglich auch dazu bereit, auf eine Anzeige gegen Sie zu verzichten? Frau, äh, wie ist Ihr Name?"

Die Sonne verhinderte, dass er das Antlitz der Frau erkannte. Er konnte noch nicht einmal sehen, ob sie alt oder jung war.

Sie seufzte und stemmte empört die Hände in die Hüften, bevor sie laut antwortete: „Mein Name, werter Herr Professor, ist Elise. Elise Coing."

„Stellen Sie sich vor, zwei Welten prallen aufeinander. Zum Beispiel Vergangenheit und Gegenwart. Oder auch Wunschtraum und Wirklichkeit.

Henri jedenfalls entflieht seinem Leben in Elberfeld für einige Tage und besucht seine alte Großmutter in seiner Heimat. Als er in das Haus tritt, findet er die gebeugte, kleine Gestalt in ihrem Bett vor, das von den Verwandten hinter den Ofen geschoben wurde – just dorthin, wo Henri als kleiner Junge so oft auf dem Schoß des Großvaters gesessen hat, und die Großmutter daneben.

Der Großvater lebt mittlerweile nicht mehr, und Henri scheint es, als müsse er sich auch von seiner Großmutter verabschieden, als sähe er sie heute zum letzten Mal. Die blinde Frau – auch sie leidet unter dem grauen Star, den Henri ihr aber nicht ziehen kann, weil noch andere Defekte ihr Augenlicht beeinträchtigten – erwartet ihren Enkel, sehnlichst und streckt die von Gicht geplagten Hände nach ihm aus.

Henri indessen ist es, als betrete er eine alte Kirche, ein Heiligtum – das Heiligtum seiner Kindheit. Alles ist noch so, wie es einst war: der Geruch, die Möbel, der Ofen – nur die Großmutter ist geschrumpft und runzelig geworden. Und als Henri ihre steifen Hände in seine schmalen, großen Hände nimmt, da bemerkt er die Schwellungen und Verknöcherungen an ihren Fingern. Sachte streichelt er die lederne Haut der alten Frau und weint stille Tränen über seine Hilflosigkeit, mit der er sich immer ausgerechnet dann konfrontiert sieht, wenn es um seine Liebsten geht.

Doch seine Großmutter möchte ihn ‚sehen', also wischt sich der Mann im blühendsten Alter rasch die Tränen vom Gesicht und legt dieses in die Hände seiner Großmutter. Und obwohl sie mit ihren Händen wenig spüren kann, erkennt sie doch, wie sehr sich ihr Enkelsohn verändert hat. Nachdem sie Stirn, Nase, Mund und Kinn befühlt hat, greift sie ihm in die Haare und stellt mit einem bloßen ‚So!' fest, dass Henri nicht mehr der einfache Junge von früher ist.

Sie fühlt seine gepuderten und zu Locken gewickelten Haare, verurteilt ihn aber nicht. Sie kennt ihren Henri gut genug und lässt ihn erst einmal erzählen, wie es ihm ergangen ist. Erst danach sagt sie, völlig im Bewusstsein, dass dies ihre letzten Worte an ihn sein werden: ‚Hör, Heinrich! Sei demütig und fromm, so wird's dir wohl gehen. Schäme dich nie deines Herkommens und deiner armen Freunde – magst du auch so groß werden in der Welt, wie du willst. Wer gering ist, kann durch Demut groß werden, und wer vornehm ist, kann durch Stolz gering werden; wenn ich nun tot bin, so ist es einerlei, wer ich in der Welt gewesen bin, wenn ich nur christlich gelebt habe.'

Und daran hält sich Henri noch heute. Wie Sie vielleicht bemerkt haben, Elise, trägt Henri ungern eine Perücke. Dadurch zeigt er der Welt nicht nur offen sein Haupt, sondern er macht sich auch absichtlich verletzlich und zeigt seine Demut. Doch er übertreibt es damit manchmal, wie mit so vielen Ratschlägen, die er unbewusst als Dogmen in sich aufgenommen hat. Nichts, und sei es noch so fromm und gut, sollte zu einem starren Regelwerk verkommen. Ich konnte ihn zeit meines Lebens kaum davon überzeugen, seine Zwänge aufzugeben, aber Sie, Elise, Sie sind dazu imstande.

In seiner Persönlichkeit vereint er zwei Welten. Immer steht er zwischen ihnen und versucht sie miteinander zu verbinden: Arm und Reich, Einfachheit und Gelehrsamkeit, Glaube und aufklärerisches Denken, Beherrschtheit und Gefühl. In seinem Inneren tobt ein fortwährender Kampf. Ich denke, das sollten Sie noch wissen. Aber ich vermute, es ist Ihnen längst bewusst geworden."

Elise lag auf dem Sofa in der Wohnstube und erholte sich von dem Schreck, der ihr immer noch in den Knochen steckte. Ihrer Mutter hatte sie nach ihrer Heimkehr berichtet, sie sei im Wald gestürzt und seitdem sei ihr übel – was in gewissem Sinne ja auch stimmte. Sie war über diesen Rüpel gestolpert, der sie ausnehmen wollte, und davon war ihr immer noch ganz schlecht. Sie zitterte am ganzen Körper, weshalb sie eine Decke über sich ausgebreitet hatte, damit man ihr Beben nicht so sehr sah.

Und dabei hatte sie sich so auf diesen Ausflug gefreut. Seit Tagen war sie nachmittags nicht mehr unterwegs gewesen, aus Furcht, sie könnte Heinrich begegnen. Heute dann hatten ihre Schwestern allein mit der Magd kochen wollen, sodass sie für einige Zeit von ihren Pflichten entbunden worden war. Es war so herrlich gewesen, endlich wieder die kühle, würzige Waldluft einzuatmen und die Wärme der Sonnenstrahlen auf der Haut zu spüren, dass sie kaum bemerkt hatte, dass sie nicht allein war. Und dann war mit einem Mal alles sehr schnell gegangen.

Von hinten hatte ihr jemand ungestüm die Hand auf den Mund gedrückt und sie mit sich fortgerissen. Ohne groß nachzudenken, hatte sie ihrem Angreifer in die Hand gebissen und so zumindest einmal kurz schreien können, bevor er ihr endgültig die Hand so grob auf ihren Mund gepresst hatte, dass sie keinen Ton mehr von sich geben konnte. Ihre Lippen waren so brutal gegen ihre Zähne gedrückt worden, dass sie Blut im Mund schmeckte, weil sie sich ungewollt biss. Noch jetzt hatte sie das Gefühl, Blut zu schmecken, und konnte sich noch genau an den Geruch dieses ranzigen Mannes erinnern, der sie fest umklammert hielt. Noch nie war sie, außer bei Umarmungen innerhalb der Familie, einem Menschen so nahe gewesen. Er hatte eindeutig eine Grenze überschritten. Es war ekelerregend gewesen, die Angst war ihr bis in die Haarspitzen gekrochen, ihr ganzer Körper hatte sich innerlich gegen diesen Übergriff gesträubt.

Dass Heinrich sich ganz in der Nähe aufgehalten hatte, war Glück im Unglück gewesen – oder Unglück im Unglück, je nachdem, wie man es sah. Wäre er nicht gewesen, hätte der Kerl sie ausgeraubt und womöglich wer weiß was mit ihr angestellt. Vielleicht wäre er sogar imstande gewesen, sie zu töten – er hätte ja sonst riskiert, dass sie ihn verriet. Dennoch hatte Elise sich nicht besonders gefreut, Heinrich zu sehen. Nein, das war falsch. Natürlich hatte sie sich gefreut, ihn zu sehen, aber sie hatte ihn partout nicht sehen wollen, weil sie ihn wirklich nicht sehen durfte, wegen dieser ganzen verzwickten Liebesgeschichte. Andererseits hatte er sie gerettet, auch wenn seine Hilfsaktion typisch Jung-Stilling gewesen war: Ohne Gewalt und großes Aufheben, nur mit seiner Menschenfreundlichkeit, hatte er diese brenzlige Situation gelöst.

Doch was er nicht bedacht hatte: Ihr gegenüber war seine Menschenfreundlichkeit in diesem Augenblick nicht besonders ausgeprägt gewesen. Ihre Angst und Verzweiflung über diesen Eingriff in ihre Privatsphäre hatte er überhaupt nicht bemerkt! Womöglich würde sie sich nie wieder unbeschwert allein in den Wald oder sonst wohin trauen. Wieder einmal hatte sie ein Stück ihrer Freiheit eingebüßt, die doch ohnehin schon knapp bemessen war. Man hatte ihr das Gefühl von Sicherheit genommen. Und darüber war Elise unglaublich wütend.

Im ersten Moment hätte sie den Burschen am liebsten angezeigt, aber seltsamerweise war es gar nicht dieser schmierige Kerl, gegen den sich ihre Wut richtete – seine Gründe und seine Lebensgeschichte hatten auch sie gerührt. Aber sie wäre niemals so weit gegangen, dem Jungen auch noch etwas dafür zu schenken, dass er sie ausrauben und vielleicht sogar abstechen wollte. Eben dieses Verhalten warf sie Heinrich vor. Dass er nicht das kleinste Bisschen an das seelische Leid dachte, das ihr zugefügt worden war. Wie absurd diese Situation gewesen war; völlig betäubt von den Geschehnissen waren sie wie alte Bekannte zu dritt zurück in den Ort marschiert, und Heinrich hatte sie nicht einmal nach Hause geleitet!

Aufgebracht setzte Elise sich auf. Ihr wurde sofort schwindelig, der ganze Raum drehte sich, und sie musste die Augen schließen. Ihr Magen verkrampfte sich und auch ihr Hals schmerzte unaufhörlich an einer Seite, sodass sie unweigerlich den Kopf schief legen musste. Murrend schloss sie die Augen. „Und daran ist nur Heinrich schuld!“, murmelte sie vor sich hin.

Was hatte er außerdem dort im Wald zu suchen gehabt? Normalerweise saß er zu dieser Tageszeit doch in seinem Studierzimmer. Sie hatten doch ausdrücklich vereinbart, sich sogar die Hand darauf gegeben, dass sie sich von nun an aus dem Weg gehen wollten. Und jetzt so etwas! Ach, was war das für ein Durcheinander!

Elise ließ sich stöhnend wieder der Länge nach auf das Sofa fallen.

Wie war es nur dazu gekommen? Warum hatte Heinrich ihr gesagt, dass er sie liebte? War das wahr? Wann hatte es angefangen? Und warum hatte sie so selbstverständlich auf seine Aussage reagiert und ihm ebenfalls ihre Liebe gestanden? Sie hatte doch die ganze Zeit über angenommen, dass sie ihre Verliebtheit längst überwunden hatte. Immerhin hatte sie geglaubt, dass er sie als die Person, die sie war, nicht zu schätzen wusste. Und jetzt liebte er sie plötzlich?

Elise schloss die Augen und atmete in einem verzweifelten Versuch, sich zu beruhigen, tief durch. Sie würde auch darüber mit Gott sprechen und weiterhin versuchen, Heinrich so wenig wie möglich zu sehen. Ganz einfach. Und da sie jetzt ohnehin Angst hatte, allein vor die Tür zu gehen, würde sie sich weniger draußen aufhalten und ihm folglich auch seltener zufällig begegnen. Ganz einfach. Sie würde jetzt aufstehen, in die Küche gehen und etwas trinken. Ganz einfach.

Doch es war überhaupt nicht einfach. Kaum war sie die Treppe zur Küche hinuntergewankt, hörte sie schon wieder die ihr nur allzu vertraute Stimme. Heinrich und Salome standen im Hausflur und unterhielten sich mit Anne, der Magd.

„Bitte, Herr Professor, Sie haben meine Schwester doch schon kennengelernt, und sie findet einfach keine Anstellung. Können Sie sie nicht zu sich nehmen? Ihre Frau braucht doch jetzt sicherlich Unterstützung!“, flehte das Mädchen Heinrich fast schon dreist an.

Elise schüttelte den Kopf. Sie wusste, dass es Annes Familie nicht besonders gut ging und gab der jungen Magd deshalb immer heimlich etwas zu essen mit – aber dass sie Heinrichs Empfindsamkeit und Nachgiebigkeit jetzt dermaßen ausnutzte!

„Vielleicht solltest du auf ihren Vorschlag eingehen“, meinte Salome. „Ich bin bald ohnehin nicht mehr da, und da könntest du ein tüchtiges Mädchen im Haus gebrauchen.“

Elise glaubte nicht recht zu hören. Wieso war Salome bald nicht mehr da? Wollte sie abreisen? Doch selbst dann bräuchten die Jung-

Stillings keine weitere Hilfe im Haus. Sie hatten genug Personal, und Hannchen war zur Not ja auch noch da. Was ging hier vor sich?

Wachsam schielte Elise um die Ecke und sah, wie Heinrich mit sich rang und ihm sogar die Tränen in die Augen traten.

Dieser gefühlsduselige Mann!, dachte Elise halb mitleidig, halb verärgert.

„Ich muss wohl“, murmelte er. „Ich muss Ihrer Schwester wohl helfen. Sie machte ja auch einen ganz passablen Eindruck und …“

Hier mischte sich Elise brüsk in das Gespräch ein und baute sich vor der kleinen Gesellschaft auf.

„Sie müssen gar nichts“, sagte sie streng und warf Anne einen strafenden Blick zu.

Diese lächelte betreten und trat einen Schritt zurück.

Elise spürte, wie Heinrich sie von oben bis unten musterte. Hatte er etwa noch nie eine Frau gesehen, die kürzlich überfallen worden war? Ach richtig – natürlich hatte er das! Elise war wütend. Und wie.

„Heinrich, Sie können doch nicht jedem, der Sie darum bittet, helfen – so werden Sie nur selbst arm und können dann überhaupt niemandem mehr helfen. Und Salome“, Elise sah ihre Freundin an, die heute mehr denn je wie eine verwunschene Elfe aussah, „wie können Sie Ihren Mann darin noch bestärken? Sie haben mir doch letztens selbst gesagt, dass …“

Nein, das ging zu weit. Heinrich musste nicht wissen, dass seine Frau immer nur von ihm sprach. „… dass Sie keine Hilfe mehr im Haushalt benötigen. Und Anne?“

Anne duckte sich etwas und deutete eine kleine Verbeugung an.

„Anne, lass diese Manipulation und nutze nicht die sensible Ader des Herrn Professors aus. Das ist nicht rechtens, und das weißt du auch.“

Jetzt hatte Elise ihr ganzes Pulver verschossen, nach diesem Schreckenstag hatte sie ohnehin kaum noch Energie. Während winzige Sterne vor ihren Augen tanzten, sagte sie müde: „Anne, bestellen Sie Ihre Schwester doch morgen hierher. Ich glaube, Doktor

Baldinger kann noch eine Wäscherin benötigen. Sie ist doch Wäscherin, oder?“

Heinrich nickte und begann, sich zu rechtfertigen: „Sie ist bei mir vorstellig geworden, als wir hier in den Ort gezogen sind. Ein wahrlich vertrauenswürdiges Mädchen, das fast im selben Alter ist wie Hannchen, und da habe ich mir gedacht …“

„Und da haben Sie sich gedacht“, unterbrach Elise ihn barsch, während sie wild mit ihrer Hand vor seinem Gesicht herumfuchtelte, „da haben Sie sich gedacht, Sie müssten jedem Mädchen helfen, das Sie an Hannchen erinnert, weil Sie sonst ein schlechtes Gewissen gegenüber Ihrer Tochter bekämen, weil es ja schließlich auch Ihre Tochter sein könnte, die Hilfe braucht, nicht wahr?“

Elise sah Heinrich scharf in die Augen und pustete sich wild eine Haarsträhne aus der Stirn. „Soll ich Ihnen mal was sagen? Das ist keine Menschenliebe. Sie folgen nur Ihren Schuldgefühlen und versuchen sie durch Mildtätigkeiten zu besänftigen – und das, lieber Heinrich, ist pure Ich-Bezogenheit.“

Dieser Ausbruch war jedoch zu viel des Guten. Elise wurde es mit einem Mal schwarz vor Augen. Sie sackte in die Knie, und das war das letzte, woran sie sich erinnerte, als sie in der Wohnstube wieder die Augen öffnete und sich verwundert umsah.

Als hätte es die Begebenheit im Flur nicht gegeben, lag sie unter einer Decke auf dem Sofa. Allerdings saßen jetzt Salome und Heinrich vor ihr an dem kleinen, runden Tisch und betrachteten sie. Heinrich blickte sorgenvoll drein, Salome seltsam zufrieden.

„Nicht wahr, meine liebe Freundin?“, sagte sie lächelnd, „Sie heiraten meinen Mann, wenn ich tot bin.“

Elise dachte, sie halluziniere und schloss wieder die Augen. Um sie herum drehte sich alles.

Doch dann weckte Salome ihre Freundin mit einem Ruck aus ihrer Ohnmacht, indem sie ihr in aller Gemütsruhe von ihrem bevorstehenden Tod erzählte und sie eindringlich darum bat, sich danach mit Heinrich zu verheiraten.

Elise setzte sich jäh auf und starrte zuerst Salome und dann Heinrich entsetzt an. Als dieser verlegen wegschaute, wurde auch ihr Gesicht ganz heiß und blutrot.

Trotz des anhaltenden Schwindelgefühls stand sie auf und sagte: „Salome, mir scheint, Sie verkraften die Schwangerschaft diesmal wirklich nicht gut. Sie sollten etwas trinken, damit Sie wieder zu Sinnen kommen. Ich für meinen Teil werde jetzt mein Treffen mit Caroline einhalten; ich habe mich durch meinen Schwächeanfall ohnehin schon verspätet."

Ohne noch einen Blick zurückzuwerfen, verließ sie trotz Übelkeit und Schwindelgefühl, trotz ihrer Angst vor Überfällen, Hals über Kopf das Haus und flüchtete ohne Mantel zu Caroline in die Reitgasse.

Salome hat in ihrer letzten Geschichte eines nicht bedacht, dachte Elise. Sie war nicht die Richtige, um Heinrich dabei zu helfen, sein Chaos zu sortieren und mit den zwei Welten in seinem Wesen zurechtzukommen. Salome war vielleicht ein Werkzeug, das sich damit begnügte, ihrem Mann beizustehen. Aber sie, sie brauchte einen Mann, der im Gegenzug auch ihr beistand – und nicht für den Räuber noch freiwillig die eigenen Taschen leerte.

Außerdem gab es Wichtigeres. Caroline brauchte sie jetzt mehr als Heinrich oder Salome. Ihr kleiner Sohn war gestern gestorben.

16

Harmlose Schäfchenwolken zierten die letzten Februartage und ließen in Heinrich trotz allen Durcheinanders die Hoffnung keimen, dass Gott seine Hand schützend über ihn hielt. *Elise weiß jetzt von Salomes Gedanken, das macht es vielleicht einfacher, vielleicht aber auch komplizierter*, dachte er. Die Möglichkeiten waren schier endlos, so wie die winzigen weißen Tupfen, die wie ein unendlicher Schweif den Himmel bedeckten.

Das letzte Zusammentreffen mit Elise war noch gar nicht lange her, da lief Heinrich ihr schon wieder über den Weg. Er war unterwegs zu Baldinger, um dort nach Literatur über die Star-Operationen im Babylonischen Reich zu suchen, als er sie auf dem Marktplatz sah. Es roch nach Dung und Heu und Gewürzen und Fisch; Heinrich liebte den Duft eines Marktes, er machte ihn irgendwie lebendig.

In dieser belebten Kulisse also stand Elise an einem der Verkaufstische, auf dem Körbe mit Eiern dargeboten wurden, und feilschte gestikulierend mit der Bäuerin um den Preis. An ihrem Arm hing ein großer Korb voller Kräuter, und ihr Haar war lose mit einem Band zusammengebunden, sodass sie unter den einfachen Leuten kaum auffiel.

Schnell warf Heinrich einen Blick auf die Rathausuhr – seine Taschenuhr hatte er noch nicht ausgelöst – und stellte fest, dass er bis zu dem vereinbarten Treffen mit Professor Baldinger noch ein wenig Zeit hatte. Also ging er möglichst unauffällig hinüber zum Marktbrunnen, stieg die drei Stufen hinauf und lehnte sich an das Brunnenbecken. Von hier aus hatte er einen guten Überblick über das bunte Treiben auf dem Platz. Der Weizenhändler stritt mit dem Dinkelhändler, und ganz hinten am Rathaus konnte Heinrich die zwei größten Stände, den des Schmieds und den des Gerbers, sehen. In der Mitte konnte man Kartoffeln, Steckrüben, Kräuter, Setzlinge und Fisch erwerben, und zum Brunnen hin verkauften die Bauern ihr Kleinvieh. Schafe und Gänse warteten in provisorischen Gattern auf ihr nahes Ende, und unter dem Verkaufstisch, an dem Elise gewieft mit der Bäuerin verhandelte, lagerten Flechtkäfige mit Hühnern.

Die Markttreiber kamen an drei Tagen in der Woche in die Stadt, um ihre Waren feilzubieten. Jedes Mal herrschte großer Andrang, und alle wollten ein gutes Geschäft machen. Interessiert beobachtete Heinrich, dass Elise sich scheinbar nicht hinters Licht führen ließ. Sie nahm weder das erste, noch das zweite Angebot an, und als die Bäuerin ihr einige Hühner zeigte, sah Elise sofort, dass sie entweder zu dünn oder krank waren.

Bisher hatte Heinrich sich in dem Trubel einigermaßen unbeobachtet gefühlt. Hin und wieder wurde er zwar freundlich begrüßt, aber er wähnte sich sicher genug und war davon überzeugt, dass Elise ihn nicht sehen würde – zumindest solange, wie sie noch in die Verkaufsverhandlungen verstrickt war. Sobald sie sich umdrehen würde, würde auch er ihr den Rücken zudrehen, sodass sie sich getrost aus dem Weg gehen konnten. Doch Heinrich hatte nicht mit der ausgebufften Bäuerin gerechnet.

„Herr Professor!“, kreischte diese plötzlich über den halben Marktplatz hinweg, sodass nicht nur Elise ihren Kopf nach ihm umdrehte.

Missmutig rollte Heinrich seine Augen gen Himmel. „Herr, warum?“, fragte er und ging widerwillig auf die zwei Frauen zu.

Elise hatte sich indessen unwirsch von ihm abgewandt und konzentrierte sich auf die Bäuerin.

Diese sah Heinrich mit einem falschen Lächeln an und offenbarte dadurch ihre entzündete Mundhöhle, in der die oberen Schneidezähne fehlten. Dementsprechend nuschelte sie, als sie Elise gekonnt ignorierte und Heinrich unterwürfig fragte: „Nicht wahr, der Herr Professor kennt sich doch in Wirtschaftsdingen aus – wären Sie so freundlich, dieser Dame hier“, dabei deutete sie mit spitzen Fingern auf Elise, „zu erklären, dass sich zu niedrige Preise auch für mich nicht lohnen?“

„Ich bin durchaus bereit, einen angemessenen Preis zu zahlen – allerdings für die angemessene Ware, gute Frau“, presste Elise zwischen den Zähnen hervor.

„Nun, das sieht unser Herr Professor sicherlich anders, nicht wahr?“, sagte die Bäuerin und klimperte überzogen mit den Wimpern.

„Meine Damen, ich denke, Ihr Geschäft ist Ihr Geschäft. Damit habe ich nichts zu schaffen. Guten Tag“, beendete Heinrich dieses wieder einmal nicht geplante Zusammentreffen mit Elise und wandte sich zum Gehen, als die Bäuerin hinter ihm zu sticheln anfing: „Ach, Sie sind sich wohl zu fein für unsereins. Habe ich mir doch gleich gedacht, dass die Märchen über Sie und Ihre Wundertaten bei den Blinden nichts als Geschichten sind.“

„Nein“, sagte nun Elise, „der Herr Professor ist bloß der Meinung, dass es reicht, wenn Frauen rechnen können, alles andere ist für sie zu hoch, und unsere Verhandlung ist unter seinem Niveau“, nahm sie ihren alten Streit wieder auf.

Heinrich wusste gar nicht, warum Elise ihn immer derart provozierte. So hatte er das damals bei Baldinger gar nicht gesagt, als sie gemeinsam auf Sophie von La Roche gewartet hatten. Und inzwischen hatte er seine Meinung auch ein wenig revidiert.

„Das ist so nicht richtig“, sagte er jetzt beherrscht und drehte sich wieder zu den zwei Frauen um. „Natürlich sollen Frauen nicht nur rechnen, sondern auch lernen dürfen, wie Männer, aber …“

„Aber nicht, solange sie so viel reden“, unterbrach ihn Elise und neigte den Kopf zur Seite, während sie ihn herausfordernd taxierte.

„Elise“, flüsterte er, „es reicht jetzt.“

Gespielt erstaunt lehnte sie sich in der Hüfte zurück. „Ach, das reicht Ihnen jetzt schon? Das hatte ich mir gedacht. Frauengeplänkel ist Ihnen also doch zuwider.“

„Wenn es so ungerecht und urteilend zugeht wie jetzt, dann sollten Frauen keineswegs studieren, das ist wohl wahr“, ließ sich Heinrich zu einer Aussage verleiten.

„Ha!“, sagte Elise nun triumphierend, was ihn seltsamerweise mehr ärgerte als alle vorherigen Äußerungen, sodass er unbedacht herausplatzte: „Ich hatte mich ohnehin gewundert, dass Sie sich in einigen Bereichen der höheren Mathematik scheinbar sehr gut auskennen. Das ist mir mehrfach aufgefallen.“

Jetzt sah Elise ihn betroffen an.

Bereute sie jetzt diese ganze unsinnige Unterhaltung? Er zumindest tat es.

„Elise", sagte er beschwichtigend, „es ..."

„Es tut Ihnen leid, ja, ja", sagte sie leise. „Ihnen tut es immer leid, aber eigentlich leiden Sie doch immer nur an sich selbst. Und weil Sie so unsicher sind, bauschen Sie sich derart auf und stellen sich unnütz in den Mittelpunkt."

Das tat Heinrich weh. „Wie kommen Sie zu dieser Meinung?", fragte er und versuchte, die Contenance zu bewahren.

Mit hochgezogenen Augenbrauen sah Elise ihn direkt an. „Nun, mein lieber Heinrich. Erst neulich haben Sie mich über Weihnachtsbäume belehrt, damit Sie Ihr Wissen demonstrieren konnten ..."

Heinrich hob die Hand und unterbrach Elise: „Das ist nicht wahr – Sie haben sich bei mir danach erkundigt."

Doch Elise fuhr ungerührt fort: „Und dann diese lange Rede über den Wert des Leidens zum Geburtstag Ihrer Frau – ein Fest und Sie reden vom Leid! Das passt zu Ihnen, ständig sehen Sie nur das Dunkle, Schwarze, anstatt sich über das Leben zu freuen. Und dann diese Schachtelsätze und vielen Adjektive und Ausschmückungen und Nebenthemen, die Sie erläutern mussten. Lieber Heinrich, ich bin darüber eingeschlafen!"

Heinrich trat einen Schritt zurück und schnappte nach Luft. Was hatte Elise in diese Furie verwandelt? Warum war sie so wütend?

Erst neulich hatte sie ihn beschuldigt, er sei eigentlich nicht mildtätig, sondern handle rein aus Egoismus. Und das, obwohl er sie nur wenige Stunden zuvor vor einem Raubüberfall bewahrt hatte. Sie hatte sich dafür nicht einmal bei ihm bedankt. Stattdessen suchte sie ständig Streit. Am liebsten hätte er sie an den Schultern gepackt und geschüttelt.

„Das begann schon mit Ihrer Antrittsrede damals. Ständig übertreiben Sie, und Sie neigen zu Dramatik", fuhr Elise fort. „Das einfache Volk mögen Sie damit vielleicht täuschen, aber ich bin Ihrer Ausdrücke wie ‚durchdringen, zerschmelzen, einstürmen, überfließen, unaussprechlich, innig' überdrüssig. Was soll diese Gefühlsduselei, wenn Sie doch im wahren Leben so feige sind und sich nicht trauen zu leben? Immer nur erfüllen Sie brav Ihre Pflicht, immer handeln Sie bestimmt von den Dämonen Ihrer Kindheit. Wo ist der innige Mann, der überfließt und zerschmilzt? Er leidet höchstens unaussprechlich unter allem, was ihm leidenswert erscheint. Mich wundert, dass Goethe diese Übertreibungen bei der Überarbeitung Ihres Manuskriptes nicht auch herausgestrichen hat. Aber vielleicht war er es auch, der sie überhaupt eingefügt hat. Vielleicht ist er ja eigentlich dieser innige, starke, durchdringende Mann. Vielleicht ist Goethe der eigentliche Stilling, und nicht Sie."

Jetzt reichte es. Das Gespräch hatte einen Punkt erreicht, an dem Heinrich nicht mehr an sich halten konnte. Wutentbrannt erklärte er laut: „Sie mögen von mir halten, was Sie wollen – es gibt viele Menschen, die mich nicht schätzen, und damit kann ich gut leben – oder ich lerne es zumindest. Aber was meinen Roman angeht, so hat mein Freund Goethe mir dazu verholfen, ihn zu veröffentlichen. Er hat nur einige Passagen entfernt, aber nichts hinzugefügt. Zudem haben die nachfolgenden Bücher keine Hilfe mehr von außen nötig gehabt; Stillings Lebensgeschichte hat sich so gut verkauft, dass man mehr von mir lesen wollte – sie wurde sogar in mehrere Sprachen übersetzt und ist auch bis nach Übersee gelangt. Viele junge Gelehrte suchen mich deswegen auf, im letzten Jahr war Wilhelm von Humboldt hier – doch ich mache keine große Sache daraus."

„Bis jetzt", sagte Elise spöttisch und wies auf die kleine Menschentraube, die sich während ihres Streits um den Stand versammelt hatte. Die Marktfrau hatte sich etwas zurückgezogen und beobachtete das Wortgefecht feixend.

„Lieber Heinrich, Sie kompensieren, wo es Ihnen nur möglich ist, Ihren geringen Selbstwert. Auch jetzt wieder. Lassen sich von einer einfältigen Frau wie mir herausfordern. Und das nur, weil ich Goethe erwähnt habe. Ist er nicht ihr Freund?"

Heinrich traten infolge der Schmach, sich vor ganz Marburg derart entblößt zu haben, die Tränen in die Augen. Tief sog er die Luft durch seine Nase ein und sagte möglichst gefasst: „Wollten Sie nicht Eier kaufen?"

Elise sah ihn kühl an. „Nein, Herr Professor, es sollten Hühner sein. Gewiss brauchen auch Sie bald einen neuen Federkiel für Ihre Arbeit."

Heinrich schluckte und schaute in den verschleierten Himmel auf. „Nun gut. Ich muss ebenfalls noch Besorgungen machen." Er sah sie durchdringend an. „Für einen Freund, der Ihnen zu gerne bald die Schuhe putzen würde."

Die Menschen um sie herum waren mittlerweile weitergegangen, da sie gemerkt hatten, dass es nichts Interessantes mehr zu sehen und zu hören gab – nun aber stieß Baldinger zu ihnen, mit einer Kiste voller Weinflaschen unter dem Arm. Freundschaftlich boxte er Heinrich in die Seite, doch dieser verzog keine Miene. „Der reisende Weinhändler ist fantastisch! Er verkauft trotz der Revolution sogar Bouteilles aus Burgund", schwärmte er – und an Elise gewandt sagte er: „Danke auch für die Wäscherin – sie bekommt die Rotweinflecken vorzüglich aus meinen Hemden." Er lachte blechern und fragte, was der Grund ihrer trübseligen Mienen sei. Die gedrückte Stimmung war ihm also nicht entgangen.

„Wir haben festgestellt, dass eine Revolution tatsächlich alles an Licht und Liebe zerstören kann, was sich vorher so zaghaft emporgereckt hat. Die Revolution ist ein Machwerk des Teufels", sprach Heinrich und entfernte sich ohne ein weiteres Wort von Elise, die in sich zusammengesunken zurückblieb. Die Bäuerin sprach abgebrüht weiter auf sie ein und versuchte, die Hühner an den Mann, oder, in diesem Fall, an die Frau zu bringen.

Heinrich hingegen bemerkte: So schön der Himmel mit seinen Schäfchenwolken auch gewesen sein mochte – er war über ihm zusammengebrochen.

„Stellen Sie sich einmal vor, meine liebe Elise, wie Henri sich wohl den Himmel vorstellt. Nicht das blau gespannte Tuch über unseren Köpfen, sondern die Ewigkeit, das Leben nach dem Tod.

Als kleines Kind stellt sich Henri den Himmel als einen Ort vor, an dem hauptsächlich seine verstorbene Mutter lebt – immer selig lächelnd und auf ihn achtgebend von dort droben.

Jahre später aber stirbt dann sein Großvater. Wie es dazu kam, erzähle ich Ihnen das nächste Mal – sofern ich dann nicht schon bei Henris Mutter und Großvater im Himmel bin. Aber ich komme vom Thema ab.

Der Großvater ist also gestorben, und Henri kommen die Räumlichkeiten, in denen der Großvater gelebt hat, beim Betreten mit einem Mal so groß und leer und still vor. Als wäre mit dem Großvater alles Leben aus dem Haus verschwunden, obgleich der Ofen noch genauso bollert, die Blumen auf der Fensterbank wie gewohnt blühen und die Spiegeleier in der gusseisernen Pfanne brutzeln und das Haus mit einem Duft erfüllen, dass einem jeden das Wasser im Munde zusammenläuft, nur Henri nicht.

Henri ist wie erschlagen von dieser Lücke, die sein Großvater hinterlassen hat. Wohl ist äußerlich kaum etwas davon zu sehen – der Großvater könnte auch einfach wie zu Henris Kinderzeiten im Wald bei der Arbeit sein, aber er ist es eben nicht.

‚Er ist im Himmel', sagt sich Henri immer wieder und stellt sich vor, wie es dort wohl aussieht, wo sein Großvater jetzt ist.

Er setzt sich auf die Bank hinter dem Ofen, schließt die Augen, und denkt an die grünsten Wiesen und goldensten Felder, die von der aufgehenden Sonne in ein warmes, rötliches Licht getaucht werden. Die Vögel beginnen ihr Morgenlied, und der Nebel hält sich nur kurz über der feuchten, fruchtbaren Erde auf. Es ist die schönste Luft und Wärme des Jahres, dauerhaft Mai – sein Freund, der Wind, trägt sanft den süßen, aber nicht aufdringlichen Geruch von blühenden Rosen und anderen Blumen herbei. Und ganz unten im Tal, umsäumt von einem strahlenden, aber nicht blendenden Licht, steht der Großvater in einem fließenden, silbernen Gewand an einem dahinplätschernden Fluss, lächelnd, vor Kraft strotzend, glücklich, frei.

So stellt sich Henri das Leben nach dem Tod vor, und so wünscht er es sich für all seine Lieben, die er bereits verloren hat – und derer sind es viele. An dem Platz am Fluss steht wohl mittlerweile eine Tafel, an der sie alle einen Platz haben und miteinander speisen, bis auch Henri eines Tages kommt. Da ist seine Mutter neben seinem Großvater – sie warten auch noch auf Henris Vater. Da ist Christine mit ihrem toten Sohn. Und da sind meine drei kleinen Kinder, die auf mich warten, wie auch ich bald warten werde – auf Henri und Hannchen und Lisette und Karoline und auf Sie, meine liebe Freundin. Denn Sie gehören, auch wenn Sie es nicht einsehen wollen, mit an diesen Tisch am Fluss. Sie sind eine Jung-Stilling. Sie werden schon sehen."

Salome machte Elise Angst. Sie glich immer mehr einem Gespenst. Ihre rundliche Statur war vollkommen verschwunden, ihre Augen lagen in tiefen Höhlen, ihre Haut war schneeweiß, ihr Gesicht genauso schmal wie ihr Körper – ausgenommen der Bauch, der immer mehr wuchs und Salome, so schien es, alle restliche Lebensenergie nahm. Und dazu gehörte wohl auch ihr Denkvermögen.

Sie sprach in letzter Zeit nur noch vom Tod. Nicht dass Elise der Tod an sich in Furcht versetzte; es war Salomes Drängen, ja fast ihre Sehnsucht danach, bald gehen zu dürfen, das so unheimlich war. Eine seltsame Todessehnsucht hatte ihre Freundin erfasst und sie ihr eigentlich schon genommen. Fast nichts erinnerte mehr an die kluge, selbstsichere, unterhaltsame Frau, mit der Elise einst über alles hatte reden können. Jetzt redete nur noch Salome, und sie bedrängte Elise jedes Mal, wenn sie sie besuchte, sie solle Heinrich heiraten. Und das wollte Elise keinesfalls. Zumindest nicht auf diese Weise.

Wie gut, dass noch eine zweite Frau in Elises Leben getreten war, der sie vertrauen konnte. Jahrelang hatte sie keine einzige Freundin gehabt, bei der sie sich verstanden und gemocht gefühlt hatte. Immer waren die Unterschiede zu groß gewesen. Zwischen ihr und den einfachen Leuten stand der Titel ihres Vaters, und zwischen ihr und den Professorentöchtern stand ihr Wunsch nach einem selbstbestimmten Leben. Jetzt aber hatte sie binnen weniger Jahre gleich zwei interessante Frauen kennengelernt, die sie, Elise, schätzten. Und sie achtete sie auf dieselbe Weise, auch wenn sie sich nicht immer einig waren.

Caroline etwa mochte Sophie von La Roche und deren Literatur nicht; doch damit konnte Elise gut umgehen. Der grundsätzliche Zynismus ihrer Freundin war auch durchaus verständlich, wenn man ihre Lebensgeschichte bedachte. Als knapp 21-Jährige hatte sie ihren Jugendfreund Wilhelm Böhmer, einen Amtsarzt, geheiratet und innerhalb kürzester Zeit ihre drei Kinder zur Welt gebracht. Doch die glückliche Ehe währte nicht lange. Ihr geliebter Mann starb bereits vier Jahre später, während Caroline mit dem kleinen Wilhelm schwanger war. Zurück im Elternhaus in Göttingen versuchte man, sie möglichst schnell wieder zu verheiraten, weshalb die junge Witwe hierher nach Marburg geflohen war. Doch auch hier hatte der Tod sie wieder eingeholt und ihr nun auch noch ihren kleinsten Schützling, den einzigen Mann in ihrem Leben, genommen. Übrig war jetzt nur noch eines der drei Kinder, mit denen Caroline nach Marburg gekommen war, und ihr Bruder, mit dem sich Caroline immer weniger verstand.

Im Nachhinein kamen Elise ihre Worte in der Elisabethkirche wie eine leere Hülle vor. Was mochte es Caroline jetzt trösten, zu wissen, dass Gott nicht an dem Leid schuld war. Und stimmte das überhaupt? Warum griff er nicht ein? Warum ließ er zum Beispiel niemanden ein wirksames Mittel gegen die Masern entdecken? Oder gegen diese Krätzmilben. Warum mussten sich die Menschen in ihrem Umfeld so quälen? Andererseits: Was wäre, wenn Gott mit einem Mal alle Krankheiten auslöschen würde? Lebten sie dann nicht wieder wie im Paradies wie zu Adams und Evas Zeiten? Es war nun einmal der Freiheitswille des Menschen gewesen, der sie in diese Lage gebracht hatte, wurde es Elise bitter bewusst. Sie lebten in einer gefallenen Welt, weil sie sich einst dafür entschieden hatten, das Paradies zu verlassen. Aber auch das war nicht eben tröstlich.

Elise konnte zurzeit jedenfalls kaum etwas tun, um Caroline in ihrer Trauer zu helfen. Sie konnte bloß an ihrer Seite bleiben, auch wenn Caroline oft ungerecht wurde und gegen Gott wetterte oder in ihrer Trauer so gefangen war, dass sie nicht fähig war, das Bett zu verlassen. Manchmal wollte sie sich jedoch auch ablenken. Heute etwa hatte sie Elise gebeten, mit ihr eines der zwei Waisenhäuser zu besuchen. „Ich möchte wenigstens anderen Kindern helfen, wenn ich schon nicht imstande war, meine Eigenen zu retten", lautete Carolines Devise.

Daher waren die zwei Frauen unscheinbar gekleidet, die Haare unter einfachen Hauben verborgen, zum Gemeindehaus der reformierten Kirche aufgebrochen, in dem sich auch das Armen- und Waisenhaus befand. Elise machte sich etwas Sorgen um Caroline, da sie sich nicht sicher war, ob diese das Elend ertragen würde, das sie gleich zu Gesicht bekäme. Sie selbst war häufiger dort und brachte den Menschen Kleidung und abgespartes Essen; sie kannte den Zustand der Ärmsten der Armen.

Alsdann betraten sie die Räumlichkeiten des Armen- und Waisenhauses und damit eine andere Welt. Man hatte sich zwar bemüht, die Wände zu weißen, aber wegen der vielen Menschen und der verdünnten Suppe, die mitten im Raum auf offener Flamme in einem großen, gusseisernen Topf zubereitet wurde, waren die Wände bis auf Kopfhöhe grau und verdreckt und von der Kopfhöhe aufwärts verrußt, sodass der Saal wie eine Höhle aussah – und auch so roch. Obwohl die Latrinen draußen waren, lagen benutzte Windeln unter den schmalen, kleinen Fenstern, die den Raum nur wenig erhellten. Man bemühte sich zwar, die Behausung möglichst frei von Abfällen zu halten, aber es gab viele Menschen hier, die sich schon lange aufgegeben hatten und keinen Anlass dazu sahen, die Überreste ihres ohnehin schon kargen Lebens nach draußen vor die Tür zu bringen.

Es war aber auch nicht leicht, wieder aus diesem Kerker zu entkommen. Viele Erwachsene schliefen und bettelten deshalb lieber draußen und kamen nur ab und zu zur Armenspeisung. Die Kinder jedoch blieben, weil in ihnen die Hoffnung zuletzt starb, dass sich doch noch jemand ihrer erbarmen würde. Und tatsächlich: Ganz, ganz selten nahmen einsame Witwen oder kinderlose Ehepaare ein Kind mit zu sich nach Hause. Die anderen bekamen hier immerhin Nahrung – auch wenn diese meistens nur aus Gerstensuppe, einer Kartoffel oder trockenem Brot bestand – und Wärme und Wissen. Sie wurden regelmäßig im Lesen und Schreiben unterrichtet, sodass sie vielleicht wirklich später eine Chance hatten, dem Leben in Armut zu entfliehen.

Caroline und Elise sahen sich um. An die hundert Schlaflager waren hier aufgebaut, mit einfachen Decken und Matratzen. Kopfkissen gab es nicht, Waschschüsseln waren ebenfalls nicht vorhanden. Waschen konnte man sich an einem Brunnen hinter dem Haus. Die Kinder und zum Teil auch die Frauen hatten größtenteils kahl geschorene Köpfe, damit sich die Läuse und Flöhe nicht noch weiter ausbreiteten, und abgetragene, aber immerhin überwiegend saubere Kleidung am Leib.

Elise sah, dass Caroline schluckte und mit den Tränen kämpfte, aber wie es Carolines couragierte Natur war, bahnte sie sich einen Weg durch die dünnen Menschen, um ihr Ziel zu erreichen. Unter ihrem Mantel verbarg sie ein Bündel Wäschestücke, die einst ihren zwei kleinen Kindern gehört hatten, und auch Gustel hatte von ihren Sachen etwas abgegeben. Elise trug ebenfalls ein Bündel mit Kleidung für die Frauen, sodass Caroline und sie aussahen wie zwei rundgegessene Mütterchen.

Sie mussten vorsichtig sein mit dem Schatz unter ihren Jacken. Es war schon vorgekommen, dass die Menschen, sobald sie bemerkten, dass Nachschub kam, über die Spender hergefallen waren, um die besten Stücke zu ergattern. Eine Frau war von dem Mob schon beinahe zu Tode getrampelt worden. Besonders im Winter wurden die Armen zu Tieren und lechzten nach Wärme. Deshalb trauten sich kaum noch Frauen an diesen Ort, meistens kamen Männer und überbrachten die Gaben der Gemeindemitglieder.

Das Armen- und Waisenhaus war vollkommen von der Kirchengemeinde und der Spenderlaune ihrer Mitglieder abhängig. Wenn es den Bürgern einmal selbst schlecht ging, fiel kaum noch etwas für das Armenhaus ab. Ein Leben war heutzutage kaum etwas wert, das wusste Elise und war deshalb umso entschlossener, weiterhin etwas für die Bedürftigen zu tun. Denn für Elise war jeder dieser zerzausten, aufgegebenen, kranken Menschen wertvoll.

Vorbild war für sie Pfarrer Schlarbaum. Der kleine, runde Mann kümmerte sich liebevoll um die Waisenkinder und kannte jedes beim Namen. Vielleicht lag es an der Krankheit seiner Frau, dass er ein so weites Herz für die Schwächsten hatte. Bei anderen Menschen hatte Elise aber auch das Umgekehrte beobachtet: Je mehr Leid sie in ihrem eigenen Leben erfuhren, desto mehr verschlossen sie sich dem Leid anderer. Sei es, weil sie noch mehr Elend nicht tragen konnten oder weil sie sich den Rest der Illusion nicht rauben lassen wollten, dass dem Menschen ein gesundes und reiches Leben versprochen war.

Hastig lösten Elise und Caroline nun in einem unbeobachteten Moment an einer fensterlosen Wand die Riemen, die die Bündel unter ihren Kleidern zusammenhielten, und ließen die Kleidung unter ihren Rockschößen auf ein Matratzenlager fallen.

Ein kleiner Junge saß summend in der Nähe und machte große Augen, als er sah, dass die zwei Frauen etwas mitgebracht hatten. Caroline lächelte ihn an und gab ihm ein gekochtes Ei, das sie in ihrer Tasche aufbewahrt hatte. Verschwörerisch legte sie den Zeigefinger auf die Lippen und zwinkerte dem Kleinen zu. Aus seinem verdreckten Gesicht blitzten nun glücklich zwei strahlende Augen hervor, und ein scheues Lächeln umspielte seine Mundwinkel. Er nickte eifrig und stahl sich mit dem Ei davon, um es an einem ungestörten Platz allein essen zu können.

Als sich Caroline und Elise umdrehten, bemerkten sie Pfarrer Schlarbaum, der leise auf eine Frau einsprach, die zusammengerollt auf einem Matratzenlager ruhte.

„Geehrte Frau“, hörten sie ihn murmeln, und Elise wusste, dass der Frau jetzt eine lange Rede des Pfarrers bevorstand.

Langsam traten Caroline und sie näher an die beiden heran. Sie wollten nicht stören, aber den Pfarrer doch zumindest davon in

Kenntnis setzen, dass neue Kleidungsstücke eingetroffen waren – was jedoch nicht mehr nötig zu sein schien. Hinter ihren Rücken hatte ein kleiner Tumult begonnen. Kinder und Frauen hatten sich auf die Kleider gestürzt und kämpften mit gedämpften Stimmen um einzelne Teile, damit nicht noch mehr Menschen von ihrem Fund Wind bekamen.

Die Armut macht Menschen wahrlich zu Tieren, dachte Elise bekümmert, und betrachtete die Frau, die ihnen den Rücken zugedreht hatte und an die Wand starrte, während Pfarrer Schlarbaum auf sie einsprach. Sie wirkte wie ein Kaninchen in der Falle, doch sein Monolog schien nichts zu bewirken, denn die Frau regte sich nicht.

Seufzend erhob sich der Kirchenmann und erblickte nun Elise und Caroline. Nachdem sie sich begrüßt hatten, fragte Elise: „Pfarrer Schlarbaum, worunter leidet die Frau? Ist sie krank?"

Der kleine, schwarz gekleidete Mann nahm Elise etwas beiseite und tuschelte: „Sie leidet unter der Armut."

Elise lachte bitter. „Wie alle hier."

Schlarbaum schüttelte den von einem rötlichen Haarkranz umrandeten Kopf. „Nein, sie leidet wahrlich sehr unter der Armut." Er beugte sich geheimnisvoll vor. „Sie war bis vor kurzem noch nicht mittellos, wissen Sie? Sie müssten sie sogar kennen. Sie ist ebenfalls eine Professorentochter, ihr Name ist Elisabeth."

Erschüttert sah Elise erneut zu der Frau hinüber. War das wirklich die Elisabeth, die ihr im Gottesdienst sonst immer die Sicht auf den Pfarrer versperrte? Sie musste zugeben, dass sie gar nicht wusste, wie Elisabeth ohne Perücke und geschminktes Gesicht aussah.

Außerdem war Elise in den letzten Monaten selten im Gottesdienst gewesen. Sie konnte unmöglich jede Woche so dicht neben Heinrich sitzen. Anfangs hatte sie ihrer Mutter noch einen Schwächeanfall vorgespielt, um zu Hause bleiben zu dürfen, aber in der letzten Zeit war sie bei Salome geblieben, die zu entkräftet war, um die Kirche zu besuchen. In den nächsten Wochen aber würde Hannchen auf ihre Mutter achten und Elise würde wieder getrost zur Andacht gehen können – Heinrich würde in den nächsten Tagen zu einer Studienreise nach Kassel aufbrechen.

So hatte Elise also nicht mitbekommen, was ihrer Namensvetterin widerfahren war.

Pastor Schlarbaum setzte sie darüber ins Bild: „Nun denken Sie sich, vor einigen Wochen ist der Herr Professor gestorben. Und er hatte ja nur noch seine ohnehin schon verwitwete Tochter mit den drei Kindern. Der Mann von Elisabeth, Sie haben ihn vielleicht gekannt, es war der Optiker – ist in diesem Frühjahr während der Schneeschmelze in der Lahn ertrunken. Manche munkeln, er habe sich wegen der Schulden, die Elisabeth ihm durch ihre Verschwendungssucht aufgehalst hat, freiwillig in den Fluten ertränkt – aber das glaube ich nun wirklich nicht. Er war ein feiner, zurückhaltender Mensch, der sich sicherlich nicht freiwillig derartigen Schmerzen ausgesetzt hätte. Man stelle sich das nur einmal vor: Ertrunken im Eiswasser. Langsam sterben die Finger und Zehen ab, die Haut wird gefühllos, man friert, bis einem die Zähne aufeinanderschlagen, die Lunge wird ständig neu mit eisigem Nass gefüllt, bis man irgendwann zu müde wird, gegen all das anzukämpfen – wer sucht sich solch ein Schicksal schon freiwillig aus? Nein, so verzweifelt war der Optiker nicht."

Pfarrer Schlarbaum holte Luft, um mit seinem Monolog fortzufahren: „Jedenfalls ist nun auch ihr seliger Vater gestorben. Da er seiner Tochter zu Lebzeiten jeden Wunsch erfüllt hat, hatte er kein Erspartes. Das Einzige, was er hinterlassen hat, waren Schulden. Elisabeth versuchte nun, sich neu zu verheiraten, aber die Männer fürchteten sich vor ihrem teuren Lebensstil. Und so blieb ihr nichts anderes übrig, als all ihre Kostbarkeiten samt ihrem Hund zu verkaufen, um wenigstens ihre Kinder bei Verwandten unterbringen zu können. Sie selbst aber ist jetzt mittellos und liegt nun schon seit Tagen auf dieser Trage, ohne sich zu rühren oder etwas zu essen."

Elise konnte es kaum glauben. Die Frau vor ihr hatte so gar nichts mit der Elisabeth gemeinsam, die sie von früher kannte. Es war immer noch kalt, und die Frau trug bloß ein einfaches Kleid ohne

Schürze und ohne Strümpfe. Nicht mal Schuhe hatte sie. Ihre Füße und Hände waren wund, und ihr ergrautes Haar mit einem Messer unterhalb des Kinns stumpf abgeschnitten worden.

Schuldgefühle wallten in Elise darüber auf, dass sie diese Frau so verurteilt hatte. War sie nicht der Überzeugung, dass jedes Menschenleben wertvoll war? Elisabeth aber hatte sie wegen ihres zur Schau gestellten Reichtums verabscheut.

Nachdem die zwei Frauen sich noch ein wenig mit Pfarrer Schlarbaum unterhalten hatten, verließen sie in Gedanken versunken das Armenhaus. Elise überlegte, wie sie Elisabeth helfen konnte, als sie vor dem Eingang auf einen alten Bekannten stießen.

Dort stand der Übeltäter, der sie, Elise, überfallen hatte und hatte ausrauben wollen. Beileibe, ihr steckte der Schreck immer noch in den Knochen. Auch wenn selbst sein Leben in Gottes Augen wertvoll war und er einen Neuanfang verdiente, schreckte sie dennoch vor ihm zurück. Just kamen die Erinnerungen wieder in ihr hoch, sie schmeckte das Blut im Mund, roch seine ranzige Haut und spürte, wie er sie brutal umklammerte und über den Waldboden hinwegzerrte.

Neben dem Unhold stand Heinrich mit allem Handwerkszeug, was ein zukünftiger Schuhputzer benötigen würde, und bekam von dem glücklich dreinblickenden jungen Mann soeben seine Taschenuhr gereicht.

Elise wusste nicht, wie sie sich verhalten sollte. Sie würde nicht an ihnen vorbeigehen können, ohne zumindest Heinrich zu grüßen. Und sie kannte Caroline. Diese würde sich bestimmt freuen, Heinrich zu treffen und ihn in ein Gespräch verwickeln. Was aber sollte sie tun? Stumm wie ein Fisch danebenstehen und kein Wort über die Szene vor einigen Wochen auf dem Marktplatz verlieren?

Sie hatte sich aber auch wirklich danebenbenommen. Alles, was sie je an Heinrich gestört hatte, war ohne wirkliche Absicht wie Säure aus ihr herausgeflossen. Innerlich hatte sie immer noch gekocht vor Wut, dass der weltfremde Heinrich sich mehr um den Räuber als um das Opfer geschert hatte – und das obwohl er vorgab, sie zu lieben. Wohlmöglich aber hatte sie ihn auch schlicht von sich stoßen wollen, damit es für sie beide einfacher wurde, einander zu vergessen. Aber derart verletzen hatte sie ihn nicht wollen. Doch konnte sie sich jetzt entschuldigen? Hier in aller Öffentlichkeit?

Heinrich aber kam ihren sich überschlagenden Gedanken zuvor und trat auf die beiden Frauen zu. Er stellte Caroline den zukünftigen Schuhputzer vor und verwickelte die beiden in ein Gespräch, indem er vorschlug, Caroline könnte die erste Kundin des neuen besten Stiefelwichsers Marburgs werden.

Dann nahm er Elise beiseite und sah ihr tief in die Augen.

Elise wurde wieder schwindelig.

„Elise", sprach er zärtlich ihren Namen aus, „was ich über die Revolution gesagt habe, stimmt. Die Gewaltbereitschaft der Franzosen wird mehr Menschen das Leben kosten, als wir jetzt vielleicht erwarten." Er deutete auf das Armenhaus. „Und Häuser wie diese werden dann hoffnungslos überfüllt sein. Aber Elise", jetzt beugte er sich noch näher und flüsterte „was unser beider Revolution angeht, so denke ich, dass der Ausgang einzig und allein von einer Frage abhängt." Er räusperte sich. „Sie mögen mit allem, was Sie mir auf dem Marktplatz an den Kopf geworfen haben, recht haben." Ein kleines Schmunzeln umspielte seinen Mund, bevor er wieder ernst wurde. „Aber Elise, lassen wir Salome einmal ganz beiseite – was meinen Sie, können Sie mich trotz all meiner schlechten Eigenschaften lieben?"

17

Die Pfeife in seinem Mundwinkel wippte im Takt seiner Bewegung auf und ab, während Heinrich einen Koffer seiner Frau die Krebsgasse hinuntertrug. Sie alle waren auf den Beinen und halfen beim Umzug. Die Bediensteten hatten zwar einen Pferdewagen beladen und ihn bereits hinunter in die Hofstatt gefahren, aber darauf war nur Platz für die Möbel gewesen. Die kleineren Habseligkeiten trug die Familie daher selbst. Zudem hatten Heinrich, Hannchen, Lisette und Karoline nicht warten wollen, bis der Karren abgeladen war. Besonders die vierjährige Lisette plapperte unentwegt von ihrem neuen Zuhause, das ja bei näherem Betrachten schon seit Längerem ihre zweite Heimat war. Sie trug geflissentlich ihre Puppe und kam sich ganz wichtig vor, weil sie ihre zweijährige Schwester an der anderen Hand führen durfte.

Hannchen, Amalie und Marie hatten es indessen gewagt, den schmalen Pfad zwischen der Langgasse und der Hofstatt zu nehmen. Als Heinrich von der Untergasse aus mit seinen zwei kleinen Töchtern in die Hofstatt einbog, sah er oben lachend die drei jungen Frauen auf den kleinen Vorplatz vor dem Eckhaus der Coings rennen. Sie feixten und hatten sich wohl ein Abenteuer daraus gemacht, sauberen Fußes durch die„Müffelgasse“, wie er Hannchen sagen hörte, zu kommen. Zum Glück hatten sie nichts Wertvolles getragen; einzig ein paar einfache Kissen und Stoffe – die aber dennoch in den Schmutz hätten fallen können. Streng sah Heinrich die drei Freundinnen an, die sich ihr Kichern aber nur mühsam verkneifen konnten.

Kaum hatte er den Eingang des Hauses erreicht, öffnete der Himmel unerwartet seine Schleusen und ließ einen Platzregen auf die Gesellschaft niedergehen. Die Tropfen wurden mit einer solchen Wucht aus den Wolken gepresst, dass sie auf Heinrichs bloßem Kopf beinahe schmerzten. Schnell griff er nach Lisette und Karoline und zog sie in den Eingang. Die drei Freundinnen wurden auf den wenigen Metern bis zum rettenden Ziel jedoch bis auf die Haut nass. Das Kichern war den Mädchen vergangen, sie schnauften ihren Atem in die noch kühle Aprilluft und versuchten ihre Haare und ihre Kleider auszuwringen, aber es war nichts zu machen. Sie waren vollkommen durchnässt und mit ihnen auch die Kissen und Stoffe. Nun war es Heinrich, der grinste.

Gewissenhaft brachte er Lisette und Karoline hinauf zu Frau Coing und begleitete danach die drei zeternden, nassen Hühner Amalie, Marie und Hannchen in die Küche, wo sie sich zunächst einmal vor den Ofen kauerten und aufwärmten. Heinrich ging indessen in den angrenzenden Stalltrakt, um zu sehen, ob die Möbel den Transport gut überstanden hatten. Das Fell der Pferde dampfte zwar, aber die Knechte und Mägde luden die Schränke, Kommoden und seinen Schreibtisch ab, als wäre nichts passiert. Sie waren also noch trockenen Fußes ans Ziel gekommen.

Zurück in der Küche stellte Heinrich fest, dass die drei Mädchen sich wohl in ihre Zimmer zurückgezogen hatten, um sich umzukleiden und neu zu frisieren. Vor ein paar Tagen hatte es noch einen kleinen Streit darum gegeben, wer in welchem Stockwerk wohnen durfte. Die Schwestern Amalie und Marie fühlten sich Hannchen so eng verbunden, dass sie gerne Tür an Tür mit ihr gewohnt hätten. Doch Heinrich hatte mit Vater Coing von Anfang an vereinbart, dass jede Familie ein eigenes Stockwerk bewohnen sollte, auch wenn die Mädchen darüber noch so enttäuscht waren. Schließlich waren sie sich jetzt ohnehin so nah wie nie zuvor.

Der Professor und seine Frau hatten Salome angeboten, mit ihrer Familie in die Hofstatt zu ziehen, weil auch sie gemerkt hatten, dass Salome kaum noch etwas allein erledigen konnte. Die Schwangerschaft zehrte sie auf. Sie schlief fast nur noch, und wenn sie wach war, sprach sie vom Tod. Und das sogar in der Gegenwart ihrer Kinder, was diese ungemein beunruhigte. Hier in der Hofstatt würden die Coing-Schwestern für Ablenkung sorgen, und außerdem wäre immer jemand zugegen, falls Salome doch etwas zustoßen sollte.

Ausschlaggebend für das Angebot der Coings war aber wohl auch gewesen, dass Elise mittlerweile ebenfalls überlastet war. Sie besuchte täglich ihre Freundin Caroline Böhmer und half ihr durch ihre Trauer über ihre gestorbenen Kinder hindurch, und den Rest des Tages besorgte sie den Haushalt zweier Familien in zwei Häusern. Auch ihr Leben würde nun leichter, wo alle unter einem Dach wohnten – so musste sie nicht jeden Tag Wurst und allerlei anderes Essen hinauf in die Barfüßerstraße tragen.

Auch die Bediensteten der Familie Jung-Stilling zogen mit um. Sie fanden über der Scheune in bisher ungenutzten Kammern ein gemütliches Zuhause; während die Knechte und Mägde der Coings weiterhin im Dachgeschoss des Wohnhauses lebten. Die Coings bewohnten seit Jahren nur die ersten beiden Etagen, die dritte war Gästen vorbehalten gewesen – nun würden dort Heinrich und seine Familie einziehen. Damit dennoch genügend Raum für Besuch blieb, teilten sich Lisette und Karoline wie schon in der Barfüßerstraße ein Zimmer, und Heinrich und Salome würden auch wieder gemeinsam nächtigen.

Heinrich gestand sich ein, dass ihn dieser Gedanke ein wenig ängstigte. Immer noch quälte ihn die Schreckensvorstellung, Salome würde aus ihrem Schlaf nicht mehr erwachen. Es würde schwierig werden, neben ihr zu liegen und überhaupt einzuschlafen. Er wusste, er würde immerzu auf ihren Atem achten und nur in einen leichten Dämmerzustand verfallen, um ja mitzubekommen, falls etwas mit ihr nicht in Ordnung war.

Hinzu kam, dass Elises und sein Plan, sich aus dem Weg zu gehen, durch das neue Arrangement zunichte gemacht wurde. Seitdem er von seiner jährlichen Reise mit seinen Studenten aus Kassel heimgekehrt war, war das Verhältnis zwischen ihnen jedoch ohnehin seltsam entspannt. Das mochte aber auch an Elises Dauerbelastung liegen, sie war meistens übernächtigt und innerlich abwesend. Vielleicht lag das aber auch daran, dass sie ihm immer noch eine Antwort auf seine Frage schuldig geblieben war?

Nachdem er Elise nach ihrer Bereitschaft, ihn zu lieben, gefragt hatte, hatte sie ihn bloß mit offenem Mund angestarrt und war dann unsicher lächelnd verschwunden. Dieses Bild von ihr, wie sie sich in einfacher Kleidung schnellen Schrittes von ihm entfernt und sich dabei immer wieder wie ein gehetztes Tier nach ihm umgeschaut hatte, hatte ihn während seiner gesamten Kasselreise verfolgt.

Wieder einmal hatte er nicht geplant, sie das zu fragen; es war einfach aus ihm hervorgebrochen. Vielleicht war es der Umstand gewesen, dass ihm nach ihrem Streit auf dem Marktplatz mit einem Mal bewusst geworden war, dass Elise ihn kannte und durchschaute wie kein anderer Mensch zuvor. Aber wie war das möglich? Und da stellte sich eben genau diese Frage: Konnte sie ihn trotzdem lieben? Seine Seele war in Aufruhr – aus irgendeinem Grund schien er es wissen zu wollen, auch wenn er es eigentlich nicht wissen durfte und er sich gar nicht mit diesen Dingen beschäftigen sollte.

Jetzt würde man sehen, wie sich die Freundschaft, Bindung, wie auch immer man es nennen mochte, zwischen ihnen weiter entwickeln würde. Vielleicht hatte der räumliche Abstand ihnen beiden ja gutgetan, sodass sie jetzt in der Lage wären, ernsthaft und mit reinem Gewissen nah beieinander zu wohnen. Er hoffte es, bei Gott, er hoffte es sehr.

Just als Heinrich dies dachte, sah er vom Treppenabsatz aus, wie Elise gemeinsam mit Salome unter einem Schirm das Haus betrat. Elise klappte den Schirm zusammen und schüttelte sich wie ein Hund, sodass die Tropfen nur so aus ihrem Haar geschleudert wurden.

Heinrich kam nicht umhin zu bemerken, dass sein Herz immer noch einen Takt schneller schlug, wenn er Elise sah. Er konnte es sich nicht erklären, aber ihre Gegenwart zauberte ihm immer unbewusst ein Lächeln aufs Gesicht. Salomes Anblick hingegen verursachte ihm in den letzten Wochen nur noch Schmerzen. *Da stehen sie also: die geliebten Frauen des Professors,* dachte er. *Die eine ein Symbol für das Leben, die andere ein Symbol für Trauer und vielleicht sogar den Tod.* Er wusste nicht: War es tatsächlich möglich, sich so sehr einzureden oder zu wünschen, dass der Tod anklopfte, dass es tatsächlich geschah? Oder hatte Salome wirklich die Gabe der Prophetie und konnte dies alles vorhersehen?

Als die zwei Frauen langsam die Treppen hinaufstiegen – Elise hielt Salome mit dem rechten Arm umfasst, unterdrückte Heinrich den Impuls, Elise weiterhin aus dem Weg zu gehen, und kam ihnen entgegen, um Salome hinaufzuhelfen.

„Meine Damen?“, begrüßte er beide und stützte Salome von der anderen Seite.

„Sie sind ja ganz nass“, sagte er wie nebenbei zu Elise, während sie mit Salome zwischen sich die Stufen hinaufgingen.

Salome war zwar dünn geworden, aber das Kind in ihr war bald vollständig herangewachsen.

„Es regnet“, erwiderte Elise schnaufend.

So waren die Gespräche zwischen ihnen in letzter Zeit immer, belanglos und leer. *Aber vielleicht ist genau das das Beste*, dachte Heinrich.

Als sie die letzte Stufe erklommen hatten, blickte Salome von einem zum anderen und legte unerwartet die Hände von Heinrich und Elise ineinander. „Gell? Ihr werdet heiraten?“, fragte sie, und ein breites Lächeln verzerrte ihr schmales Gesicht.

Elise riss sich los und sah Salome fest an. „Salome, dies ist *Ihr* Ehemann“, sagte sie bestimmt und legte Heinrichs Hand zurück in die von Salome.

Heinrich spürte sofort den Unterschied. Elises Hand war warm und weich gewesen, sie hatte sich in seine geschmiegt wie Eisen in eine Gussform. So war es auch einmal mit Salomes Hand gewesen. Jetzt aber war diese kalt und klamm und lag so lasch auf seiner, als wäre sie gar nicht da.

Und mit einem Mal wurde ihm bewusst, dass seine Frau ihn längst verlassen hatte. Innerlich hatte sie von Heinrich seit Langem Abschied genommen. Er aber, auch wenn er Elise vielleicht lieben mochte, war nicht bereit, seine Liebe für Salome aufzugeben und von ihr Abschied zu nehmen. Nicht, solange ihre Hand noch lebendig war. Es war unschicklich und unmöglich, aber es war so: Er liebte zwei Frauen. Doch die einzig Seine war Salome, und so würde es auch bleiben. Dazu war Heinrich fest entschlossen.

Aus dem Salon der Coings erklangen nun einige Klaviertöne, und

Hannchens schöne Singstimme erhob sich zu einem Lied. Heinrich umfasste die geschwächte Hand seiner Frau fester und führte sie am Ellenbogen über den Flur, während Elise sich verabschiedete, um ihre Kleidung zu wechseln.

Im Salon hatten sich alle versammelt und ruhten sich von der ersten Etappe des Umzugs aus. Amalie und Marie spielten mit Lisette und Karoline und deren Puppen den Umzug nach, während Vater und Mutter Coing Salome zu einer Partie L'Hombre an den kleinen Tisch einluden. Hannchen stand am Klavier, und ihr Gesang wurde von einem jungen Mann begleitet, den Heinrich erst erkannte, als er nähergetreten war. Es war sein Frankfurter Student mit den langen Hosen, der ihm immer ins Wort fiel.

Missgelaunt warf er einen Blick an die Zimmerdecke und fragte sich, warum es ausgerechnet dieser junge Mann sein musste, der Hannchen besuchte. Hannchen hatte so viele Verehrer in Marburg und das, obwohl sie noch keine siebzehn war. Hannchens Befürchtungen waren unbegründet gewesen; die jungen Männer fanden sie jetzt, vielleicht wegen der großen Narbe, noch interessanter. Heinrich hoffte bloß, dass Hannchen sich eines Tages einen Mann suchen würde, der sie nicht aus Schaulust oder Mitleid heiraten würde – so wie er es mit ihrer Mutter Christine getan hatte. Denn das gestand er sich mittlerweile dank Elises barscher Kritik ein. Christine war ein hilfloses Ding gewesen, und er hatte in seinem jugendlichen Wahn wohlmöglich das Gefühl des Verliebtseins mit dem Gefühl des Mitleids verwechselt. Auch wenn Christine wohl nicht unter der Ehe gelitten hatte – Heinrich hoffte es zumindest –, wollte er, dass Hannchen die Liebe kennenlernte und nicht den erstbesten Mann heiratete. Und vor allem nicht dieses altkluge Frankfurter Goetheimitat!

Hannchen strahlte Heinrich während ihres Gesangs an, sodass auch der ungebetene Student seinen Kopf während des Klavierspielens umwandte und Heinrich freundschaftlich mit einem Auge zuzwinkerte. Heinrich erwiderte die Geste nicht, sondern nickte nur ernst. Kopfschüttelnd über die Dreistigkeit des jungen Mannes verließ Heinrich den Salon und ging ins Obergeschoss.

In seinem neuen Familiendomizil suchte Heinrich nach seinen Kleidern. Die Frauen hatten die Zimmer vergeben und provisorisch einrichten lassen, sodass er noch nicht wusste, wo sich sein Schlafzimmer befand. Er umschiffte im Flur die noch behelfsmäßig aufgestellten Schränke und das Gepäck – sie würden sicherlich erst morgen dazu kommen, alles an den richtigen Platz zu räumen. Heinrich musste aufpassen. Die Utensilien waren zum Teil achtlos abgestellt worden, wohl, um möglichst schnell alles vor dem Regen zu retten, der immer noch unaufhörlich gegen die Fenster eindrosch.

Ihm blieb nichts anderes übrig, als jedes Zimmer anzusehen und zu hoffen, dass man wenigstens seine Kleidung bereits in seinem Schlafzimmer deponiert hatte. Im ersten Zimmer rechter Hand fand Heinrich seinen Schreibtisch. Nun, das war doch schon mal ein Anfang. Hier würde also sein Studierzimmer sein. Davon durch eine Doppeltür getrennt sollte er unterrichten. Rechts vom Flur gab es ein Empfangszimmer. Das gefiel Heinrich – so konnte man Privates vom Beruf trennen. Vom Empfangszimmer aus gelangte man ebenfalls durch eine Flügeltür in den Salon.

In den anderen Räumen fand Heinrich Holzklötze und Kinderkleidung, also musste das letzte Zimmer vor Kopf wohl endlich das Schlafzimmer sein. Beinahe wäre Heinrich am Türpfosten in eine Waschschüssel getreten, sodass er fast in den Raum stolperte. Doch auch hier wurde er nicht fündig. Das Zimmer war als einziges eingeräumt, und Heinrich erkannte es als das Besuchszimmer wieder, in dem Salome ihren toten Sohn zu Welt gebracht hatte. Es war das Zimmer mit den meisten Fenstern zu drei Seiten, in der Mitte befand sich ein Erker. Er fand es noch genauso eingeräumt wie vor einem Jahr, als auch Salome beinahe gestorben wäre. Die Erinnerung ließ ihn schwanken, er musste sich setzen und ließ sich auf einen Stuhl fallen.

Vor ihm auf dem Tisch stand eine Vase mit frischen Blumen, Margeriten waren es. Erst jetzt entdeckte Heinrich, dass er nicht allein war. In dem Bett, in dem Salome ihren Todeskampf ausgefochten hatte, lag Elise. Erschrocken stand Heinrich auf, doch Elise rührte sich nicht. Ruhige Atemzüge zeigten an, dass sie fest schlief. Heinrich musste unweigerlich wieder lächeln. Es sah aus, als wäre Elise rücklings auf ihr Bett gesunken und sofort eingeschlafen. Sie trug immer noch ihr Kleid, das auf der einen Seite nass war. Ihr blondes Haar lag wie frisch gedroschenes Stroh neben ihrem Kopf ausgebreitet, und ihre Hände und Arme zuckten leicht. Wahrscheinlich träumte sie in diesem Augenblick. Ihr Mund war leicht geöffnet, und ihre Zungenspitze schaute keck hervor.

Er war wieder zum Dieb geworden, indem er sie in dieser ungeschützten Lage gesehen hatte. Er verließ das Zimmer und fand rechts davon nun endlich seinen Schrank vor, in dem wie erwartet auch noch seine Hosen und Seidenstrümpfe aufbewahrt waren. Während er sich umkleidete, dachte Heinrich über den Bibelspruch nach, der in Elises Zimmer an einer Wand hing und über den sie auch gesungen hatte: „Wo der Herr das Haus nicht baut, ist die Arbeit umsonst.“ Heinrich hatte diese Bibelstelle bisher immer auf eine Tätigkeit bezogen. Wenn Gott jemanden nicht zu etwas berief, so war alle Mühe umsonst, weil die Tat einzig dem Willen des Menschen entsprach. Berief Gott aber jemanden, so stützte er ihn auch in seinem Tun, sodass die Mühe, die man dafür aufwendete, nicht mühsam wurde.

Was aber, fragte sich Heinrich jetzt, wenn dies auch auf Beziehungen zwischen Menschen zutraf?

„Es ist nun so, meine liebeElise, dass Henri insgeheim genau weiß, dass alles, was ich sage, rechtens ist. Es ist aber auch so, dass er dies nun mal nicht wahrhaben will, weil er genau das schon einmal erlebt hat.

Sein Großvater nämlich erfuhr Ähnliches, als er noch lebte. Der kleine Henri sitzt bei seiner Großmutter zu Tisch, als der Großvater wie eh und je nach der Arbeit die Stube betritt. Doch es ist nichts wie eh und je. Des Großvaters Gesicht ist so erfüllt mit einem Frieden und einer Freude, dass die Großmutter und Henri für einen Augenblick innehalten und ihn gespannt ansehen.

Der Großvater setzt sich nun zu ihnen, nicht aber ohne die fröhliche Miene einen Deut zu verändern, und das Wasser tritt ihm in die Augen. Großmutter und Henri sind beide allein vom Anblick des Großvaters ergriffen und hören sprachlos zu, als dieser zu erzählen beginnt.

Er war an diesem Tag wie immer in den Wald hineingegangen, und plötzlich ging vor ihm ein Licht auf wie des Morgens über dem Tal die Sonne. Doch hatte er keine Angst, sondern freute sich über diese Sonne im dunklen Nadelwald und wurde neugierig. Also ging er hinein in das Licht und sah plötzlich ein weites Land, das er noch nie zuvor in seinem Leben gesehen hatte.

Der alte Mann fängt an zu schwärmen und berichtet, dieses Land sei mit einem weißen, warmen Licht umgeben gewesen, schöner als die Sonne, und überall stünden Schlösser, und die Luft sei kühl gewesen und habe so angenehm gerochen wie nichts, was er bisher gekannt hatte. Die Schlösser seien silbern und leuchteten, und um sie herum seien prachtvollere Gärten und Bäche und Büsche und Bäume, als jene, die er am herrlichsten Flecken des Siegerlands zu Gesicht bekommen habe.

Jetzt beginnen dem Großvater die Tränen vom Gesicht zu tropfen, so ergriffen ist er. Er habe aus einem der Schlösser dann plötzlich das Dortchen, Henris Mutter, hinauskommen sehen, die ihn gütig und liebevoll begrüßt habe, wie es immer ihre Art gewesen sei, und sie habe gesagt, dies sei die ewige Wohnung, die Gott für sie bereitet habe, und auch er werde nun bald zu ihnen kommen.

Dann sei die ganze Erscheinung mit einem Schlag fort gewesen, und vor ihm habe der dunkle Waldpfad gelegen wie jeden Tag, so erinnert sich der alte Mann.

Während die Großmutter weint und der Großvater strahlend sagt: ‚Ich sterbe bald; wie freu ich mich drauf!‘, fragt Henri unter Tränen immer wieder nach seiner Mutter und wie sie ausgesehen habe, und lässt sich abermals wiederholen, was sie gesagt hat. Dass aber sein Großvater den Himmel gesehen hat und sich nun auf seinen Tod vorbereitet, das versteht Henri nicht.

Schon damals, meine liebe Elise, hat Heinrich nicht wahrhaben wollen, dass es so etwas gibt, dass Gott einen Menschen auf sein Ableben vorbereitet. Gott verfährt in dieser Hinsicht mit jedem von uns anders, ganz wie es uns am besten bekommt und ganz nach unserer jeweiligen Natur. Gott kennt uns durch und durch und weiß, was wir benötigen. Und Henris Großvater benötigte damals die Freude auf das zukünftige Leben, genauso wie ich sie jetzt brauche, damit das Leben, das in mir wächst, überlebt. Doch genauso benötigt Henri beide Erlebnisse, damit auch er lernt, dass er sich vor dem Tod nicht zu fürchten braucht.

Die Erfahrung mit seinem Großvater sollte eigentlich eine Vorbereitung für ihn sein auf das, was nun bald eintreffen wird. Das verstehen Sie doch, Elise. Elise? Elise?"

Elise hielt das Kind in Tüchern gewickelt in den Armen und bemerkte sofort, dass etwas nicht stimmte. Noch war es durch die Schnur mit der Mutter verbunden, doch Michaelis machte sich eilends daran, sie zu durchtrennen. Das Baby schrie, es lebte, ja, aber Elise starrte dem Neugeborenen dennoch fassungslos ins Gesicht. Dieses nämlich war etwas zu groß geraten, die Stirn wölbte sich weit nach oben und war fast so groß wie das restliche Gesicht mit Augen, Nase und Mund.

Dennoch war Elise froh, dass alles so glimpflich vonstattengegangen war. Immer noch waren ihr und allen anderen Familienmitgliedern der Coings und Jung-Stillings die Schrecken von Salomes letzter Niederkunft gegenwärtig. Trotz aller Angstvisionen und Todesahnungen hatte Salome die Geburt dieses Mal aber weitaus besser überstanden – was zum großen Teil Elise zu verdanken war.

Sie hatte nachmittags an Salomes Bett gesessen und mal wieder einer ihrer Geschichten über den Tod gelauscht, als diese sie plötzlich nicht mehr richtig hatte sehen können. „Elise?", hatte sie wiederholt gefragt und gesagt, dass sie alles wie durch einen Nebel sähe. Kurz darauf hatte sie das Bewusstsein verloren.

Sofort hatte Elise um Hilfe gerufen, und Hannchen war mit fliehenden Rockschößen zu Doktor Baldinger gerannt, war aber bald darauf aufgelöst wieder in das Zimmer gestürzt gekommen, wo Salome immer noch bewegungslos darniedergelegen hatte.

„Der Doktor", hatte Hannchen außer Atem gestammelt, „sitzt in sich gesunken auf einem Stuhl, vornübergebeugt, und ist nicht einmal mehr des Redens mächtig."

Elise hatte sie entsetzt angesehen. „Was ist mit ihm?"

„Er spricht wirr und ...", Hannchen hatte weiterhin hastig nach Luft geschnappt und stakkatohaft berichtet: „unverständlich und riecht schlecht. Er hat wohl zu viel Branntwein getrunken."

Verärgert über Baldingers Unpässlichkeit und Unvernunft hatte Elise Hannchen angewiesen: „Dann müssen wir gleich zwei Ärzte rufen, wie mir scheint. Hol deinen Herrn Vater und schicke ihn zu Baldinger, so ist er von den Sorgen hier abgelenkt. Und hole dann schnell die Hebamme und Doktor Michaelis."

Nun war auch Elise außer Atem, allerdings vor Panik. Sie war ganz allein mit Salome. Ihre Mutter und ihre Schwestern machten mit ihrem Vater einen Ausflug. Es war Mai, und nach vielen Tagen mit unbeständigem Wetter schien heute endlich einmal wieder die Sonne, was die Familie zum Anlass genommen hatte, ein Picknick im Grünen zu veranstalten. Lisette und Karoline begleiteten die Coings, und Heinrich hielt einen Vortrag an der Philippina.

So saß Elise also allein an dem Ehebett der Jung-Stillings und sprach leise auf Salome ein, sie möge doch wieder erwachen, sie hätte ja noch nicht ganz zu Ende erzählt von der Todesahnung von Heinrichs Großvater: „Ist er denn nun gestorben?"

„Wer soll gestorben sein?" Fritz Michaelis war soeben eingetreten.

Elise stand auf und warf ihm vor Erleichterung die Arme um den Hals, machte sich dann aber sofort wieder verlegen von ihm los.

Michaelis tat so, als wäre nichts geschehen und eilte zu Salome.

Er untersuchte sie eingehend und stellte dann fest: „Sie hat erste Wehen, die aber ungewöhnlich stark sind. Da sie derart geschwächt ist, ist sie wohl von den Wehen überrascht kurzfristig eingeschlafen. Sie erwacht aber sicher bald wieder. Die Hebamme kümmert sich dann um alles Weitere."

Ängstlich stürzte Elise zu Michaelis und flehte ihn an, er möge wenigstens so lange bleiben, bis die Hebamme eingetroffen sei, was er nach kurzem Überlegen auch tat.

Und dann ging alles ganz schnell. Salome erwachte und klagte über Schmerzen. Michaelis erklärte ihr, die Geburt habe begonnen, und sie sei wohl schon bald am Ende der Eröffnungsphase angelangt – was die zwei Frauen zwar beruhigte, ihnen aber eigentlich nicht viel sagte. Dennoch. Michaelis blieb die ganze Zeit ruhig und distanziert, sodass sie zu seinen Fähigkeiten Vertrauen fassten. Dann kamen die Wehen in immer schnelleren Abständen, Salome aber seufzte nur und war nicht imstande, wie beim letzten Mal zu schreien. Elise wusste nicht: War das ein gutes Zeichen? Wohl aber hatte sich das Kind diesmal von selbst gedreht; der Kopf war schon sichtbar. Kurze Zeit später lag das Kind wohlauf in Elises Armen.

Salome aber war bei Kräften, brachte auch die Nachgeburt ohne erneuten Schwächeanfall hinter sich und lächelte selig, als sie sah, wie Elise das Kind in den Armen schaukelte und ihm ein leises Lied vorsang.

Genau in dem Augenblick, in dem Elise den großen Kopf des Kindes bemerkte, flog die Tür auf und hinein stürzten Heinrich und Hannchen und die Hebamme – Letztere viel zu spät. Sie löste Michaelis ab und begann, Salome und das Neugeborene zu säubern, während Hannchen die Magd rief, damit diese das Bettzeug wechselte.

Heinrich aber blieb wie angewurzelt im Türrahmen stehen und zitterte am ganzen Leib. Unstet blickte er zwischen Elise und Salome hin und her und beruhigte sich auch kaum, als die Hebamme ihm seinen gewaschenen, krähenden Sohn übergab.

Elise wusste nicht, was sie tun sollte. Auch sie sah hin und her, allerdings zwischen den Männern. Michaelis war während der gesamten Zeit derjenige geblieben, als den sie ihn kennengelernt hatte, ein gefasster, vielleicht aber auch etwas zu sachlicher Mensch. Heinrich hingegen hatte seine Gefühle wieder einmal kaum unter Kontrolle und brachte seinen Sohn gar durch sein Zittern in Gefahr. Was, wenn er ihn jetzt fallen ließe? Der Kopf war ohnehin schon so groß – was war, wenn damit etwas nicht in Ordnung war?

Schnellen Schrittes ging Elise zu Heinrich und nahm ihm das Kind ab. Bevor sie ging, streichelte sie Heinrich kurz über den Rücken, um ihn zu beruhigen. Tatsächlich schien ihn das aus seiner Starre zu befreien. Er sah sie an, allerdings immer noch mit aufgewühltem Blick.

Michaelis räumte seine Gerätschaften in seinen kleinen Koffer, als Elise zu ihm hintrat und ihn leise fragte: „Haben Sie den Kopf des Knaben gesehen? Was ist damit?"

Fachmännisch betrachtete der Arzt das Kind und erklärte dann: „Das Kind wird einen Wasserkopf haben."

Elise schüttelte den Kopf. „Ich verstehe nicht. Was bedeutet das?"

„Bei dem Jungen sammelt sich Hirnflüssigkeit im Kopf. Wenn er Glück hat, bleibt er so", sagte Michaelis weiterhin reserviert.

„Und wenn nicht?", fragte Elise ängstlich.

„Wenn der Kopf weiter anwächst, kann es sein, dass seine Beine steif werden, dass er von Zuckungen heimgesucht wird oder dass er nie in der Lage sein wird zu sprechen oder zu verstehen, was man ihm sagt. Oder aber er stirbt", sagte der Mann, nahm seine Tasche, nickte zum Abschied und ging wortlos davon.

Elise sah dem schönen Mann hinterher, denn das war er zweifellos. Er war groß und schmal gewachsen, besaß aber dennoch eine markante Figur; sein Haar war rabenschwarz und dicht, seine Augen ebenso dunkel und eben auch undurchdringlich. Heinrich hingegen war gebeugt und grau und kahl, aber sein Herz war offen und stark, und gerade das liebte Elise an ihm. Und so fielen ihr auch die vielen kleinen Dinge auf, die ihn auch äußerlich schön machten: seine hohen Wangenknochen, die Locken in seinem Nacken, die feinen Hände und sein Geruch.

Es war wahrlich nicht einfach, mit ihm in einem Haus zu leben, aber sie würde es schaffen, das wusste Elise. Zum einen war ihr nach der gelungenen Geburt bewusst, dass Salome sich geirrt hatte. Das Kind lag mittlerweile erfolgreich an ihrer Brust, und in ihrem Gesicht leuchteten die geröteten Wangen. Sie strotzte wieder vor Leben und würde nicht sterben – dann doch wohl eher ihr Kind. Vielleicht aber würde das Wasser im Kopf des Jungen doch noch abfließen, und alles würde gut. Falls aber nicht, so würde Elise Salome zur Seite stehen, wie sie es die ganze Zeit über getan hatte. Sie würde Salome gegenüber immer loyal bleiben und Heinrich nur im Herzen lieben.

Und Heinrich würde das auch schaffen. Er hatte nämlich unrecht. Es kam nicht darauf an, ob sie in der Lage war, ihn zu lieben. Denn das tat sie. Es kam darauf an, wie sie miteinander leben würden. Sie würden Freunde werden und sich nicht mehr streiten. Denn Elise war eines ganz deutlich geworden: Mann und Frau konnten gemeinsam existieren ohne Machtkampf, ohne dass einer über den anderen herrschte, wenn man Gott in den Mittelpunkt stellte.

Sie hatte in der letzten Zeit viel gebetet und in der Bibel gelesen, und da war es ihr plötzlich aufgegangen: Wie der Tod und das Leid war auch die Unterdrückung eine Folge des Sündenfalls. Bevor Frau und Mann die Gegenwart Gottes und das Paradies verlassen hatten, lebten sie nämlich in Eintracht miteinander; erst danach hatte der Kampf begonnen und sie sich voreinander verbergen müssen. Durch Jesus Christus aber war diese Sünde getilgt. Es war also möglich, miteinander auszukommen, und sie würde es versuchen.

Über ihre Gedanken waren auch die übrigen Familienmitglieder heimgekehrt. Ihr Picknick hatte ein jähes Ende genommen. Ein Platzregen hatte sie mal wieder überrascht und nicht nur Kleidung und Haare durchnässt, sondern auch Käse, Brot und Kuchen. Einzig Lisette und Karoline hatten Spaß daran gehabt, über die aufgeweichten Pfade an der Lahn entlang nach Hause zu laufen. Jetzt waren sie von den Füßen bis in die Gesichter mit Lehm und nasser Erde bespritzt. Der Nachwuchs schien also quicklebendig zu sein, aber die Wetterprognose für die nächsten Tage, soviel stand fest, war trotz des Wonnemonats Mai eher düster.

18

Das Wetter passte so gar nicht zur Dramatik des Augenblicks. Es regnete zwar, aber es waren lediglich schmale Bindfäden, die da vom Himmel fielen. Dieser wiederum wurde nur von einzelnen, dunkleren Wolken durchzogen; dazwischen zeigten sich immer wieder blaue Stellen, sodass man wusste: Der eigentliche Himmel war immer noch wasserfarbenblau, egal, wie sehr und wie lange dichte Wolkenmassen ihn vor den Augen der Betrachter verbergen mochten.

Heinrich starrte diesen Alltagshimmel fassungslos an. Für ihn hätte es heute hageln müssen; zu gerne hätte er Beulen von den eisigen Himmelszapfen auf der Haut davongetragen. Es hätte so stark stürmen müssen, dass dieser ganze junge Birkenwald mit einem Mal umknickte und hinter dem Landgrafenschloss nur eine wüste Landschaft übrigblieb. Denn genau das stand ihm bevor. Sollte das eintreten, was er vermutete, dann würde in ihm nichts zurückbleiben als Staub, Trockenheit und Leere.

Elf Tage war es jetzt her, dass sein Sohn Franz das Licht der Welt erblickt hatte. Als er zum ersten Mal gesehen hatte, wie sein – lebendiger – Sohn an der Brust seiner – lebendigen – Mutter lag, war plötzlich alles heil und gut gewesen, und sein Glücksgefühl hatte ihn beinah schweben lassen. So sehr hatte er sich darüber gefreut, dass sich seine Ängste einmal nicht bewahrheitet hatten.

Kurz darauf hatte er Salome zärtlich gescholten wegen ihrer Todesvisionen der letzten Monate. Denn diese war nun an jedem Tag wach und aufmerksam und aß auch mit Appetit, sodass sie fast wieder seine Salome war. Als er ihr aber sagte, dass ihre Todesankündigungen für ihn eine einzige Qual gewesen und ihm große Angst gemacht hatten, sagte sie nachdrücklich und bei vollem Bewusstsein: „Lieber Henri, glaube mir: Wir sind noch nicht fertig." Heinrich hielt es für einen Scherz und lachte, konnte aber nicht umhin zu bemerken, dass Salome es nicht tat.

Am sechsten Tag nach der Geburt hatte sie plötzlich Fieber bekommen. Und von da an war es täglich mit ihr bergab gegangen. Michaelis und Baldinger, der dieses Mal nüchtern war, wurden herbeigerufen, und beide konnten nicht viel für sie tun, warfen Heinrich aber vielsagende Blicke zu. Er selbst hatte schon vorher gewusst, wie ernst die Lage war. Nach drei weiteren Tagen hatte sie begonnen, im Fieberwahn wirr zu fantasieren und unzusammenhängende Sätze von sich zu geben, sodass es ihm grauste. Rund um die Uhr war seitdem jemand bei Salome in der Stube der Coings, damit Heinrich zumindest nachts Ruhe fand. Aber daran war nicht zu denken.

Heute dann hatten die Krämpfe begonnen, den Körper seiner Frau hin- und herzuwerfen. Es hatte bei den Beinen begonnen und war dann den Körper hoch bis zum Gesicht gekrochen. Ihr Kiefer war ineinander verbissen, sodass sie nichts mehr sagen und auch nichts mehr essen oder trinken konnte. In seiner Verzweiflung war er dann auf den Schlossberg gestiegen, um Gott in seiner Trauer um Hilfe zu bitten. Es war ihm einerlei, ob sich noch andere Menschen hier oben befanden oder ob man ihn unten im Tal würde hören können. Laut schrie er zu Gott um Hilfe und flehte unter Tränen, Gott möge sich erbarmen. Fast hauchte er dann, denn seine Stimme war ebenso gebrochen wie seine Seele: „Herr, ich bitte dich nicht um ein Wunder, aber ich bitte dich um Kraft, damit ich darüber nicht wahnsinnig werde. Bitte."

Als Heinrich zurück in die Hofstatt kam, hatte sich der Regen durch die Fäden seines Hemdes und der Weste gewunden. Er war bis auf die Haut nass, und seine Haare klebten ihm im Nacken, aber innerlich war er gefasst auf alles, was da kommen mochte. Gott hatte sein Gebet erhört.

Der Regen tropfte unten am Saum wieder aus seiner Kleidung heraus, während er die Stube betrat. Aber dass er den Boden nass machte, war ihm jetzt gleichgültig – er wollte seiner Frau beistehen. Elise war auf dem Sofa eingenickt. Ihre Hände zuckten leicht, und ihr Mund war etwas geöffnet. Er liebte sie wirklich, dachte er, sah aber dann zu seiner Frau und wusste, er liebte auch sie wirklich. Diese erwachte in dem Augenblick, als er sich nass, wie er war, neben sie auf die Bettkante hockte, und sah ihn flehentlich an. Sprechen konnte sie nicht mehr, aber in ihrem vom Fieber geplagten Hirn schien ein Gedanke immer noch vorhanden zu sein. Bittend blickte sie von Heinrich zu Elise und dann wieder zurück zu Heinrich. Sie wollte immer noch, dass er Elise heiratete, sollte sie sterben. Doch Heinrich war nicht dazu imstande. Dazu nicht. Besonders weil er beide Frauen liebte, konnte er ihr das nicht versprechen. Beschämt senkte er den Blick, blieb aber bei seiner Frau, bis Elise erwachte.

Von da an wechselten sie sich alle zwei Stunden ab: Heinrich, Elise, Mutter Coing und auch Hannchen. Zuerst hatte Heinrich nicht gewollt, dass Hannchen ihre Mutter so sah, aber sie hatte darauf bestanden, sie auf ihrem Weg in die Ewigkeit zu begleiten. Bei ihrer leiblichen Mutter hatte genau dieses Abschiednehmen ihr gefehlt. Also saß gerade Hannchen an ihrem Bett, als Salome ein weiteres Mal erwachte und durch die zusammengepressten Zähne bat, Heinrich möge kommen.

Es war mittlerweile Nacht, kurz nach der Mitternachtsstunde, und als Heinrich in das Zimmer trat, strahlte dieses vor Kerzen und Lichtern, als ob er eine Kirche besuchte. Instinktiv wusste Heinrich, dass dies seine letzte Begegnung mit seiner Frau werden würde, und er bat Gott abermals um Stärkung für seine Seele. Auch dieses Mal wurde seine Bitte erhört, wenn sich auch das Bild der scheidenden Salome für immer in sein Herz brannte.

Salome lag dort, das Gesicht vom Fieber gerötet, die Stirn feucht und sah ihn milde an. Auch wenn ihr Mund es nicht konnte, ihre Augen lächelten.

„Geht es dir gut?“, fragte Heinrich leise und nahm ihre Hand.

„Oh ja!“, seufzte sie durch die Zähne hindurch.

Also hatte sie doch in allem recht gehabt, dachte Heinrich und fühlte dabei nichts. Er könnte sich nun mit Schuldgefühlen quälen, weil er Salome keinen Glauben geschenkt hatte. Hätte er es getan, hätte er sich auf ihren Tod ebenso vorbereiten können wie damals auf den von Christine. Aber er entschied, dass Salome es sicherlich nicht gutheißen würde, wenn er sich ihretwegen quälen würde. Er könnte sich auch grämen und bitter werden und fluchen über sich selbst oder auch über Gott, dass er ihm schon die zweite Ehefrau nahm. Doch auch wenn er Gottes Wege oft nicht verstand und in seinem Leben schon viel Leidvolles erfahren hatte, war es doch eben dieser Gott, der nicht wie so viele seiner Geliebten gestorben oder wie so viele seiner Freunde, Goethe etwa, von ihm Abstand genommen hatte. Gott war immer treu geblieben und hatte ihn durch alle Bedrängnisse getragen, auch wenn er es in der Not oft nicht erkannt hatte. Auch jetzt hatte er ihm die nötige Stärke gegeben, bei Salome zu bleiben und nicht davonzulaufen, wie er es sonst getan hätte. Denn Heinrich wusste: Normalerweise hätte er diesen Schmerz nicht ertragen und wäre zutiefst verzweifelt – und eigentlich war es auch so – aber Gottes Gnade überdeckte alles. Und so entschied er sich weder für Schuldgefühle oder Verdammnis noch für Bitterkeit, sondern für Dankbarkeit, dass er dazu in der Lage war, diese letzten Lebensstunden mit seiner Frau gemeinsam zu verbringen.

Nichtsdestoweniger nickte er an Salomes Bett ein und verpasste den Zeitpunkt, an dem Salomes Geist ihren Körper verließ. Mutter Coing weckte ihn sanft und fragte, ob sie Salome die Augen schließen dürfe, woraufhin er Salome noch ein letztes Mal ansah. Alles Leben war aus ihrem Blick gewichen. Sie war fort. Er nickte, und Mutter Coing drückte Salomes Augenlider zu.

In diesem Moment kamen Elise und Hannchen ins Zimmer gestürzt, die von der Magd von Salomes Ableben unterrichtet worden waren. Heinrich sah, dass Elise unaufhörlich still die Tränen über die Wangen liefen, während sie Salome ungläubig ansah und den Kopf schüttelte. „Salome ist tot!“, stellte Hannchen laut fest, ihre sonst so klangvolle Stimme zerbrach schrill die Stille. Und Heinrich entgegnete: „Jetzt hat der Kampf ein Ende. Herr, dein Wille geschehe.“

„Meine liebe Elise, das Letzte, was ich Ihnen noch sagen will, ist dies: Henri mag dem Schmerz nicht ins Auge sehen. Schon bei Christine war dies so. Wissen Sie, wie sie gestorben ist? Es war schon etwas kurios.

Alles fängt mit dem Alltäglichen an. Christine sagt der Magd, sie solle ihr einen Kob auf die Schultern heben, wobei es in Christines Brustkorb kracht und ein Schmerz sich einstellt, der sie fortan niederdrückt. Dazu gesellt sich nach einiger Zeit ein schlimmer Husten, der über Wochen nicht weichen will.

Als es ihr eines Tages etwas besser geht, schöpft Henri Hoffnung, dass es nun bergauf geht mit ihr, und schreibt genau dies allen Freunden. Obwohl er Arzt ist und genau sieht, dass es sich hier nur um eine vorübergehende Besserung ihres Gesundheitszustandes handelt, belügt er sich und alle anderen.

Am nächsten Tag nämlich verschlechtert sich Christines Zustand rapide. Sie bekommt hohes Fieber, und ihre Lungen beginnen zu schmerzen. So liegt sie erneut mehrere Wochen im Bett und leidet vor sich hin, sie spuckt auch schon Blut. Die zwei Kinder dürfen in all der Zeit nicht zu ihr, um sich nicht anzustecken mit dem Husten, und sie wissen nicht wirklich, wie schlimm es um die Mutter steht.

Es dauert ganze zwei Monate, bis Christine dem Henri gesteht, was sie beide längst wissen: ‚Ich sterbe, lieber Engel, aber ich sterbe gern.‘ Fällt Ihnen auf, Elise, dass alle Menschen, die Henri liebt, gern sterben und sich auf ihren Tod freuen, sofern sie ihn vorausahnen konnten? Was sagt Ihnen das? Überlegen Sie.

Aber ich komme wieder ab ... Christine sagt also weiter: ‚Unser zehnjähriger Ehestand war voller Leiden, aber Gott wird dich erretten. Sei du getrost und stille, Gott wird dich nicht verlassen.‘ Und von da an glaubt Henri ihr.

Dieser Frau glaubte er und mir nicht – worin wohl der Unterschied liegt?

Aber ich komme wieder ab ...

Nun, jedenfalls stirbt Christine, nachdem sie und Henri lange darüber gesprochen haben, wie er nach ihrem Tod handeln soll und wie es wohl für sie sein wird, dort im Himmelreich. Ihr Sterben zieht sich noch eine Weile hin, und sie verabschiedet sich mehrmals mit einfachen Worten und rezitiert ein Gedicht. Und dann schläft sie an einem Tag einfach ein und ist fort – und Heinrich wird daraufhin ganz geschäftig und erledigt alles wie von ihr geheißen.

Das Kuriose an der Geschichte ist, dass Christine nicht an ihrem eigentlichen Leiden gestorben ist, das sie von klein auf gequält hat. Ist das nicht absonderlich?

Aber ich komme schon wieder ab. Zu den Kindern wollte ich Ihnen etwas sagen. Diese jedenfalls wussten ja nicht, dass ihre Mutter im Sterben lag, und dachten, sie sei nur wie so oft krank, wenn auch diesmal ein wenig länger. Umso verwunderter sind sie, als sie – Hannchen ist neun Jahre alt und Friedrich sieben – einfach so von einem Tag auf den anderen getrennt zu verschiedenen Verwandten kommen, um künftig dort zu leben. Es muss ein Graus für sie gewesen sein.

Und das, meine liebe Elise, ist es, was ich Ihnen sagen muss, denn auf mich hört Henri nun wahrlich nicht mehr. Er glaubt mir nicht, dass ich sterbe, und auch nicht, dass er Sie heiraten wird. Darum, liebe Freundin, meine Bitte an Sie: Ob Sie Henri nun heiraten oder nicht – sorgen Sie für meine Kinder, damit es ihnen nicht ergeht wie Hannchen und Friedrich damals, und es Hannchen gar ein zweites Mal passiert – auch wenn sie die Verwandten, die sie damals aufgenommen haben, heute noch sehr liebt.

Bitte, Elise, tun Sie mir diesen Gefallen? Achten Sie auf meinen kleinen Sohn, Hannchen, Lisette und Karoline. Seien Sie ihnen die Mutter, die Sie ihnen die gesamten letzten vier Jahre bereits waren.

In ewiger Verbundenheit, Ihre Freundin Salome."

Salome verließ Marburg auf demselben Weg, den sie gekommen war. Der Leichenzug schritt durch das Barfüßertor hinaus aus dem Stadtring Marburgs hin zum neuen Kirchhof. Der Landgraf hatte ihn außerhalb der Stadt anlegen lassen, damit die Leichenprozessionen nicht immer für derart viel Aufsehen sorgten. Manche bürgerlichen Familien nutzten den Tod eines Verwandten immer noch, um zu zeigen, wie viel Besitz sie hatten, und gaben Unmengen aus, um die Beerdigung so teuer wie möglich zu gestalten.

Familie Jung-Stilling hingegen geleitete Salome würdevoll und schlicht, ganz so, wie sie gewesen war, zu ihrer Ruhestätte. Der Sarg, in dem sie aufgebahrt war, war mit einem schwarzen Grabtuch bedeckt und wurde von Pfarrer Schlarbaum begleitet. Hinter dem Sarg gingen Heinrich und Hannchen samt Karoline und Lisette. Die Amme war mit dem Säugling zu Hause geblieben. Danach kamen Vater und Mutter Coing, dann Elise, Marie und Amalie vor den anderen Trauergästen. Viele Professoren hatten samt Familie daran teilhaben wollen, aber Heinrich hatte die weiß gekleidete Bittfrau nur zu wenigen Menschen geschickt, um sie zu diesem Tage einzuladen. Es war ihm wichtig, dass nur diejenigen jetzt von Salome Abschied nahmen, die sie auch wirklich gekannt haben. Leider hatten ihre Eltern, die St. Georgs, und auch ihr Stiefsohn Friedrich nicht rechtzeitig anreisen können, aber zu den Familien Jung-Stilling und Coing gesellten sich auch noch Michaelis mit seiner Schwester Caroline Böhmer und Franz Baldinger.

Elise konnte es immer noch nicht fassen, dass Salome tot war. Dieser ganze Leichenzug kam ihr unwirklich, wie ein Traum vor. Durch ihren schwarzen Schleier wirkte ohnehin alles dunkel und unecht. Jeder trug seine schwarze Trauerkleidung, und die Frauen bedeckten ihren Kopf und Rücken mit schwarzen oder weißen Tüchern. Elise hatte ihre Trauerkleidung bis jetzt noch nie tragen müssen. Bei den Beerdigungen von Salomes Totgeburt und den Kindern von Caroline hatten die jeweiligen Familien still für sich Abschied genommen. Dass sie dieses enge, muffige Kleid nun tragen musste, machte ihr den Umstand, dass Salome gestorben war, drastisch bewusst.

Durch die Falten ihres Tuches konnte sie schemenhaft den gekrümmt laufenden Heinrich erkennen. Seine drei Töchter neben sich, schleppte er sich mühsam hinter dem Sarg her, der mittels eines Fuhrwerks zum Kirchhof gebracht wurde. Bei jeder Unebenheit wackelte das Transportmittel bedrohlich, und Elise befürchtete, dass bei einem Achsenbruch der Sarg hinabstürzen und Salomes Leichnam noch einmal freigeben würde. Doch genau diesen wollte sie nicht noch ein zweites Mal sehen.

Wie leer und ausgehaucht Salome dagelegen hatte! Nun war es nicht so, dass der Tod sie erschreckte, es war die Leiche an sich, dieses Überbleibsel von Salome, das sie erschüttert hatte. Mit einem Mal war ihr bewusst geworden, dass der Körper, mit dem sie alles wahrnahm, gar nicht sie selbst war. Sicherlich, er war ein Teil des Menschen, aber nicht der Teil, der den Tod überlebte. Denn das war an Salomes Leiche ganz deutlich zu sehen gewesen – ihre Freundin war fort, sie war nicht mehr da, sie war gegangen. Aber wohin?

Erst jetzt verstand Elise Salomes Erzählungen vor ihrem Tod. Sie hatte sich damit selbst auf ihren Tod vorbereiten wollen, auf die Welt, die sie erwartete. Aber wie war sie nun, die jenseitige Welt? War sie so, wie Heinrichs Großvater sie gesehen hatte? Oder wie Heinrich sie sich vorstellte? Was hielt Gott dort für sie bereit? Die Bibel benutzte für die Ewigkeit nur Metaphern, und jeder konnte daraus seine eigenen Schlüsse ziehen, wie die Wohnungen dort wohl aussahen. Baldinger jedenfalls dürfte sich freuen, dachte Elise leicht zynisch. Denn Jesus hatte angekündigt, dass er mit seinen Freunden auch dort Wein trinken werde. Gab es im Paradies der Ewigkeit, in der neuen Welt also noch den Genuss? Einen neuen Körper jedenfalls sollte die Seele erhalten – aber wie würde Salome wohl aussehen, wenn sie, Elise, sie eines Tages wiedersah?

Inzwischen hatten sie ihr Ziel erreicht. Zwischen zarten Bäumen hatten die Totengräber die Erde aufgeworfen. Seltsamerweise roch es nach Leben und Tod zugleich – die frische, dunkle Erde duftete nach vertrocknetem Laub und Gräsern und gleichzeitig nach Dung für die Pflanzen. Heinrich und die Kinder, die sich allesamt an den Händen hielten, stellten sich unweit des Erdlochs auf und sahen stumm dabei zu, wie der Sarg von vier kräftigen Männern zu Grabe gelassen wurde. Elise stand etwas seitlich und konnte sehen, dass Lisette ängstlich in das dunkle Loch starrte und auch Karoline unheimlich zumute war. Sie klammerte sich fest an Heinrichs Hosenbein. Dieser aber war so in sich gefangen, dass er die krallenden Hände seiner Kleinsten gar nicht bemerkte.

Gerne wäre Elise jetzt zu den zwei Mädchen gegangen und hätte zumindest Karoline auf den Arm genommen, damit sie sich neben all den schwarz gekleideten Erwachsenen nicht so winzig vorkam, aber sie musste den Impuls unterdrücken. Sie hatte sich Salomes Bitte, auf ihre Kinder achtzugeben, zwar zu Herzen genommen – sie hätte es ohnehin getan – aber sie musste ebenfalls die Gebräuche achten. Insbesondere falls Heinrich wirklich auf die Idee kommen sollte, sie zu fragen, ob sie seine Frau werden wolle. Doch darüber mochte und konnte Elise jetzt nicht nachdenken. Zu kompliziert war diese Geschichte, zu stark das Gefühl des Verlustes. Sie musste erst einmal um ihre Freundin trauern und Heinrich um seine Frau. Erst danach konnten sie weitersehen.

Nun hielt Pfarrer Schlarbaum die Grabrede, die Elise zu Tränen rührte. In diesem Augenblick war sie für den Schleier dankbar. Sie wollte, wie wohl die anderen auch, ganz bewusst von Salome Abschied nehmen, und dachte nun an die vielen kleinen und großen Momente ihrer dreijährigen Freundschaft. „Salome, du bist und warst meine erste richtige Vertraute“, flüsterte Elise.

Am Ende der Zeremonie wurde das Kreuz mit Salomes Namen in den Boden gerammt, was vor allem Lisette derart erschreckte, dass sie bei jedem Aufprall des Hammers zusammenzuckte. Die Augen der Kinder waren leer. Begriffen sie überhaupt, was hier passierte? Hatte Heinrich ihnen erklärt, was geschehen war?

Auf dem Rückweg stolperte Lisette über einen Stein und fiel unsachte auf das Pflaster, woraufhin sie – wohl zuallererst vor Schreck – laut zu heulen begann. Das nahm nun auch Karoline zum Anlass, endlich zu weinen. Dies alles musste für die Kinder ein unverständlicher, furchtbarer Albtraum sein. Alle Mitglieder der Trauergesellschaft blieben peinlich berührt stehen, aber Elise dachte gar nicht viel nach, ging drei beherzte Schritte auf die Kleinen zu und stellte Lisette zurück auf die Beine. Beruhigend sprach sie auf die zwei Mädchen ein und nahm dabei auch ihr Tuch beiseite, damit die Kinder ihr Gesicht besser sehen konnten. Schließlich schluchzte Lisette nur noch ein wenig, und Karoline rieb sich mit ihrer Faust müde die Augen.

Salomes Wunsch noch im Hinterkopf nahm Elise die kleine Karoline auf den Arm, woraufhin ihr Tuch vollends zu Boden fiel. Doch Lisette hob es wie selbstverständlich auf und ging an Elises Hand weiter, hinter Pfarrer Schlarbaum und ihrem Vater her.

Wie eine trunkene Horde Krähen marschierte die kleine Trauergesellschaft nun zurück in den Ort und zum Haus der Coings. Vor der Beerdigung hatte es dort bereits einen Trauerempfang gegeben. In der Stube der Coings waren schwarze Flore ausgelegt und Leuchter aufgestellt worden, auf den Tischen und dem Kaminsims lagen Blumenarrangements aus Zypressen, Efeu und weißen Rosen. Durch dieses Arrangement war die Stimmung ganz anders als noch vor gut einem Jahr, als hier Salomes Geburtstag gefeiert worden war.

Michaelis und Caroline verabschiedeten sich an der Schwelle des Totenzimmers und nahmen Professor Baldinger mit, der bereits vor der Beerdigung zu viel getrunken hatte. Dies alles rief ihm wohl schmerzlich die Beerdigung seiner eigenen Frau in Erinnerung.

Heinrich nahm ihm seinen Zustand daher nicht übel. Stattdessen umarmte er ihn herzlich und bedankte sich bei Caroline und ihrem Bruder dafür, dass sie Baldinger nach Hause begleiteten.

Vater und Mutter Coing hatten sich indessen mit Amalie und Marie an den Tisch gesetzt und lauschten Hannchen, die Salome zu Ehren ein Lied angestimmt hatte, das diese immer besonders gerne gehört hatte.

Elise beobachtete Heinrich. Er setzte sich lächelnd zu seiner Tochter ans Klavier, spielte aber nicht mit. *Wann wird er endlich weinen?*, dachte Elise. Seitdem Salome gestorben war, hatte sie ihn, den Mann, der sonst immer so schnell seine Gefühle zeigte, nicht einmal weinen sehen. Es mochte sein, dass er seinen Tränen nachts in seiner Kammer leise ihren Lauf ließ, aber Elise kannte ihn viel zu gut. Heinrich sah übernächtigt aus – sicherlich fand er keinen Schlaf – und dass seine Augen nun wie zwei ausgetrocknete Flussbetten dalagen, zeigte, wie tief die Trauer um Salome bei ihm wirklich ging. Zu gerne hätte sie ihm beigestanden, aber sie wusste nicht wie.

Karoline war inzwischen auf Elises Arm eingeschlafen. Langsam aber sicher wurde sie ihr zu schwer. Es war äußerst mühsam, das zweieinhalbjährige Mädchen die Treppen hinaufzutragen. Es hatte die Ärmchen um Elises Hals gelegt, und Elise hielt es mit dem rechten Arm auf ihrer Hüfte. Schnell stieg sie noch ein Stockwerk höher und legte die Kleine in ihr Bettchen, wo sie sogleich weiterschlief. Ihnen gefolgt war die noch schniefende Lisette.

Unschlüssig stand sie im Eingang zu ihrem Zimmer und sah Elise aus so traurigen Augen an, dass sie selbst beinahe auf der Stelle zu weinen begonnen hätte. Doch sie schluckte das Gefühl hinunter, ging in die Hocke und fragte Lisette leise, ob auch sie schlafen wolle.

Das Kind wischte sich mit dem Handrücken die Tränen von der Wange und schüttelte vehement den Kopf.

„Wieso denn nicht, Lieschen?", frage Elise. „Es war doch ein so anstrengender Tag. Ich wäre froh, wenn ich schon schlafen könnte." Und das entsprach vollends der Wahrheit, merkte Elise. Eine bleierne Müdigkeit hatte sie erfasst.

Entsetzt warf Lisette ihr nun die Ärmchen um den Hals. „Nein, nein, nein, du darfst nicht schlafen, du darfst nicht schlafen!", schrie die Kleine verstört.

Elise legte ihren Finger auf die Lippen und bedeutete Lisette, leiser zu sein.

„Aber Häschen, warum soll ich denn nicht schlafen?", fragte sie.

„Weil wenn du schläfst, kommst du nicht wieder. Und wenn wir die Line jetzt nicht wecken, kommt sie vielleicht auch nicht wieder. Wie die Mama."

Erschrocken über die ängstlichen und tieftraurigen Gedanken des Kindes, nahm Elise Lisette in den Arm und drückte sie fest an sich.

„Spürst du mein Herz klopfen, Häschen? Spürst du es?", fragte Elise.

Lisette nickte an ihrer Brust.

„Wenn Menschen schlafen, klopft immer noch ihr Herz – und sie atmen. Schau es dir bei Karoline an."

Das Kind stand auf, schlich an das Bettchen seiner Schwester und vergewisserte sich, dass sie atmete, indem sie ihr vorsichtig aus einiger Entfernung ihre Fingerspitzen vor Nase und Mund hielt.

„Siehst du? Und solange das der Fall ist, ist ein Mensch nicht fortgegangen wie die Mama. Ich weiß nicht, was man dir erzählt hat oder ob man dir überhaupt etwas erzählt hat. Aber die Mama schläft nicht, sie ist tot. Das bedeutet, ihr Herz schlägt nicht mehr, und sie atmet auch nicht mehr. Aber sie ist jetzt in einer anderen Welt – und dieser haben wir sie heute ganz bewusst übergeben."

„Sie lebt jetzt in der Erde?", fragte Lisette ungläubig.

Elise schmunzelte. „Nein, dort liegt nur ihr Körper, der nicht mehr atmet und dessen Herz nicht mehr schlägt. Aber all das, was deine Mama war, wie sie gedacht und gefühlt und gelacht hat – all das ist jetzt in einer Welt, in die jeder von uns mit Gottes Hilfe nach dem Tod gelangt, wenn er hier auf Erden mit ihm gelebt hat. Aber noch nicht jetzt. Jetzt schlafen wir erst einmal. Und morgen wachen wir wieder auf, weil …?"

„Weil unser Herz schlägt und wir atmen", antwortete Lisette und streckte sich.

Nachdem Elise auch Lisette zum Schlafen gebracht hatte – sie hatte ihr, wenn auch schief, ein Lied vorgesungen – prallte sie im dunklen Flur auf einen Gegenstand. Leider hatte sie kein Talglicht mitgenommen und musste sich den Weg ertasten – doch sie kam nicht weit. Der Gegenstand, gegen den sie gelaufen war, klammerte sich plötzlich an ihr fest und sackte mit ihr zu Boden.

Es war Heinrich, der weinend in ihrem Schoß zusammenbrach und im Dunkeln laut vor sich hinwimmerte. Elise strich ihm vorsichtig über den Kopf und versuchte ihn zu wiegen, wie sie es zuvor mit Lisette getan hatte. Die Weinkrämpfe durchliefen seinen Körper in ständigen Wellen. Irgendwann aber brachte er mühsam hervor: „Elise, sie ist tot. Salome ist wahrhaftig tot."

Elise nickte im Dunkel des Flures und begriff es nun auch endlich vollends. „Ja, Heinrich. Salome hat uns verlassen."

19

Diesmal kam der alte Mann zu Fuß. Es war ein später, warmer Junitag, die Sonne warf lange Schatten auf die Gassen – und so lief dem gebeugten Greis sein schwarzes Abbild schon weit und groß voraus. Und eben dieser Umriss war es, der Heinrich aus seinen Gedanken riss. Er war wie so oft in letzter Zeit draußen unterwegs, doch statt auf die Umgebung hielt er den Blick auf seine Schuhe gerichtet.

Es fiel ihm schwer aufzublicken, denn jedes Mal, wenn er es tat, wurde ihm neu bewusst, dass in dieser lebendigen Welt, die sich einfach so weiterdrehte, jetzt eine Lücke klaffte, die nie wieder gefüllt würde. Er kannte das Gefühl zwar vom Tod seiner ersten Frau, aber diesmal war es ungleich komplizierter. Bevor er dieses Wirrwarr an Gefühlen und Gedanken nicht sortiert hatte, wollte er ausschließen, aus dem Karussell des Lebens aussteigen – doch der Schatten des alten Mannes machte all seine Pläne zunichte.

„Mein Sohn, riechen Sie die Veilchen noch?“, fragte der Mann hinter dem Schatten und ging mit weit geöffneten Armen auf Heinrich zu.

„Vater“, murmelte Heinrich nur und stolperte auf offener Straße unweit des Barfüßer Tors auf den alten Mann zu, ohne ihn richtig sehen zu können. Das Sonnenlicht blendete Heinrich, und er musste blinzeln, um seinen Vater richtig zu erkennen. Er war mindestens einen Kopf größer als der alte Mann, dennoch gelang es ihm, sich in dessen Arme fallen zu lassen wie ein Kind.

„Sohnemann“, flüsterte Vater Jung mit seiner krächzenden Stimme und strich seinem Sohn mit seinen prankenähnlichen Händen unbeholfen über das spärliche Haar.

Heinrich fühlte die raue Haut seines Vaters, die Schwielen an den Händen auf seiner Stirn. Es kratzte, aber um nichts in der Welt hätte Heinrich dieses Gefühl eintauschen mögen. Nach all den Jahren war es endlich geschehen. Er war seinem Vater nahe. So nahe wie vielleicht noch nie in seinem Leben.

Lange standen die zwei Jung-Männer so auf der Straße. Marktfrauen und Mägde gingen vorbei und unterbrachen ihre Gespräche abrupt, als sie die zwei Männer in stiller Umarmung sahen. So manch eine meinte jetzt zu verstehen, warum sich Heinrich Jung als Schriftsteller den Beinamen Stilling gegeben hatte – doch ihre Vermutung stimmte nicht. Denn in den Herzen der zwei Männer war es keineswegs still. Unaufhörlich drückten Vater und Sohn durch diese Umarmung ihre Gefühle aus, und als sie schließlich endete, sagte der Vater fast außer Atem: „Mein Sohn, ich wäre eher gekommen, aber ich wollte den Weg hierher wandern, um nachzudenken, damit ich dir die richtigen Worte sage."

Heinrich ging einen Schritt zurück und betrachtete seinen Vater genauer. Er hatte einen Wanderstock und nur ein kleines Bündel bei sich, und seine Hosen sahen aus, als hätte er mehrere Nächte darin auf dem Waldboden geschlafen.

„Aber, Vater, in Ihrem Alter!", entfuhr es Heinrich kopfschüttelnd.

Johann Jung lächelte fast spitzbübig. „Du, Heinrich, du. Sag ‚du' zu mir, ich bin doch dein Vater. Zwar bin ich ein alter Vater, aber solange ich lebe, will ich auch das Leben in mir spüren." Und etwas leiser fügte er an: „Ihr nicht auch, mein Sohn?"

Jetzt sah Heinrich auf und seinem Vater direkt ins Gesicht. Auch er versuchte ein Lächeln. „Du, Vater, du. Ich bin doch dein Sohn."

Als Antwort huschte ein kleines Funkeln in die Augen des alten Mannes, und Heinrich verstand. Er und sein Vater, sie hatten endlich zueinandergefunden.

Alsdann ging er mit seinem Vater heim zum Haus der Coings, wo Johann alle herzlich begrüßte – vor allem aber die zwei kleinen Mädchen Karoline und Lisette. Auch wenn er gebeugt und seine Hände zittrig waren, schaffte der alte Mann es dennoch, Karoline im Garten hoch in die Luft zu heben und mit ihr um die eigene Achse zu drehen, bis beide unter Lachen auf der Wiese zusammensackten und sich ins Gras fallen ließen.

Erschrocken wollte Heinrich nachsehen, ob mit seiner Kleinsten alles in Ordnung war, doch da kam schon Elise herbeigeeilt. Sie lief aus den Stallungen und wischte sich die Hände an ihrer Schürze ab, bevor sie Vater Jung die Hand reichte, um ihm aufzuhelfen, während Karoline schon wieder mit Lisette wie ein junger Hund durch den Garten tobte.

„Danke, mein schönes Kind", sagte Johann Jung, und Elise machte lächelnd einen Knicks. „Gern geschehen, Vater Jung."

„So, so", sagte dieser nur, musterte Elise seltsam amüsiert und warf Heinrich einen vielsagenden Blick zu.

Heinrich wusste nicht, was das zu bedeuten hatte? Ehe er sichs versah, hatte sein Vater Elises Arm ergriffen und ging mit ihr in Richtung Haus. Nur flüchtig nickte er seinem Sohn noch einmal zu, bevor er im Hauseingang verschwand.

Es war verwirrend. Heinrich blickte den beiden noch lange nach und wunderte sich über die Natürlichkeit und Selbstverständlichkeit, mit der sein Vater und Elise miteinander umgingen. Schon vorher war ihm aufgefallen: Obwohl Salome tot war, ging alles weiter seinen Gang, als sei kaum etwas geschehen. Natürlich trauerten alle um sie. Immer wieder fragten die zwei Kleinen nach ihr und wollten mehr über den Tod und den Himmel und die Ewigkeit erfahren. Und immer wieder fand er Elise in Gedanken versunken und mit trauriger Miene in irgendeiner Ecke des Hauses – aber dennoch. Der tägliche Ablauf: Aufstehen, Morgenmahl, Studium, Korrespondenzen, Unterrichten, Mittagsmahl, Spaziergang, Tee, Familienzeit, Nachtmahl, Schlafenszeit – alles geschah ohne Störung, als sei Salome noch da. Beinahe jeden Abend betrat er seine Schlafkammer und erwartete, sie dort liegen zu sehen, auf ihrer Seite des Bettes, die seit nunmehr zwei Wochen leer war und leer blieb. Und das verwirrte ihn.

Einerseits fühlte er eine ständige, tiefe Traurigkeit, aber andererseits fühlte sich das Leben jetzt insgesamt leichter an. Sein Magenschmerz war verschwunden, er musste sich nicht mehr ängstigen, dass Salome sterben würde, und der Tag funktionierte reibungslos ohne sie – eben weil sie eigentlich schon vor ihrem Tod aufgehört hatte zu leben und am Leben der Familie teilzunehmen. Wenn Heinrich es recht besah, hatte er ein schlechtes Gewissen. Ein schlechtes Gewissen, weil er seine Frau nicht so sehr vermisste, wie er es vielleicht tun sollte. Ja, er liebte sie immer noch, und es tat auch weh, aber das Leben ging weiter. Und das sollte es nicht, nein, das sollte es einfach nicht!

Letzteres sprach Heinrich laut aus. Es war aber niemand mehr da, der seine Worte hätte hören können. Wieder einmal war Heinrich in seinen Gedanken gefangen gewesen und hatte weder bemerkt, dass es langsam dämmerte, noch dass seine Kinder samt Kinderfrau ebenfalls ins Haus gegangen waren.

Es gab ein Leben nach dem Tod für Salome – sollte es da nicht auch ein Leben für ihn geben, nach ihrem Tod? Aber durfte er so denken, zwei Wochen nach ihrem Ableben? Heinrich konnte nichts dagegen tun, sein Blick senkte sich wieder auf seine Schuhe, während er ebenfalls den Garten verließ und ins Haus trat.

Während der nächsten Tage hatte Heinrich kaum Zeit, über Salomes Tod und die Folgen für ihn und seine Familie nachzudenken. Sein Vater beschäftigte ihn vollends. Zu seiner Überraschung besuchte sein Vater seine Vorlesungen und versuchte sogar, deren Inhalt zu verstehen und anschließend mit ihm darüber zu reden. Er begleitete ihn zu Star-Operationen und bei seinen täglichen Spaziergängen. Und wenn Heinrich seine Korrespondenzen beendet hatte, fand er seinen Vater fast immer bei Elise und Hannchen in der Küche oder im Salon. Es fühlte sich vollkommen selbstverständlich an, dass er da war, obwohl er sonst nie am Leben seines Sohnes Interesse gezeigt hatte, sondern ihn nur mit Verachtung, oder besser gesagt Nichtbeachtung, gestraft hatte. Heinrich war überrascht.

Und als der alte Schneidermeister ihn eines Abends in seine Kammer einlud, um der alten Zeiten zuliebe mit ihm ein Gewand zu nähen, da konnte Heinrich seine Neugier nicht länger zurückdrängen.

Während er die von seinem Vater angegebenen Maße auf den weißen Stoff übertrug, fragte er möglichst beiläufig: „Vater, warum seid Ihr – entschuldige – warum bist *du* plötzlich an meinem Leben interessiert?"

In demselben beiläufigen Ton, als würden sie sich über das Kleidungsstück unterhalten, an dem sie arbeiteten, antwortete sein Vater: „Ich bin hier, um dir zu zeigen, dass ich dich sehe und dass ich dich sehen will.“

Heinrich blickte auf und sah seinen Vater fragend an. Der aber zeichnete in Seelenruhe die von Heinrich übertragenen Muster nach und erklärte, während seine breiten Hände routiniert weiterarbeiteten: „Mein Sohn, ich habe dich verloren, als deine Mutter starb. Und nun, da deine zweite Frau gestorben ist, wusste ich, das muss aufhören. Ich möchte, ich will dich sehen!“ Jetzt sah sein Vater auf und blickte ihn über die Schneiderbrille hinweg bittend an. „Wenn du, mein Sohn, es noch willst.“

Ohne eine Antwort abzuwarten, redete er weiter: „Ich war ein törichter Mann, Heinrich. Ich hätte dich unterstützen sollen, als du deinen Weg gegangen bist, aber ich habe in dir immer nur deine Mutter gesehen, und das konnte ich nicht ertragen.“ Leise sagte er: „Dabei hätte es anders herum sein sollen. Ich hätte dich lieben sollen, wie ich sie geliebt habe.“

Heinrich schluckte und kämpfte mit den Tränen. „Wie hast du sie geliebt, Vater?“, brachte er mit erstickter Stimme hervor und drehte den Stoff so, dass sein Vater anfangen konnte, das Muster auszuschneiden.

Die schwere Schere eilte geschickt durch den Stoff, und das gleichmäßige Geräusch der aufeinandertreffenden Klingen erfüllte den Raum wie ein Musikstück, dessen Melodie der Vater sprach: „Ich habe sie geliebt, als hinge mein Leben davon ab. Ich weiß, heutzutage heiratet ihr, weil es passt. Weil ihr eine Mutter für eure Kinder sucht oder weil sie genug Geld mit in die Ehe bringt oder denselben Stand in der Gesellschaft hat. Das ist so üblich, ich weiß. Aber ich habe deine Mutter vom ersten Augenblick an geliebt. Auch wenn ich es vielleicht nicht gleich erkannt habe.“

Vor Heinrichs innerem Auge flackerte das Bild einer Frau auf, aber es war nicht das seiner Mutter.

„Woran hast du erkannt, dass du sie liebst?“, fragte Heinrich im Plauderton weiter, und sein Vater antwortete ebenso:

„Wenn ich sie lange nicht sah, vermisste ich sie. Sie fehlte mir so, als wäre sie tot. Aber dass sie lebte und nicht bei mir war, erschien mir weitaus schlimmer. Ich träumte von ihr. Ihr Geruch, ihre Stimme, einzelne Bilder von ihren Bewegungen waren in mir eingebrannt wie ein Tiermal. Ich konnte sie einfach nicht vergessen. Und je mehr ich von ihr erfuhr, desto mehr schätzte ich sie – auch wenn es sicherlich einige Eigenarten gab, an denen ich mich rieb." Johann Jung lächelte. „Aber es waren eben diese Eigenarten, die ich besonders liebenswert fand." Er seufzte. „Ja, ich liebte deine Mutter, und ich liebe sie immer noch. Und diese Liebe hätte ich längst dir geben sollen, Heinrich."

Sein Vater trat um den Stoff herum. Die Kammer hatte nur ein Dachfenster, durch das die Junisonne kaum hereindrang, weil es gen Norden gerichtet war, aber Heinrich konnte dennoch erkennen, dass die Augen seines Vaters voller Tränen waren.

„Kannst du mir verzeihen, Sohn?", wisperte der alte Mann und stand verloren vor seinem Kind, das ihn weit überragte.

Als Antwort umarmte Heinrich seinen Vater fest.

Als sich die zwei Männer nach einer Weile voneinander lösten, fragte Heinrich, während sein Vater sich verstohlen ein paar Tränen aus den Augenwinkeln klaubte: „Vater, aber du hast doch ein zweites Mal geheiratet nach Mutters Tod. Welche Frau liebst du denn nun mehr?"

Johann Jung sah seinen Sohn fest an, während er antwortete: „Ich liebte beide Frauen, es ist einerlei, welche man zuerst liebt. Ich muss gestehen, dass deine Mutter immer noch den größten Teil meines Herzens besitzt. Wie aber steht es mit dir: Wem gehört dein Herz?"

Heinrich musste nicht lange überlegen. Er wusste es sofort, stand ihm doch unaufhörlich das Bild dieser Frau vor Augen. Während sie weiter schneiderten, berichtete Heinrich seinem Vater von dem Gefühlswirrwarr, das ihn gefangen hielt, und von Salomes Bitte, die er nicht erfüllt hatte, aber dennoch gerne erfüllt sähe.

„Dann solltest du Vorkehrungen treffen, mein Sohn", riet ihm sein Vater und hielt das Kleid, das nur mithilfe von Nadeln zusammengehalten wurde, in die Höhe.

„Jetzt muss es nur noch genäht werden", sagte Heinrich, nickte zustimmend und betrachtete das Hochzeitskleid, das sein Vater in den Händen hielt.

Es war Sommer geworden. Überall in Marburg hatten die Menschen ihre Fenster weit geöffnet, sodass manche schiefe Hausfassade aussah, als würde sie mithilfe der vielen Fensterläden jeden Augenblick davonfliegen. Auch in der Hofstatt standen die Fenster weit offen, da ihre Bewohner auf Abkühlung hofften. In der Tat wehte ein laues Lüftchen, und Elise stand, die Hände auf dem spröden Holz der Fensterbank abgestützt, an ihrem neuen Fenster und sah hinaus auf die Straße.

Nachdem Salome gestorben war, hatte sie endlich das Jung-Stilling-Geschoss verlassen und auf das Stockwerk ihrer Familie ziehen dürfen. Zwar musste sie dafür auf ihr großes Erkerzimmer verzichten, aber das war ihr lieber, als weiterhin nachts Kopf an Kopf und nur durch eine Wand getrennt von Heinrich zu schlafen. Für Elise war der Umzug in ihr neues Refugium das Symbol für einen Neuanfang. Nach Salomes Tod fühlte sie sich seltsam frei; die letzten Wochen waren doch sehr anstrengend gewesen – und dann immer dieses Gefühlswirrwarr wegen Heinrich. Nein, das war jetzt vorbei; jetzt wehte ein neuer Wind.

Elise stieß sich von der Fensterbank ab und trat zurück in den Raum. Draußen gab es ohnehin nicht viel zu sehen; ihr Fenster ging jetzt nicht mehr auf den kleinen Vorplatz hinaus, sondern auf die schmale Gasse der Hofstatt und somit direkt auf die gegenüberliegende fensterlose Häuserwand. Aber auch das hatte bisweilen etwas Meditatives. Elise erwischte sich jetzt des Öfteren dabei, wie sie mehr mit Gott sprach, wenn sie selbstvergessen auf die alten, unförmig behauenen, braunen Steine des Nachbargebäudes blickte. Nichts lenkte ihre Gedanken beim Anblick auf das Gemäuer ab; sie konnte sich vollends auf sich und ihren Schöpfer konzentrieren, und das tat ihr gut.

Elise hatte eben ein Buch von ihrem Nachttisch genommen, das sie sich von Caroline ausgeliehen hatte und ihr nun zurückbringen wollte, als unter ihrem Fenster Stimmen erklangen. Laut waren die Stimmen der jungen Magd Anne und des Knechtes zu hören und dazwischen leise die glockenhelle Stimme von Hannchen. Seitdem Salome tot war, musste Hannchen sich um den Haushalt der Familie Jung-Stilling kümmern. Es wäre unschicklich gewesen und hätte zu Tratsch geführt, wenn Elise dies weiterhin getan hätte – jetzt wäre es ja kein Freundschaftsdienst mehr für eine Todkranke. Also wehte auch in Hannchens Leben ein neuer Wind.

„Wenn Sie meinen, Fräulein, dann werde ich das so tun. Aber die werte Elise Coing hat mich immer anders angewiesen", hörte Elise die junge Magd mit skeptischer Stimme sagen und den Knecht bestätigend dazu brummen.

Elise beugte sich aus dem Fenster. Unten, an der geöffneten, halbrunden Kellertür standen sie zu dritt, und Hannchen nickte schüchtern.

„Was habe ich anders gemacht, Anne?", mischte sich Elise von oben in das Gespräch ein.

Überrascht zuckte Anne zusammen. „Wir sprachen über die Wurst, Fräulein Coing, wie viel denn jetzt für das Essen der Jung-Stillings veranschlagt werden soll."

Hannchen nickte, sagte aber kein Wort und schaute fast beschämt zu Boden.

„Anne, Sie machen das so, wie Fräulein Jung-Stilling es Ihnen aufträgt", machte Elise unmissverständlich klar. Es schien Anne schwer zu fallen, Dienstanweisungen von einem Mädchen anzunehmen, das kaum älter war als sie selbst.

„Aber … die Wurst ..., die Armen", stotterte Anne, doch Elise schnitt ihr mit einer Handbewegung das Wort ab.

„Was immer Fräulein Jung-Stilling Ihnen aufträgt, wird erledigt. Professor Jung-Stilling wird sicher genügend Mittel zur Verfügung haben, um sich soviel Wurst zu gönnen, wie es ihm und seiner Familie beliebt – und vergessen sie nicht den tragischen Tod seiner Frau", setzte Elise nach und schloss als Schlussakkord demonstrativ das Fenster. Sie wusste, dass sie die Magd damit emotional erpresste, aber die Dienstleute mussten jetzt schnellstens Respekt vor Hannchen bekommen, sonst würde diese es in Zukunft schwer haben.

Eigentlich hatte sie es jetzt schon schwer. Seitdem Salome tot war, tat sie nichts anderes, als sich um den Haushalt und die Kindererziehung zu kümmern, und das bedeutete, dass ihr fortan keine Zeit mehr für Spaziergänge oder zum Spielen mit Miegchen und Malchen blieb. Auch hörte Elise sie in letzter Zeit kaum noch singen. Das arme Kind – und das war sie trotz ihrer siebzehn Jahre noch – hatte von jetzt auf gleich die Verantwortung einer erwachsenen, verheirateten Frau übernehmen müssen. Daneben blieb ihr kaum Zeit, um ihre Stiefmutter zu betrauern – deshalb der Seitenhieb an die Magd. Sie sollte verstehen, welch eine Last Hannchen mit sich herumtrug und sie zumindest vorerst mit ihrer Aufmüpfigkeit verschonen.

Elise machte sich auf und brachte ihrer Freundin Caroline das Buch zurück. Auf dem Rückweg musste sie sich durch das bunte Treiben auf dem Marktplatz kämpfen. Heute waren zu den fahrenden Händlern noch Gaukler und Artisten hinzugekommen, die direkt vor dem Rathaus für Tumult sorgten. Die Menge bestaunte zwei Winzlinge, die über ein gespanntes Seil balancierten, und einen Koloss von Mann, der es wagte, sich Feuer in den Rachen zu schieben. Elise aber schenkte diesem Schauspiel keinerlei Aufmerksamkeit und ging weiter ihres Weges. Sie kannte die Schausteller; sie kamen fast jedes Jahr hier vorbei und blendeten die Zuschauer mit ihren Tricks. Insgeheim aber bewunderte Elise ihren Mut und die Freiheit, die sie genossen, auch wenn diese Freiheit eigentlich keine war. Menschen, die vom Äußeren her nicht ins Stadtbild passten oder in irgendeiner Weise entstellt waren, hatten letztlich keine Wahl – sie konnten nur am Rande der Gesellschaft existieren, ob sie das wollten oder nicht. Die Gaukler hatten es noch richtig gut im Gegensatz zu den vielen Verkrüppelten, die sich so gut wie nie auf die Straße trauten und in den Armenhäusern still auf den Tod warteten, obwohl manche von ihnen kaum zwanzig Jahre alt waren.

Elise dachte voller Bedauern an Salomes Säugling, der nicht nur ohne seine Mutter, sondern auch mit diesem auffällig großen Kopf leben musste. Er hatte Glück gehabt; er war in eine wohlhabende Familie geboren worden. Wäre er beispielsweise Annes Kind, hätte er kaum eine Woche überlebt. Kindstötungen wurden zwar seit einiger Zeit streng geahndet – man las immer wieder von harten Strafen und Prozessen – trotzdem gab es noch genug arme Frauen, die keine andere Möglichkeit sahen, als ihre Kinder zu verlassen, wenn sie selbst überleben wollten – vor allem, wenn das Kind missgebildet war.

Elise hatte den Ekel in Annes Augen gesehen und nicht nur in ihren. Der Junge würde es schwer haben, wenn sich der Wasserkopf nicht zurückbildete.

Aber auch Hannchen wurde von den einfachen Leuten trotz ihres einnehmenden Wesens oft misstrauisch beäugt. In der bürgerlichen Schicht war sie wegen ihrer Anmut und ihres Gesangs beliebt; hier sah man die Wunde von der Krätze schon gar nicht mehr. In den niedrigeren Kreisen aber war Hannchen die Professorentochter mit dem Mahl. Wäre Heinrich nicht solch ein gläubiger Mensch, man hätte Hannchen einen Fluch angedichtet. Viele Leute waren sehr abergläubisch. Kein Wunder, dass die Sinnestäuschungen der Gaukler sie derart faszinierten.

Elise schüttelte den Kopf und wollte eben in die Barfüßerstraße einbiegen, als sie am Eierstand der stets gefechtsbereiten Bäuerin Hannchen mit ihrem Korb stehen sah. Ihre Frisur hatte sich vollkommen aufgelöst, ihre Wangen waren sichtlich erhitzt. Ständig wischte sie sich mit dem nackten Handrücken über die Stirn, während die mit allen Wassern gewaschene Marktfrau unaufhörlich auf sie einredete. Elise konnte sehen, dass Hannchen ihr viel zu viel Geld für die wenigen, kleinen Eier gab, nur um aus dieser anstrengenden Situation herauszukommen.

Elise unterdrückte den Impuls, schon wieder einzugreifen, und ließ Hannchen unbemerkt vor sich hergehen. Schließlich bog sie in die Metzgergasse ab, während Hannchen weiter die Barfüßerstraße entlangging; wahrscheinlich musste sie noch die restlichen Schulden im „Haus Engel" abtragen. Heinrich zahlte dort noch nachträglich in Raten für seine Unterkunft, das wusste Elise, da sie ja eine Zeit lang die Haushaltskasse der Familie betreut hatte. Nein, sie durfte Hannchen nicht immer zur Seite stehen, sonst würde es schnell die Runde machen, dass man mit Hannchen alles anstellen konnte, solange Elise nicht in ihrer Nähe war. Elise würde es anders machen; sie würde Hannchen von jetzt an abends in der Haushaltsführung und Kindererziehung unterweisen und sie nur noch Hanne nennen, das war respektvoller. Doch Elises Vorsätze sollten nur wenige Minuten andauern.

Sie konnte ein bestürztes „Hannchen!“ einfach nicht zurückhalten, als das Mädchen aus der „Müffelgasse“ getaumelt kam.

In all den Jahren war es ihr selbst niemals passiert, sodass es fast zu einem Mythos geworden war, aber jetzt hatte es Hannchen erwischt. Jemand hatte Unrat und seinen Nachttopf über ihr ausgeschüttet, sodass sie jetzt wie benommen aus der schmalen, dunklen Gasse heraustrat.

Elise eilte mit ihren Schwestern, mit denen sie auf dem Vorplatz einen Plausch gehalten hatte, zu Hannchen, musste aber einen Anflug von Übelkeit bezwingen, bevor sie ihr den Korb abnehmen konnte, der nun außer mit den frischen Lebensmitteln vom Markt auch noch mit alten Lebensmittelresten gefüllt war. Und nicht nur das. Hannchen stank. Ihr Kleid war ruiniert; den Uringeruch würde selbst die beste Wäscherin nicht ganz herauswaschen können. Ihre Haare klebten nicht nur aufgrund der Hitze an ihren Wangen. Fast wäre sie in Ohnmacht gefallen, aber Marie und Amalie hielten sie fest, ohne Rücksicht auf ihre eigenen Kleider.

Um den Hauseingang nicht weiter zu verschmutzen, brachten die drei Coing-Schwestern das Mädchen in den Stalltrakt und riefen das gesamte weibliche Hauspersonal der Coings und Jung-Stillings zusammen, um Hannchen aus dieser Misslage zu befreien.

Nachdem diese Hannchen schweigend von ihrer Kleidung befreit und ihr ein kühles Bad eingelassen hatten, kam die Arme aber immer noch nicht zur Ruhe. Lisette und Karoline waren von der plötzlichen Aufregung der Bediensteten angezogen aus dem Garten in den Diensttrakt gekommen und hüpften nun um den Bottich herum, in dem Hannchen lag. Immer schneller und wilder wurde ihr Spiel, und als Hannchen, die wohl immer noch unter Schock stand, nicht darauf reagierte, begannen sie ein Lied zu singen mit dem Text: „Hannchen müffelt aus der Müffelgasse."

Jetzt war Schluss. Elise musste eingreifen. Immerhin war es Salomes Wunsch gewesen, dass sie sich um ihre Kinder kümmerte, und dazu gehörte auch Hannchen. Energisch trug Elise ihren Schwestern auf, im Garten mit den zwei Kleinen zu spielen, damit sie sich um Hannchen kümmern konnte. Als sie die Kinder vor die Tür brachte, hörte sie Anne und eine Magd des Professors in der Küche miteinander flüstern.

„Die ganze Zeit hüpft sie wie eine Herrschaft da draußen mit den Coing-Schwestern vor unserer Nase herum und genießt das leichte Leben, während wir hier drin schuften müssen", schnappte Elise einen Gesprächsfetzen auf und blieb stehen.

„Und jetzt müssen wir auch noch ihren Mist wegmachen", schimpfte Anne. „Und das, obwohl sie auch nicht viel mehr wert ist als wir. Nur weil sie schön singen kann …"

„Das kann ich auch!", spielte sich die andere auf.

„Und dann noch diese Narbe. Wäre sie eine von uns, man hätte sie schon längst verstoßen", lästerte Anne weiter.

„Vielleicht ist ihre Stiefmutter auch vor Schreck über diesen hässlichen Anblick gestorben, man weiß ja nie …"

Am liebsten wäre Elise dazwischen gegangen und hätte diesem gemeinen Geschwätz ein Ende bereitet, aber sie wusste, dass es hinter ihrem Rücken weitergeführt würde. Daher presste sie betroffen die Lippen aufeinander und ging auf leisen Sohlen zurück zu Hannchen.

Diese war inzwischen erschöpft in dem Badebottich eingeschlafen. Nachdenklich betrachtete Elise die junge Frau. So gar nichts erinnerte mehr an das lebensfrohe Mädchen, das Hannchen noch vor wenigen Wochen gewesen war. Sie wirkte eher wie eine ausgebeutete Magd als die gut bezahlten Dienstmädchen in der Küche. Sachte strich sie dem Mädchen ein paar Haarsträhnen aus der feuchten Stirn und verließ entschlossen den Raum. Sie musste etwas unternehmen. Auch wenn es ihr nicht gefiel; sie würde mit Heinrich reden müssen. Sie musste sich ihm endlich stellen.

20

Heinrich saß trotz des herrlichen Wetters in seinem dunklen, staubigen Korrespondenzzimmer und überarbeitete die erste Rohfassung seines Lehrbuches „Methode, den grauen Star auszuziehen und zu heilen“, als die Tür mit solch einer Wucht aufgerissen wurde, dass sie hart gegen die dahinterliegende Wand stieß.

Das laute Geräusch ließ Heinrich vor Schreck zusammenfahren und sorgte für einen hässlichen Tintenfleck in seinem Manuskript. Ärgerlich stand er auf, wandte sich um und wollte sich eben beschweren, als er direkt in Elises blaue Augen sah. Sie stand dicht vor ihm; Heinrich wagte es nicht, sich zu rühren.

„Heinrich, wir sollten uns unterhalten“, sagte sie bestimmt und nicht eben leise.

Heinrich hustete verlegen in seine zur Faust gepresste Hand, sodass Elise einen Schritt zurücktreten musste. Abwartend sah sie ihn an.

„Gut.“ Heinrich nickte und legte seinen Federkiel neben die frisch beschriebenen Seiten auf den Tisch. „Setzen Sie sich doch“, sagte er und deutete auf einen Stuhl ihm gegenüber.

„Nur, wenn Sie sich auch setzen“, entgegnete Elise und verschränkte die Arme vor der Brust.

Heinrich unterdrückte ein Schmunzeln und zog sich seinen Stuhl heran. Fragend sah er sie an.

„Also gut“, Elise setzte sich ebenfalls und holte Luft. „Heinrich, die Lage ist nicht gut.“

Er hielt inne. Von was sprach sie? Von ihnen beiden? Seitdem Salome gestorben war, hatten sie nie wieder über Salomes Wunsch gesprochen, dass sie heiraten sollten, geschweige denn über ihre Gefühle füreinander. Auch wenn Elise ihn getröstet hatte, als er am Abend nach der Beerdigung im dunklen Flur zusammengebrochen war – sie war ihm immer noch eine Antwort schuldig: Konnte sie ihn lieben? Wollte sie seine Frau werden? Aber er war noch nicht bereit, dieses Gespräch zu führen; er musste sich erst darauf vorbereiten. *Nicht jetzt, Elise, nicht jetzt*, dachte Heinrich.

„Es geht um Hannchen", fuhr Elise fort, und Heinrich atmete erleichtert aus. „Ich wollte mich nicht einmischen, aber Salome hat mich darum gebeten." Elise sah Heinrich eindringlich an. „Heinrich, mein Freund, Ihre Tochter ist dieser Bürde nicht gewachsen. Sie müssen ihr Zeit geben, sich an ihre neue Rolle zu gewöhnen. Das Mädchen kann nicht von heute auf morgen die Haushaltsführung übernehmen und auch noch die Mutter ihrer Geschwister spielen. Wenn Sie sie gesehen hätten, Heinrich, es geht ihr gar nicht gut."

Betroffen sah Heinrich Elise an. Ja, er hatte bemerkt, dass Hannchen ständig zu tun hatte, aber dass es ihr dabei so schlecht ging, war ihm entgangen.

„Was können wir da tun?", fragte Heinrich halb in Gedanken versunken.

„Lassen Sie mich ihr helfen, Heinrich. Nur für den Anfang und so, dass die Angestellten es nicht mitbekommen. Sie muss das doch erst lernen", bat Elise.

Doch Heinrich schüttelte langsam den Kopf. Das war nicht möglich. Wenn sein Plan aufgehen sollte, durfte Elise besonders in dieser Zeit nicht allzu sehr mit seiner Familie in Verbindung stehen. Das ziemte sich einfach nicht. In diesem Fall war sein Ehrgefühl größer als seine Gefühle als Vater. Aber war das richtig? War das nicht auch etwas, was Elise an ihm kritisierte?

Nachdenklich stopfte der Professor seine Pfeife und beobachtete dabei Elise. Sie war wirklich um Hannchen besorgt, das konnte er sehen. Fast flehentlich sah sie ihn an. Dieser Blick war ja kaum zu ertragen.

„Ich danke Ihnen für Ihre Mühe, Elise, aber das wird Ihren Eltern nicht gefallen", wandte Heinrich ein. Das war keineswegs nur ein vorgeschobener Grund; Elises Eltern würde das genauso wenig gefallen wie ihm, dessen war er sich sicher.

Wie er von seinem Vater erfahren hatte, hatte Salome vor ihrem Tod Briefe verschickt und darin sowohl Vater Jung als auch Vater

Coing darum gebeten, dass sie zu einer Ehe zwischen Elise und ihm ihre Zustimmung gaben. Das sei ihr letzter, sehnlichster Wunsch, hatte sie geschrieben, und sie hoffe, dass die Familien gemeinsam ihr Bestes geben würden, um ihn umzusetzen. Deshalb hatte sein Vater Elise sofort ins Herz geschlossen, deshalb hatte er mit ihm ein Hochzeitskleid genäht, deshalb durfte Elise auch von ihren Eltern aus nicht mehr so viel Umgang mit seiner Familie haben – es lief alles darauf hinaus, dass sie seine Frau werden sollte.

Was sie aber alle unterschätzt hatten, war Elises Wille, das sah Heinrich jetzt. Wie töricht war es gewesen, das außer Acht zu lassen; er wusste doch, wie sie war; und schließlich liebte er sie genau deswegen. Wenn er jetzt nicht geschickt reagierte, würde sie mit ihrem Eigensinn unwissentlich alle Pläne zunichtemachen.

„Aber", fügte er also an, bevor Elise protestieren konnte, „ich werde mir etwas einfallen lassen, damit Hannchen nicht weiter so stark belastet wird. Ich kümmere mich darum; lassen Sie diese Angelegenheit meine Sorge sein."

Elise reckte ihren langen Hals und zog eine Augenbraue hoch. Abrupt stand sie auf und nickte leicht zum Abschied.

„Wie Sie meinen, Herr Professor", sagte sie äußerst förmlich und verließ genauso schnell den Raum, wie sie ihn betreten hatte.

Erst jetzt bemerkte Heinrich die angenehme Kühle, die durch die geöffnete Tür in sein Zimmer kroch; also ließ er sie offen.

Warum war Elise so plötzlich wieder gegangen? Diese Frau war ihm manchmal immer noch ein Rätsel, aber genau das mochte er an ihr. Dennoch beschlich ihn das unangenehme Gefühl, soeben etwas zerstört zu haben.

Als er sich wieder seinem Schreibpult zuwandte, entfuhr ihm ein lauter Seufzer. Durch die geöffnete Tür war nicht nur frischer Wind in den Raum gekommen, sondern auch eines der kleinen Kätzchen, die von den Kindern regelmäßig unerlaubterweise aus dem Stalltrakt hinauf in die Wohnung getragen wurden. Es hatte sich unbemerkt auf seine Notizen gesetzt und seine noch feuchten Anmerkungen verwischt.

Doch anstatt die Katze rüpelhaft von seiner Arbeit herunterzuschubsen, nahm Heinrich sie vorsichtig in die Hand. Er konnte ihr Schnurren nicht nur hören, sondern auch spüren. Sie erinnerte ihn an Elise, die oft ebenso unberechenbar wie eine Katze reagierte. Wie sehr wünschte er sich, sie wäre bei ihm genauso friedlich und anhänglich wie diese kleine, schwarze Katze. Was hatte sie eben wieder aufgebracht?

Während er das kleine Tier auf den Schoß nahm und es selbstvergessen streichelte, überlegte er sich eine Lösung für Hannchens Dilemma. Elise hatte recht, Hannchen durfte besonders jetzt nach dem Tod ihrer zweiten Mutter nicht derart in Beschlag genommen werden. Er musste sich etwas einfallen lassen.

Am Abend hatte er sich entschieden. Es sollte etwas geschehen. Froh über seinen Entschluss eilte Heinrich guter Dinge die Treppen hinunter zu Familie Coing, um ihr seine Neuigkeit mitzuteilen. Doch hier war die übliche Familienharmonie empfindlich gestört.

Als er in den Flur trat, kamen ihm die jüngeren Töchter Amalie und Marie mit fliegenden Rockschößen entgegen und rannten in ihr Zimmer. Aus dem Salon waren indessen laute Stimmen zu hören, und durch den Türspalt konnte Heinrich sehen, dass sich Elise und ihr Vater wie zwei Streithähne voreinander aufgebaut hatten.

Vielleicht war jetzt doch nicht der richtige Zeitpunkt für eine Unterhaltung, dachte Heinrich und wollte sich eben wieder davonmachen, als die Tür mit einem Ruck geöffnet wurde.

„Ah, da ist er ja“, sagte Elise nur knapp, ergriff ihn an der Hand und zog ihn unwirsch in das Zimmer. „Heinrich, meinen auch Sie, ich sei zu schwach, um Ihrer Tochter zu helfen?“, fragte sie ihn, sah dabei aber ihren Vater an.

Heinrich sah verlegen von einem zum anderen. Nicht nur, weil er in einen Familienstreit geraten war, der ihn eigentlich nichts anging, nein – Elise hielt in ihrem Eifer auch immer noch seine Hand fest. Ihre Finger fühlten sich warm und weich an, und ihre Hand war fast ebenso groß wie seine.

Doch Heinrich brauchte gar nichts zu sagen. Professor Coing schnitt ihm das Wort ab und führte die Unterhaltung mit seiner Tochter ebenso hitzig fort wie Elise.

„Elise, was fällt dir ein, Professor Jung-Stilling mit in dieses Gespräch hineinzuziehen. Er hat nun wahrlich nichts damit zu tun."

„Doch, das hat er, Vater!", erwiderte Elise und fuchtelte mit ihrer freien Hand wild in der Luft herum. „Ich habe seiner Frau versprochen, dass ich mich um ihre Kinder kümmere, und Hannchen ist mit der Situation völlig überfordert!"

Beschwichtigend hob Mutter Coing die Hände, aber Vater und Tochter sahen sie gar nicht erst an.

„Und du, Elise, warst es die letzten Wochen und Monate auch. Siehst du nicht, wie dünn du geworden bist? Du kannst nicht einfach so weiter machen wie bisher. Du musst dich schonen", versuchte Professor Coing sichtlich mühsam, Ruhe in das Gespräch zu bringen.

„Man muss mich nicht schonen", sagte Elise jedoch genauso aufgebracht wie zuvor. „Mir geht es gut. Aber Hannchen nicht."

„Was das angeht", ergriff nun doch Heinrich mit fester Stimme das Wort, „so bin ich eigentlich gekommen, um Ihnen, liebe Freunde, diesbezüglich etwas mitzuteilen."

Jetzt hatte er die volle Aufmerksamkeit aller Anwesenden. Gespannt sahen Mutter und Vater Coing ihn an und auch Elise musterte, wenn auch mit Misstrauen, sein Gesicht und ließ dabei endlich seine Hand los.

„Ich habe mich entschieden, Elises Wunsch zu respektieren", begann er, und Elise sah ihren Vater triumphierend an, „aber ich werde auch Ihren Wunsch akzeptieren, lieber Freund", sagte er an den Theologieprofessor gewandt. „Damit Hannchen nicht weiter allen Lasten ausgesetzt ist, möchte ich Sie, Frau Coing, bitten, Hannchen wie einst Ihre Tochter Elise in die Kunst der Haushaltsführung einzuweisen. Außerdem werde ich Lisette, Karoline und Franz mit seiner Amme zu Verwandten schicken, damit Hannchen sich nicht auch noch um die Kindererziehung kümmern muss."

„Nein!", sagte Elise fast tonlos, doch Vater und Mutter Coing nickten wohlwollend.

„Das freut mich, mein lieber Heinrich", sagte Vater Coing jetzt merklich entspannter. „Das fügt sich sehr gut."

Er atmete tief durch, als er Elises Hände in seine nahm und sie fest ansah. „Elise, Liebes, glaube mir, wir wissen, was das Beste für dich ist. Auch wenn du es selbst nicht erkennst, wir sehen, wie erschöpft du bist. Und damit du dich nicht weiter sorgen musst, haben wir für dich eine Auszeit vorgesehen. Wir haben schon Briefe geschrieben, und es ist alles vorbereitet. Du wirst zu Verwandten nach Gießen fahren."

Elise riss sich los. „Nein", sagte sie wieder, diesmal ganz tonlos. „Nein."

Wie ein angeschossenes Reh sah sie von einem Mann zum anderen und wiederholte dabei bloß immer wieder das Wort „Nein".

Traurig sah Heinrich dabei zu, wie Elise sich wie ein gefangenes Tier gegen ihr Schicksal zu wehren versuchte. Als sie jedoch sah, dass sie nichts würde ausrichten können, schob sie die Schultern zurück, hob den Kopf und sah die beiden Männer durchdringend an.

„Nun gut, Vater; ich werde mich Ihrem Entschluss nicht widersetzen können. Aber mein lieber Freund Heinrich", jetzt sah sie ihn flehend an und schüttelte ganz langsam den Kopf „machen Sie nicht denselben Fehler wie damals nach Christines Tod. Geben Sie die Kinder nicht weg. Sie brauchen Sie jetzt nach dem Tod ihrer Mutter. Wollen Sie ihnen wirklich alle vertrauten Personen rauben, die sie trösten können? Wollen Sie das verantworten, Heinrich?"

Elise traten jetzt Tränen in die Augen. „Ich habe es Ihrer Frau versprochen, Heinrich. Bitte tun Sie das nicht."

Jetzt traten auch Heinrich die Tränen in die Augen. Aber was sollte er tun? Ratlos blickte er zu Vater Coing, der sich räusperte, um nicht die Fassung zu verlieren und sich nicht erweichen zu lassen.

„Wenn Sie erlauben, meine Herren", beteiligte sich nun auch Elises Mutter an der Unterhaltung. Die gute Frau war sonst immer sehr beherrscht und zurückhaltend. Dass sie sich in ein Herrengespräch einmischte, hatte Heinrich noch nie erlebt. „Auch ich habe einen Vorschlag zu machen …", fuhr sie fort.

Und so kam es, dass wenige Tage später eine voll beladene Kutsche vor dem großen Gebäude in der Hofstatt stand. Auf dem

Dach war das Gepäck der drei kleinen Kinder hoch aufgetürmt. Aufgeregt und voller Vorfreude auf die Reise saßen Lisette und Karoline auf den grün bezogenen Polstern im Inneren des Wagens. Ihnen gegenüber hatte die Amme mit dem kleinen Franz Platz genommen.

Heinrich war an das Fenster der Kutsche getreten und drückte abermals die kleinen Hände seiner zwei Mädchen. Wie groß sie doch in der Zeit hier in Marburg geworden waren. Bevor sie in die Kutsche gehoben wurden, hatte Heinrich sie immer und immer wieder an sich gedrückt und geküsst. Nun rannen ihm die Tränen die Wangen herunter, und er wischte sie auch nicht fort. Er genierte sich nicht für seine Gefühle; er liebte seine Kinder, und es fiel ihm schwer, sie gehen zu lassen.

Schweigend stieg nun auch Elise in die Kutsche und setzte sich neben die Amme. Seitdem die Familie sich zu diesem Schritt entschlossen hatte, hatte sie nur wenige Worte gesprochen. Sie hatte Hannchen noch einiges zum Umgang mit dem Dienstpersonal erklärt und zudem ihre Schwestern gebeten, Hannchen zu helfen. Abgesehen davon hatte die große, schlanke Frau hauptsächlich mit den Kleinen gesprochen, um sie auf ihre Reise vorzubereiten. So hatten die zwei Mädchen nun überhaupt keine Angst, sich von ihrem Vater zu trennen; für sie war es ein aufregendes, lustiges Ereignis.

Das war der Einfall von Elises Mutter gewesen. Elise sollte sich außerhalb von Marburg erholen, aber dennoch ihr Versprechen gegenüber Salome einhalten dürfen und mithilfe ihrer Verwandten in Gießen die Kinder betreuen dürfen. Diese waren kurioserweise auch mit Heinrich verwandt, sodass es keinen Anlass für Gemunkel gab.

Während Hannchen sich von ihren kleinen Schwestern verabschiedete, sah Heinrich Elise von der Seite an. Elise erwiderte seinen Blick nicht. Sie sah stur geradeaus an die gegenüberliegende Wand der Kutsche.

„Elise“, sprach er leise ihren Namen aus, „bitte verzeihen Sie mir, dass ich die Kinder und Sie fortschicke, aber es muss sein.“

Seufzend sah sie ihn an. „Ich weiß, Heinrich. Aber bitte tun Sie mir einen Gefallen."

Heinrich sah sie überrascht an, als sie ihre behandschuhte Hand auf die Seine legte.

„Bitte lenken Sie sich nicht wieder so verbissen vom Tod Ihrer Frau ab wie damals bei Christine. Bitte stürzen Sie sich nicht in die Arbeit. Setzen Sie sich mit Salomes Tod auseinander und trauern Sie. Und wenn Sie und Hannchen wieder dazu bereit sind, holen Sie Ihre Kinder zurück und kümmern Sie sich als ihr Vater um sie." Elise sah Heinrich durchdringend an.

Mehrmals nickte er schweigend und drückte ihre Hand. Aber durch den Handschuh fühlte sie sich kalt an.

Der Kutscher hatte soeben die Tür von außen geschlossen und schwang sich nun auf seinen Bock. Die Pferde wurden unruhig, und der Wagen rollte langsam an. Doch Heinrich zog seine Hand nicht unter Elises weg und ging noch ein Stück neben dem geöffneten Fenster der Kutsche her.

„Elise, Sie sind mir noch eine Antwort schuldig", bat er in der Hoffnung, sie würde wissen, was er meinte.

Sie ließ seine Hand los und blickte nun wieder starr geradeaus. Doch sie wusste sehr wohl, was er meinte. Kurz bevor die Kutsche mit den Pferden schnell anzog, sagte sie leise, sodass nur Heinrich es hören konnte: „Ja, ich kann Sie lieben, Heinrich, aber ich weiß nicht, ob ich es will."

Dieser dachte daraufhin nur seltsam verwirrt: Ich liebe es, dass sie mich Heinrich und nicht Henri nennt. Noch lange blickte er der Kutsche hinterher, obwohl sie schon längst in die Untergasse abgebogen war. Der Widerhall der Pferdehufe in den Gassen war schon eine ganze Weile verklungen. Und als er wieder zurück ins Haus ging, war es trotz Sonnenschein und Schleierwolken am blauen Sommerhimmel wieder da, dieses Magenziehen vom letzten Herbst.

Elise war jetzt schon fast einen Monat hier, aber die Wut war immer noch da. Sie war als hauptsächliches Souvenir aus Marburg mit hierher nach Gießen gekommen: Die Empörung über ihre Ohnmacht, die Übermacht, der sie sich hatte beugen müssen.

Sicherlich, jetzt, da sie zur Ruhe kam, merkte sie schon, dass sie angeschlagen war und dass das letzte Jahr mit all den Todesfällen und Mühen um Salome und Familie Jung-Stilling an ihren Kräften gezehrt hatte. Und ja, den Kindern ging es auch gut. Die Großkusine ihres Vaters hatte zwei Jungen im selben Alter, und die Kleinen spielten bei diesem herrlichen Sommerwetter in dem großen Obstgarten direkt am Haus unbeschwert den ganzen Tag über draußen. Die Familie wohnte ein Stück außerhalb der Stadt, sodass die Kinder sich prächtig erholten. Bestimmt leistete auch der frische Obstkuchen seinen Beitrag dazu, mit dem die Großkusine die Kinder und sie regelmäßig mästete.

Dennoch war Elise wütend. Trotz aller äußerlichen Freiheit fühlte sie sich ihrer Freiheit beraubt. Man hatte über ihr Leben entschieden und gar nicht erst danach gefragt, was sie wollte. Man – und in diesem Falle: Mann – hatte über sie verfügt wie über ein ausrangiertes Möbelstück, das man zu Verwandten abschob, damit man es nicht mehr ständig vor Augen hatte. Jetzt konnte sie in Marburg keinem mehr zur Last fallen und keinem mehr peinlich sein, dachte sie verbittert. Was nützte es, dass sie der Überzeugung war, dass Mann und Frau friedlich nebeneinander leben konnten, wenn die Männer diese Überzeugung nicht teilten und sie unterjochten?

Was sie aber am meisten schmerzte, waren die fehlenden Unterrichtsstunden. Wie viel hatte sie immer durch das heimliche Zuhören bei den Vorlesungen ihres Vaters und auch bei Jung-Stilling gelernt. Jetzt schien es, als würde ihr Kopf langsam schrumpfen, genauso wie ihr Wissen. Sie hatte sich zwar Bücher mitgenommen, aber diese hatte sie schon längst ausgelesen. Und ihre Verwandten waren nicht eben belesene Leute und besaßen neben der Bibel nur eine Konkordanz.

Und dann hatte sie auch noch in der Kutsche herfahren müssen.

Wie sie das hasste! Gut, den Kindern zuliebe hatte sie es getan, und ihnen hatte das Schaukeln gefallen. Während die Kinder über jede Unebenheit des Bodens gejauchzt hatten, war ihr speiübel geworden. Viel lieber wäre sie hinter der Kutsche hergeritten, aber das kam nicht in Frage – sie sollte schließlich den sittlichen Normen entsprechend bei ihren Verwandten ankommen und nicht gleich zu Anfang das Bild von der tugendhaften Elise zerstören. Es durfte höchstens nach und nach bröckeln, dachte sie vergrämt.

Dabei waren die Großkusine und ihr Mann, ein Großneffe von Heinrichs Vater, ihr gar nicht unähnlich. Auch wenn sie nicht viel für Literatur und wissenschaftliche Erkenntnisse übrig hatten, so ignorierten sie doch viele der üblichen Verhaltensweisen und lebten auf ihrem etwas abseits gelegenen Grundstück so, wie es ihnen gefiel. Sie machten sich nicht viel aus nichtssagenden Gesprächen und dem, was die Leute über sie dachten. Sie legten im Gegensatz dazu viel Wert auf Authentizität, und das tat Elise gut. Sie führten tiefgründige Gespräche und ruhten regelmäßig nach der Arbeit – nicht so wie Jung-Stilling, der gar keine Pausen und Mußestunden kannte.

Insgeheim musste Elise ihrem Vater für diese Wahl der Verwandten danken. Wenn sie schon aus Marburg fort und sich erholen sollte, dann war sicherlich dies der geeignetste Ort. Im Vergleich zu dieser lebendigen Familie und vor allem der patenten Großkusine wirkte ihre eigene Mutter fast tot. Sie war derart angepasst, dass man sie auf einem Gemälde, das die Marburger Gesellschaft zeigte, wohl kaum sehen würde; sie würde als farbloser Klecks inmitten all der anderen leuchtenden Töne untergehen. Elise wusste manchmal wahrlich nicht, wer diese Frau, ihre Mutter, eigentlich war. Dennoch war sie ihr dankbar, dass sie sich wenigstens dieses eine Mal in ihrem Leben für ihre Tochter stark gemacht und die zwei Männer dazu überredet hatte, dass Heinrichs Kinder sie begleiten durften. Vielleicht hatte sie ihre Mutter all die Jahre unterschätzt? Vielleicht gab ja sogar gerade die ruhige Art ihrer Mutter ihrem eigenen aufbrausenden Wesen den Halt, den sie in dieser Gesellschaft brauchte.

Elise nutzte jedenfalls diesen goldenen August, um viel in der Natur spazieren zu gehen und mit Gott zu reden. Dabei musste sie oft an ihr Gespräch mit Salome denken, in dem sie ihr gebeichtet hatte, in einen verheirateten Mann verliebt zu sein. Hatte ihre Freundin damals geahnt, dass sie von Heinrich sprach? Hatte sie Salome dadurch vielleicht erst auf diese wahnwitzige Idee gebracht, dass sie und er nach ihrem Tod heiraten könnten? Sie würde es wohl nie erfahren.

Inwieweit aber Gott in diese Sache involviert war, fragte sie sich schon. War es wirklich möglich, dass Gott so etwas vorbereitete? Immerhin hatte Gott ihre Gefühle für Heinrich nicht weggenommen, obwohl sie ihn unzählige Male darum gebeten hatte, aber bedeutete das auch gleichzeitig, dass er sie gut hieß?

„Vater, ist dies in gewisser Weise doch eine Gebetserhörung? Stellst du mir so einen Mann in mein Leben? Nach all den Jahren?“, fragte Elise nun, während sie an einem Weizenfeld entlangging und die fast ganz ausgebildeten Ähren durch ihre Finger gleiten ließ. Bald war Erntezeit.

„Ach, ich wünsche mir so sehr, all das Wissen über dich, all die Theorien würden sich in Luft auflösen und du könntest mir erklären, wer du wirklich bist“, betete Elise in Gedanken weiter und atmete bewusst die warme, staubige Luft ein.

Auf einmal war es, als würde der Wind mit ihr reden. Ganz leise, wie ein Hauch hörte sie plötzlich eine Stimme sagen: „Ich bin der, der dich liebt, mit allem, was du bist. Ich bin der, der dein Haus baut.“

Elise hielt in ihrer Bewegung inne und behielt eine Ähre in der Hand. Sie sah sich um. Es war völlig windstill, die Ähren bewegten sich nicht. Am Himmel stand still eine einzige kleine Wolke.

„Warst du das, Gott?“, fragte sie eingeschüchtert, doch die Stimme kehrte nicht zurück. Stattdessen stand mitten im Feld, an einer Stelle, wo die Ähren kreisrund abgeknickt waren, ein grauer Fischreiher, wie sie ihn im Winter in Marburg gesehen hatte. Er schien sie zu beobachten.

Elise hatte ihn vorher gar nicht gesehen. Sie hob die Hand zum

Gruß, woraufhin der Vogel sich majestätisch in die Luft schwang und über einen Hügel davonsegelte.

Elise pflückte die Ähre, die sie immer noch umklammert hielt, und drehte sie auf dem Nachhauseweg unaufhörlich zwischen den Händen. *War das eine Gottesbegegnung?*, fragte sie sich. Denn sie fühlte sich merkwürdig frei und wohl. Das Souvenir aus der Heimat, die Wut, war jetzt trotz Windstille wie weggeblasen.

Als sie zurück zum Garten ihrer Verwandten kam, spielten die Kinder dort mit einem Erwachsenen. Als Elise näher trat, erkannte sie ihren Vater. Freudig rannte sie ihm entgegen und warf sich ihm wie früher, als sie noch in Lisettes und Karolines Alter gewesen war, in die Arme. Die Freude über das Wiedersehen überdeckte den Groll über ihren Streit. Ihr Vater drückte sie an sich, und Elise sog den Duft des Mannes ein, der sie großgezogen hatte. Er roch immer ein wenig nach Tabak und Tinte.

„Meine Liebe, ich konnte dich doch nicht so unversorgt lassen", sagte der Professor leise und hielt Elise verschwörerisch blinzelnd den Arm hin, um sie ins Haus zu geleiten.

Dort entdeckte Elise zwei große Koffer voller Bücher. „Aber Vater", stammelte sie, doch dieser lächelte sie nur an.

„Ich weiß doch, welchen Wissensdurst du hast", sagte er, und Elise wurde mit einem Mal bewusst, dass ihr Vater es all die Jahre gewusst hatte. Er wusste, dass sie bei seinen Vorlesungen zuhörte, und er hatte es stillschweigend geduldet, obwohl er nach außen hin immer mit ihr gehadert hatte. Vielleicht hatte er ihr auch gerade deswegen die Haushaltsführung übergeben, weil er wusste, dass sie es konnte.

Später, nach einer Tasse Tee und einem Stück warmen Apfelkuchen, sprachen sie endlich offen miteinander.

„Mein Kind, ich wollte dir noch sagen, dass ich stolz auf dich bin", begann Vater Coing sich zu offenbaren. „Ich war sehr froh, dass du dich damals dazu entschlossen hast, mit diesem Heiratszirkus aufzuhören."

„Heiratszirkus?", fragte Elise amüsiert über die Wortwahl ihres Vaters.

„Ich war froh, dass es ein Ende hatte, dieses Zurschaustellen", erklärte er weiter. „Ich war froh, dass du dich nie irgendeinem Mann angehangen hast – auch wenn ich mir natürlich gewünscht hätte, dass du einen liebevollen Ehemann bekommst, der gleichzeitig auch für dich sorgen kann."

Vater Coing schob gesättigt den Teller von sich und lehnte sich in seinem Stuhl zurück. „Aber du sollst eines wissen: Ich stehe zu meinem Wort – wenn du niemals heiraten willst und auch nicht bei deinen Schwestern wohnen möchtest, so werde ich dir wie einem Sohn alles vermachen, sodass du dich nicht um deine Zukunft zu sorgen brauchst. Justus kann sich gut selbst versorgen mit einer eigenen Pfarrei oder als Professor. Diese Möglichkeit hast du leider nicht. Aber ich weiß, du kannst gut mit Zahlen umgehen, und ich weiß, du hast genügend eigenen Willen, um dieses Testament dann auch durchzusetzen."

Gerührt sah Elise ihren Vater an, beugte sich vor und drückte seine Hand, die zufrieden auf seinem Bauch ruhte.

Ihr Vater erwiderte den Druck und hielt ihre Hand fest. Er seufzte. „Es wächst wohl eine neue Generation von Frauen heran. Gott segne sie. Wenn du aber doch heiraten willst, so tu dies, Elise. Sofern du einen Mann findest, der dir gefällt", fügte er noch an und sah Elise dabei prüfend in die Augen.

Lächelnd lehnte sich nun auch Elise in ihrem Stuhl zurück. Ihre Wangen waren leicht gerötet – doch das konnte auch an der Sonneneinstrahlung oder dem warmen Kuchen liegen.

Als sich ihr Vater tags darauf von ihr verabschiedete, sagte er noch etwas, das Elise mit allen Streitigkeiten versöhnte, die es je zwischen ihnen gegeben hatte: „Du bist meine Tochter, soviel ist gewiss. Wir sind nur deswegen oft nicht einer Meinung, weil wir uns so ähnlich sind. Niemand sonst in der Familie ähnelt mir so wie du."

Elise blieb nach diesem Besuch ihres Vaters so aufgeräumt zurück wie noch nie zuvor in ihrem Leben. Sie wusste nun: Sie war geliebt.

Das tröstete sie auch über die Neuigkeit hinweg, die sie kurz darauf per Brief erreichte: Caroline hatte Marburg verlassen und war zurück nach Göttingen gegangen. Doch Elise hatte in den letzten Wochen ohnehin gemerkt, dass ihr die spitze Zunge ihrer Freundin nicht so sehr fehlte wie Salomes Gegenwart. Mit Caroline hatten sie die Umstände verbunden, der gemeinsame Drang nach Freiheit, aber bei Salome hatte sie eine Seelenverbundenheit gespürt, die sich schwer erklären ließ. Es war mehr als eine Ähnlichkeit ihrer Wesenszüge gewesen; in dieser Hinsicht verband sie mehr mit Caroline. Salome war ihre erste und wohl auch letzte richtige Freundin im Leben gewesen, und Elise wusste sehr wohl, wie kostbar das war. Hier, weitab von Marburg, schaffte sie es endlich, richtig von Salome Abschied zu nehmen, und sich auf ein neues Leben vorzubereiten – wie immer das auch aussehen mochte.

Als sie sich zwei Wochen nach dem Besuch ihres Vaters langsam Gedanken darüber machte, ob sie sich wohl auf einen Winter hier bei Gießen einstellen musste – oder vielleicht bliebe sie ja auch für immer?, – da machte ihnen schon wieder ein Herr seine Aufwartung.

Die Kinder waren wie fast jeden Tag in der letzten Woche mit ihren Verwandten zur Ernte hinausgefahren, und Elise hatte eben ein kleines Nickerchen gehalten und sich in der Kühle des Hauses ausgeruht. Dementsprechend verschlafen öffnete sie die Tür, als es klopfte, und konnte trotz ihrer Überraschung ein Gähnen nicht unterdrücken.

„Heinrich, kommen Sie doch rein", sagte Elise und hielt sich dabei eine Hand vor den Mund.

Hektisch klopfte dieser seine Pfeife neben der Tür aus und trat ein, um dann, bevor Elise sich auch nur setzen konnte, in einen Monolog zu verfallen:

„Elise", sagte er zärtlich, „ich weiß, Sie wissen nicht, ob Sie mich lieben wollen, aber dass Sie es können, macht mir Hoffnung. Sie wissen um meine Gefühle, Elise, die ich schon lange für Sie hege, und jetzt, da eine angemessene Zeit verstrichen ist, da will ich es Ihnen noch einmal mit aller Deutlichkeit sagen. Ich liebe Sie. Ich liebe Sie, weil Sie mich immer wieder aus meiner Betäubung holen, wenn ich Angst habe. Ich liebe Sie, weil Sie mich Heinrich nennen. Ich liebe Sie, weil Sie sich bewegen und geben wie eine Katze. Ich liebe Sie, weil Sie mir vertrauen. Ich liebe Sie, weil ich mich mit Ihnen streiten kann. Ich liebe Sie, weil Sie meinen Kindern so eine gute Freundin sind. Ich bitte Sie, Elise, werden Sie meine Frau, und ich werde Sie immer mit auf meine Reisen nehmen, und Sie dürfen so oft bei meinen Vorlesungen zuhören, wie Sie mögen. Nun, Elise, was sagen Sie?“

Bevor Elise groß nachdenken konnte, hatte ihr Mund bereits ausgesprochen, was er schon lange loswerden wollte: „Lieber Heinrich, ich liebe Sie auch, aber ich kann Sie nicht heiraten.“

Verblüfft und enttäuscht starrten sie sich daraufhin beide lange Zeit im Halbdunkel des Zimmers an, bis Heinrich endlich das Schweigen durchbrach und heiser sagte, als sei er eben erst zur Tür eingetreten: „Ich bin gekommen, um meine Kinder heimzuholen.“

21

Anfang September bog die bereits mit Hochspannung erwartete Kutsche in die Hofstatt ein. Es war ein drückend warmer und unbeständiger Tag. Über der Stadt hing ein grauer Dunst, der selbst in der Mittagszeit nicht weichen wollte. Nichtsdestoweniger hatten sich alle auf dem kleinen Platz vor dem Haus der Coings versammelt. Vater und Mutter Coing, Amalie und Marie standen herausgeputzt in ihrer besten Kleidung da, als posierten sie für ein Familiengemälde. Daneben wartete Hannchen, die merklich erwachsener geworden war und einen imposanten Anblick bot, wie sie mit gerade durchgestrecktem Rücken und fester Stimme die Mägde und Knechte anwies, hinter ihnen Aufstellung zu nehmen. Auch Pfarrer Schlarbaum war gekommen, um dabei zu sein, wenn die Familien sich wieder vereinten.

Als die Kutsche hielt, brach ein kleiner Tumult aus. Jedes Familienmitglied wollte als erstes in den Wagen sehen, und die Mägde und Knechte machten sich gleichzeitig daran, die Pferde zu tränken und das Gepäck abzuladen. Hannchen behielt als Einzige den Überblick, bezahlte den Kutscher und lud ihn in die Küche zu einer Brotzeit ein. Ihre drei Geschwister hatten indessen mit der Amme die Kutsche verlassen und wurden von allen herzlich begrüßt und umarmt.

In diesem Augenblick kam Heinrich auf seinem Pferd die Hofstatt hinaufgeritten und wurde, nachdem er abgesessen hatte, sofort mit Fragen überfallen.

„Wie war die Reise?", erkundigte sich Frau Coing.

„Waren die Verwandten freundlich?", fragte Marie.

„Wie geht es meiner Schwester?", wollte Amalie wissen.

„Ist Ihr Vorhaben geglückt?", Herr Coing sah Heinrich erwartungsvoll an.

„Ja, wie ist es Ihnen ergangen, Herr Professor?", warf Pfarrer Schlarbaum ein.

„Wo um Himmels willen ist Elise, Papa?“, fragte Hannchen, und mit einem Mal waren alle ganz still.

Da Heinrich nicht sofort antwortete, hielt das betretene Schweigen an. Hannchen dachte sich ihren Teil und brachte ihre drei kleinen Geschwister, die sichtlich müde von der Fahrt waren, mithilfe der Amme ins Haus. Die Bediensteten waren bereits mit dem Gepäck in dem Gebäude verschwunden, sodass die kleine Menschentraube nun abwartend auf Heinrichs Bericht wartete.

„Elise hat meinen Antrag nicht angenommen“, löste er die Spannung, woraufhin Vater Coing leise auspfiff und Mutter Coing zu schluchzen begann.

„Aber wir haben doch schon alles vorbereitet für die Verlobungsfeier“, stammelte Amalie enttäuscht, und Marie nickte.

„Wie ist es dazu gekommen, lieber Freund?“, fragte Pfarrer Schlarbaum und legte Heinrich tröstend eine Hand auf die Schulter, auch wenn er sich dazu ein wenig strecken musste.

Bevor Heinrich abgereist war, hatte er zuerst bei Vater und Mutter Coing um Elises Hand angehalten und dann Pfarrer Schlarbaum um seinen Segen gebeten. Zwar war ihm schon damals mulmig zumute gewesen, denn Elises Aussage bei ihrer Abreise war zwar einerseits positiv gewesen, andererseits aber auch beunruhigend. Doch seitdem hatte er viel Zeit zum Nachdenken gehabt und war sich dann sicher gewesen: Er wollte ihr alles gestehen. Er liebte sie; vielleicht sogar um so mehr, weil er ihren Rat befolgt und wirklich um Salome getrauert hatte. Das hatte ihm gutgetan, und spätestens da hatte er begriffen, dass Elise ihn oft besser kannte als er sich selbst.

Vater Coing hatte ihm zwar gerne seinen Segen gegeben, ihn aber auch gewarnt, dass es mehr um Elises Einverständnis ginge, als um seines. So war er mit dem Vorhaben nach Gießen aufgebrochen, zumindest seine Kinder zurückzuholen, ganz gleich, wie Elise antworten würde. Dennoch. Als Elise ihn in der dunklen Stube abgewiesen hatte, da hatte sich wieder eine eiserne Klaue um sein Herz gekrallt, und der plötzlich auftretende Magenschmerz hätte ihn fast zu Boden gedrückt.

„Es war nicht einfach", begann Heinrich also der Familie zu erzählen. „Immerhin konnte ich Elise dennoch dazu bewegen, zurück nach Marburg zu kommen. Aber als wir die Hälfte der Strecke zurückgelegt hatten und Rast machten, da ist es dann passiert."

Heinrich hatte es geschafft. Alle hörten ihm gebannt zu. Auch Hannchen war in der Zwischenzeit zurückgekehrt und hing an seinen Lippen.

„Wir haben in Ruttershausen gehalten – Hannchen und Professor Coing, Sie werden sich bestimmt noch an diesen Ort erinnern. Dort gibt es diese schöne, alte Kirche. Elise jedenfalls war von der Reise so erschöpft, dass sie fast vom Pferd gestürzt wäre. Sie konnte ja nicht mit in der Kutsche reisen; ihre vielen Bücher, Professor Coing, mussten immerhin auch irgendwo untergebracht werden, also ritten wir die erste Hälfte der Strecke zu Pferde vor dem Wagen her und hatten ihn bald weit hinter uns gelassen. In dem Dorf beschlossen wir dann auf die Kutsche zu warten und Rast zu machen. Beim Absteigen vom Pferd verfing sich Elise mit den Füßen im Steigbügel, aber ich fing ihren Sturz ab."

Heinrich hielt inne, um sich zu erinnern.

„Ich habe Ihnen doch gesagt, dass ich Sie auffangen würde, wenn Sie fielen", hatte er gemurmelt, während sie in seinen Armen gelegen hatte, doch Elise hatte sich sogleich von ihm los gemacht.

„Ja, ich weiß, Heinrich", hatte sie gesagt und sich den Reisestaub vom Kleid geklopft. „Sie lassen alles immer Ihre Sorge sein. Sagen Sie mir, wie soll ich Ihre Frau werden, wenn alles immer nur Ihre Sorgen sind und Sie sich um alles allein kümmern wollen? Lassen Sie das meine Sorge sein – das haben Sie auch vor meiner Abreise gesagt, als ich Sie gebeten habe, Hannchen zu helfen."

Fast wütend hatte sie ihre Frisur gerichtet und dabei weitergesprochen: „Sie haben mir ja nett begründet, warum Sie mich lieben, und mir gnädigerweise auch erlaubt, in der Ehe mein Wissen weiter zu fördern, aber Sie haben kein Wort davon gesagt, dass Sie mich lieben, *weil* ich wissbegierig bin. Das, lieber Heinrich, lässt mich zu der Annahme gelangen, dass Sie mich vielleicht gar nicht wirklich lieben."

Dann war ihre Stimme leiser und trauriger geworden. „Wissen Sie, Heinrich, ich bin nicht wie Salome. Ich will kein Werkzeug in einer Ehe sein. Und ich will nicht, dass Sie mich heiraten, weil Sie eine Mutter für Ihre Kinder brauchen. Ich will auch nicht, dass Sie mich aus Ehrgefühl oder Mitleid heiraten, weil ich schon so alt und eine Freundin der Familie bin. Und ich möchte erst recht nicht, dass Sie mich heiraten, weil Salome es so wollte. Schon gar nicht möchte ich, dass Sie mich heiraten, damit ich Salome ersetze oder weil Sie meinen, dass es Gottes Vorsehung sei. Ich möchte, dass Sie mich aus freien Stücken heiraten, weil es um uns geht. Weil Sie mich lieben als die Frau, die ich nun einmal bin, die eben auch die Sorgen mit Ihnen teilt."

Heinrich war sprachlos gewesen. Die Pferde hatten sich indessen eigenmächtig zur Lahn begeben, um dort zu trinken, und so hatte er nun ganz allein mit Elise vor der Kirche auf dem Berg gestanden und kein Wort herausgebracht.

Er hatte zunächst seine Gefühle sortieren müssen. Hieß das, dass Elise ihn doch heiraten wollte? Bis eben hatte er versucht, den Schmerz über ihre Ablehnung zu bekämpfen und sich nicht davon niederdrücken zu lassen. Sie hatte ihn zutiefst verletzt. Und jetzt forderte sie etwas von ihm?

Weil er nicht imstande gewesen war, etwas zu sagen, hatte Elise den Kopf geneigt und zu Boden geblickt. Erst spät hatte er bemerkt, dass sie weinte. Nach einer Weile hatte sie den Kopf gehoben und ihn halb zur Seite geneigt, sodass sie ihn von unten herauf ansah. Es war dieselbe Unterwerfungsgeste gewesen, die er noch von früher gekannt hatte.

Entschlossen war er an sie herangetreten und hatte ihr Kinn gehoben, sodass sie sich einander aufrecht in die Augen hatten sehen können.

„Elise, bitte lassen Sie das", hatte er sie gebeten und ihr Kinn losgelassen. „Ich will keine Frau mehr, die schwächer ist als ich. Ich will eine Partnerin, die mir ebenbürtig ist. Ich will Sie, weil Sie stark sind und weil Sie klug sind."

Er hatte geschluckt. Sollte er noch einmal einen Anlauf wagen?

Als Elise unter ihren Tränen hindurch gelächelt hatte, hatte er es einfach getan. „Elise, sehen Sie sich diese Kirche an. Sie besteht aus zwei verschiedenen, aber dennoch gleich großen Gebäuden. Das sind wir. Durch Gott sind wir wie die zwei Kirchenschiffe miteinander verbunden. Wo der Herr das Haus nicht baut, ist die Arbeit umsonst – ich weiß, dass dieser Spruch Sie schon Ihr Leben lang begleitet. Der Eingang zu einer Ehe erscheint uns vielleicht genauso klein wie die Kirchentür, aber er ist geschützt von Gottes großen Möglichkeiten. Was meinen Sie? Wollen Sie mit mir hindurchgehen?"

Als Elise daraufhin genickt hatte, hatte er sie in seine Arme geschlossen und fest an sich gedrückt, um sie lange, lange nicht mehr loszulassen.

Selbst jetzt zwischen seinen Zuhörern meinte er ihre Umarmung noch zu spüren. Er hörte bereits die Pferdehufen die Gasse hinaufhallen.

„Und nachdem ich sie aufgefangen hatte, haben wir uns lange unterhalten und vieles besprochen und sind zu dem Schluss gekommen, dass wir etwas Neues entdeckt haben", fuhr er fort, und in diesem Moment kam Elise auch schon auf ihrem Pferd die Hofstatt hinaufgeritten. Schon von Weitem war zu erkennen, dass sie lachte.

„Wir haben das „wir" entdeckt und werden also doch heiraten", beendete Heinrich seinen Bericht, und während sie vom Pferd stieg, diesmal ohne dass Heinrich sie auffangen musste, fügte Elise an, als hätte sie alles mitangehört: „Wir haben gedacht, wir machen es zur Abwechslung einmal spannend für euch."

Und während die Familienmitglieder teils belustigt, teils beleidigt und teils fröhlich auf Elise einredeten, beobachtete Heinrich wohlwollend seine zukünftige Frau und stellte fest: Trotz des herannahenden Herbstes und verhangenen Himmels mochte sich zurzeit so gar kein Magenleiden bei ihm einstellen.

Was hat er sich bloß dabei gedacht?, fragte sich Elise, ließ das Prozedere aber über sich ergehen. Ihr kleines Zimmer war bis zum Bersten gefüllt mit Frauenstimmen, Frauenkleidern und einem Mann, der zwischen all dem Weiberkram gar nicht weiter auffiel, dafür aber umso mehr durch die Parfümwolke, die ihn einhüllte. Seit über einer Stunde erzählte der Friseurmeister mit dem verquollenen Gesicht Elise von all den Herrschaften, die er bereits frisiert hatte, während er jedes einzelne ihrer Haare gesondert zu fixieren schien, als handele es sich bei ihrem Kopf um ein Kunstwerk.

Dieses ganze Getue war Elise zuwider. Warum hatte Heinrich ihn nur eingestellt? Ach, sie musste gar nicht lange überlegen. Bestimmt tat er Heinrich aus irgendeinem Grund leid, und sie durfte das jetzt ausbaden. Sei's drum; daran musste sie sich jetzt wohl gewöhnen. Mit – zugegeben gespieltem – Bedauern dachte sie an den Moment zurück, als Heinrich ihr den ersten Antrag gemacht und vor ihrem geistigen Auge ein Leben mit ihm und ein Leben ohne ihn abgelaufen war.

Das Leben ohne ihn hatte sie sich so vorgestellt, dass sie in Gießen bei den Verwandten bleiben und Heinrichs Kinder erziehen würde, bis dieser entweder eine neue Frau gefunden hatte oder die Kinder erwachsen gewesen wären. Hätte er eine neue Frau gefunden, sie wäre wahrscheinlich bei den Verwandten geblieben und hätte ihnen bei der Landwirtschaft geholfen. Mit regelmäßigen Bücherpaketen ihres Vaters hätte es sich auf diese Art leicht leben lassen; und wenn ihr Vater irgendwann gestorben wäre, hätte sie sein Erbe angenommen, wäre aber dennoch als alte Jungfer in Gießen geblieben. Sie mochte die ländliche Idylle, auch wenn sie Marburg liebte. Und sie hätte es keinesfalls ertragen, Heinrich ständig über den Weg zu laufen und dann wohlmöglich noch mit einer anderen Frau!

Aber das war ja jetzt egal, nun wurde sie die Frau an seiner Seite. Was das bedeutete, wurde ihr nicht nur durch den ominösen Friseur bewusst, der immer noch unentwegt auf sie einredete. Während das ganze Haus in Aufruhr war und sich auf die bevorstehende Vermählung vorbereitete, folgte Heinrich wie üblich seinem

Tagesablauf und hielt nun wie immer, allerdings diesmal in der Universität statt zu Hause, um seinen Studenten die ganze Aufregung zu ersparen, gleich vier Unterrichtseinheiten hintereinander ab. Typisch Heinrich. Doch Elise hatte für solcherlei Absonderlichkeiten ihres baldigen Gatten nur noch ein kleines Lächeln übrig. Sie hatte die halbe Nacht nicht geschlafen und bereits bei Morgenanbruch am Fenster gesessen und zugesehen, wie die Sonne mit ihren tiefroten Strahlen den kalten Novembernebel verdrängte.

Es war der neunzehnte November, der Tag der Heiligen Elisabeth. Heinrich hatte es nur allzu passend gefunden, an diesem Tag zu heiraten, meinte er doch, er habe seine ganz persönliche Heilige Elisabeth gefunden. Sie selbst hielt sich zwar kein bisschen für heilig, hatte diesen Termin aber zum Anlass genommen, die Hochzeit in einer besonderen Weise zu feiern. Wie immer würde in den Räumen der Familien gefeiert werden, aber im Stalltrakt sollte es zudem eine Armenspeisung geben, bei der die Gäste genau dieselben Gerichte vorgesetzt bekamen wie die Herrschaften in den oberen Etagen. In der Küche war deshalb seit zwei Wochen kaum noch Ruhe eingekehrt.

Ein besonderes Geschenk war es für Elise, dass auch die ehemalige Professorentochter Elisabeth an dem Festmahl teilnahm. Sie half außerdem bei den Vorbereitungen in der Küche. Immer wieder, wenn Elise dem Armenhaus einen Besuch abgestattet hatte, hatte sie der früheren Nervensäge Mut gemacht, Pfarrer Schlarbaums Angebot anzunehmen. Und schließlich war Elisabeth tatsächlich aus ihrer Passivität erwacht und hatte angefangen, bei Pfarrer Schlarbaum als Haushälterin zu arbeiten. Sie hatte ihre Kinder zurückholen und ins Obergeschoss einziehen dürfen, sodass jetzt auch das Haus des Pfarrers wieder voller Leben war. Es war also fast im dreifachen Sinne ein Festtag der Elisabeth.

Endlich war es soweit. Der Friseur hatte sein Werk beendet und betrachtete zufrieden Elise, oder eher Elises Kopf. Sie selbst war jetzt doch aufgeregt, wobei ihre Schwestern und Hannchen, die wie aufgescheuchte Hühner um sie herumhantierten, noch viel nervöser zu sein schienen. Sie begleiteten Elise hinaus und die Treppe hinunter.

Pfarrer Schlarbaum empfing sie im Salon ihrer Familie, wo auch Heinrich auf sie wartete. Wie immer trug er einen einfachen, grauen Frack mit nur wenigen Verzierungen, und auch sie hatte sich, wie es ihre Art war, schlicht gekleidet. Sie trug das extra von Vater Jung für sie angefertigte weiße Kleid, allerdings ohne Reifrock. Froh blickte Heinrich ihr entgegen, und Elise lief ein leichter Schauer über den Rücken, während sie immer näher auf ihn zu trat.

Es war banal, aber Elise konnte nur daran denken, dass sie noch nie einen Mann geküsst hatte und dass es jetzt gleich vor den Augen all ihrer Freunde und Verwandten geschehen würde. Während Schlarbaums Rede, die selbstverständlich mit „Geehrte Gäste" begann und dementsprechend lange dauerte, war Elise kaum imstande, richtig zuzuhören. Unverwandt sahen sie und Heinrich sich an. Dieser edle Mann würde bald der Ihre sein und sie die Seine. Sie liebte ihn wirklich, diesen Ausdruck in seinen Augen, wenn er nachdenklich die Augenbrauen zusammenzog und sich diese Falte dazwischen bildete, oder wenn sein Blick so wie jetzt ganz offen und verletzlich war und er sich ihr ungeschützt offenbarte. Sie hatte keine Angst mehr, ihn zu küssen, sie freute sich darauf, auch wenn alle dabei zusahen. Und so war es dann auch, als hätten ihre Lippen schon immer zueinander gehört; Elise fühlte sich zu Hause.

Als Ehepaar verließen sie gemeinsam den Salon und begaben sich in das Nebenzimmer an die festlich geschmückte Tafel. Während des Hochzeitsmahls standen immer wieder Männer auf und hielten eine kurze Rede, und nachdem auch Baldinger einige Kalauer von sich gelassen hatte, ließ selbst Heinrich es sich nicht nehmen, das Wort zu ergreifen.

„Liebe Freunde, wie manche von Ihnen vielleicht wissen, neige ich dazu aufzuschneiden, wenn ich nervös werde. Darauf hat mich meine Frau vor einiger Zeit hingewiesen", begann er gut gelaunt und zwinkerte Elise zu. „Ich musste erst so einiges verstehen lernen. Als ich Elise beispielsweise zum ersten Mal sah, dachte ich, wie ungezähmt sie sich doch bewegt. Heute habe ich erkannt, dass eben diese Ungezähmtheit Grazie ist.“

Elise schürzte die Lippen. *So, so, mein Lieber. Na, warte*, dachte sie und umklammerte unter dem Tisch den Papierbogen, an dem sie seit ihrer Verlobungsfeier gearbeitet hatte.

„Auch ist sie bisweilen aufmüpfig, aber besonders das schätze ich an ihr“, fuhr Heinrich fort. „Bei unserer ersten Begegnung schon hat sie mich darauf aufmerksam gemacht, wie sinnlos es ist, in einer Gesellschaft leere Phrasen zu dreschen, nur um der Unterhaltung willen. Und so, liebe Freunde, werden Sie jetzt Zeuge einer Premiere. Ich schließe hiermit meine Rede, damit ich nicht wieder anfange aufzuschneiden, nur weil ich nervös bin.“

Verdutzt sahen sich vor allem die Professoren an, doch die wahre Überraschung stand ihnen noch bevor. Denn nachdem der Applaus für Heinrichs ungewöhnlich kurzen Redebeitrag verebbt war, stand Elise auf und ergriff das Wort.

„Viele von Ihnen können ein Lied davon singen, dass ich eben dies nicht kann“, begann Elise. „Aus diesem Grund möchte ich Sie und mich heute mit meinem Gesang verschonen und lieber das gesprochene Wort benutzen, um meinen Gefühlen Ausdruck zu verleihen.“ Elise räusperte sich.

„Nun denn. Auch wenn ich oft Wichtiges vergesse, so stehen mir doch einige Eigenschaften meines Mannes sehr präsent vor Augen. Ich weiß also, worauf ich mich eingelassen habe.“ Jetzt zwinkerte Elise Heinrich zu, der sie fragend, aber lächelnd ansah.

„Manche finden es seltsam, ich finde es rührend. Wussten Sie etwa, dass Heinrich ein Freund des Windes ist? Als Kind hat er mit ihm gesprochen und das Moos im Wald gestreichelt. Besonders lieb hatte er jedoch eine Katze, die ihn lange Zeit verfolgt hat. Nun, das bin jetzt wohl ich.“ Die Gäste lachten, während Heinrich Elise erstaunt ansah.

„Besonders gerne mochte er als kleiner Junge das Brot seines Großvaters, selbst wenn es schon ganz hart war. Also wird er es wohl auch mit einem harten Brocken wie mir aushalten“, fuhr Elise fort und drückte Heinrichs Hand, während die Gäste weiter lachten.

„Wie ich war auch Heinrich ein vorwitziges Kind und hat in seiner altklugen Art vor allem den Pastor belehrt. Das mag wohl der Grundstein für deine Professorentätigkeit gewesen sein, mein lieber Heinrich." Jetzt lachte sogar Pfarrer Schlarbaum.

„Dabei liebt mein Mann die Unbeschwertheit und hat sich einen Teil seines kindlichen Gemüts bewahrt, sodass ein Orgelspiel ihn auch heute noch zu Tränen rühren kann", wurde Elise ernster, um gleich noch eins draufzusetzen: „Auch wenn er das Natürliche mag, so gab es in seinem Leben doch eine Zeit, in der niemand ihn richtig verstand, weil er ein Kauderwelsch aus Latein und Deutsch sprach, sodass Jahre darauf sogar Johann Wolfgang von Goethe auf diesen seltsamen jungen Mann aufmerksam wurde."

Ging sie zu weit? Elise wusste, dass die Freundschaft mit Goethe für Heinrich ein sensibler Bereich war.

„Doch Goethe hat ihn nie als Exoten betrachtet, sondern war vielmehr fasziniert von Heinrichs tiefem Glauben trotz aller Aufgeklärtheit", fuhr Elise fort und lehnte sich dann doch noch ein wenig weiter aus dem Fenster. „Eine Zeit lang war dieser Glaube so, dass er sich kaum noch traute, Entscheidungen zu fällen. Er bat immerzu um Gottes Führung und verharrte in vollkommener Passivität. Doch heute hat er einen guten Weg gefunden, sich Gottes Führung zu überlassen und dennoch Entscheidungen zu treffen. So hat er sich jetzt auch für mich entschieden. Und sollte er wieder einmal von diesem Pfad abkommen, hat der Star-Doktor jetzt einen Partner zur Seite, der ihm notfalls die blinden Augen öffnet."

Elise spürte es; hier traute sich kaum jemand zu lachen.

„Wie heute trägt Heinrich nur selten Perücken. Das zeigt, wie verletzlich er sich uns gegenüber macht, und das sollten wir beachten. Auch ich werde es tun", entschuldigte sich Elise fast für das eben Gesagte.

„Und auch wenn einmal vor langer Zeit ein Mädchen zu ihm gesagt hat, er werde höchstens einmal eine Blume haben, die an Felsen oder Klippen wächst, so verstehe ich das als Kompliment, denn ich bin solch eine schwierige Pflanze und dankbar, dass er mich gepflückt hat."

Jetzt verbeugte sich Elise leicht, und angeführt von Baldinger erhob sich tosender Applaus für ihre ungewöhnliche Rede.

Unbemerkt von aller Aufmerksamkeit bereitete Elise Heinrich noch eine letzte Überraschung. Heimlich holte sie einen kleinen Gegenstand hervor, den sie kürzlich im Wald aufgesammelt hatte, und warf ihn Heinrich zu. Und was dieser voller Verwunderung auffing, war nichts anderes als ein Tannenzapfen.

Als Hannchen kurz darauf zu singen begann und sich die Gesellschaft vom Tisch erhob, nahm Heinrich Elise beiseite und fragte sie, woher sie das alles wisse.

„Das ist Salomes letztes Vermächtnis gewesen", sagte Elise und drückte die Hände ihres Mannes, in denen sich immer noch der Tannenzapfen befand. Heinrich nahm sie in seine Arme und küsste sie innig. Behutsam legte er daraufhin den Zapfen zu den Geschenken, und zu Elises Verwunderung forderte Heinrich sie dann zum Tanz auf.

„Heinrich, ich denke, du kannst nicht tanzen", sagte sie und stellte irritiert fest, dass er es doch konnte. Fest hielt er ihre Taille umfasst, während sie sich im Kreis drehten.

„Wie kommst du denn darauf? Außerdem weckt die eigene Hochzeit wohl bei jedem den Wunsch, das Tanzbein zu schwingen", flüsterte er ihr ins Ohr und drückte sie noch etwas enger an sich.

Elise musste grinsen und drückte ihrem Mann bei der nächstbesten Drehung einen Kuss auf die Wange.

So endete der Tag der Heiligen Elisabeth in diesem Jahr in Marburg mit Küssen und Tänzen.

Nüchtern stellte Baldinger am späten Abend noch etwas fest. Beinahe alle Gäste waren inzwischen gegangen; nur ein Porträtmaler war noch zugegen und hielt das Geschehene auf einer Leinwand fest. Beim Anblick von Elise und Heinrich mit Lisette, Karoline und Hannchen, die dem Maler Modell standen, murmelte er gedankenverloren: „Er hat Licht in Marburgs Gassen gebracht, und auch sein eigenes Leben ist hier licht geworden."

Epilog

Die Kutsche verließ Marburg über die Weidenhäuser Brücke und schoss, von jungen Pferden gezogen, den Weg an der Lahn entlang. Auch wenn sie beide lieber im Sattel reisten, saßen in dem Gefährt ein Mann mittleren Alters und eine junge Frau. Während der Mann in einen beschriebenen Bogen Papier vertieft war, blickte die Frau nachdenklich aus dem Fenster und beobachtete, wie sich der Ort, in dem sie geboren und aufgewachsen war, immer weiter entfernte. Doch es machte ihr nichts aus. Sie liebte diese Stadt und würde sie vermissen, aber sie wusste, sie würde wiederkommen.

Die Sonne stand hoch am Himmel und kitzelte mit ihren Strahlen die Eiskristalle, sodass die Umgebung von kleinen, tanzenden Lichtpunkten übersät war. Einige dieser winzigen, leuchtenden Flecke gelangten sogar in das Innere der Kutsche und erhellten, von ihm unbemerkt, das Gesicht des Mannes. Während das erste Eis auf dem Fluss schmolz und in einzelnen Platten über das Wasser schlitterte wie kleine Kinder durch eine Pfütze, streichelte die Frau ihren Bauch und freute sich. Es war mehr als eine Vorahnung: Hier würde neues Leben Einzug halten.

Nachwort

Die meisten in diesem Buch vorkommenden Personen hat es wirklich gegeben, und auch viele der beschriebenen Ereignisse haben sich tatsächlich so zugetragen. Die Handlung hält sich eng an die wahren zeitlichen Abfolgen, doch da es sich um einen Roman handelt, sind vereinzelt historische Begebenheiten zeitlich versetzt und in den passenden Kontext des Romans gebracht worden. Die Zeitschrift „Pomona" von Sophie von La Roche beispielsweise erschien zu dem Zeitpunkt, als im Roman davon die Rede ist, schon seit fünf Jahren nicht mehr, und die Gaststätte „Zur Lahnbrücke" wurde erst im 19. Jahrhundert eröffnet.

Die Charaktere der Personen sind teilweise frei erfunden und orientieren sich manchmal nur vage an der wahren Biografie der historischen Vorbilder. Die Liebesgeschichte zwischen Heinrich und Elise beispielsweise ist in Wahrheit wohl eher nüchtern zu betrachten. Elise scheint eher ein Ersatz für Salome, die im Übrigen Selma genannt wurde, gewesen zu sein. Johann Heinrich Jung-Stilling schreibt selbst dazu in einem Gedicht:

Selmas Hülle rang im Staube,
glänzend trat ihr Geist empor,
und er sprach: Sei stark und glaube!,
schwang sich dann empor.
Und er lispelt im Verschwinden:
„Lass Elisen Selma sein!
Denn in ihr wirst du mich finden
und dann glücklich sein!"

Dem Leser, der nun neugierig auf die historische Person Jung-Stilling geworden ist, sei Folgendes als weiterführende Lektüre empfohlen:

- J. H. Jung-Stilling: Henrich Stillings Jugend, Jünglingsjahre, Wanderschaft und häusliches Leben. Ditzingen: Reclam 1986
- www.jung-stilling-forschung.de
- www.jung-stilling-bibliothek.de
- www.uni-siegen.de/~stilling